Gotthold Ephraim Lessing

Ausgewählte Werke in sechs Bänden

4. Band

Gotthold Ephraim Lessing

Ausgewählte Werke in sechs Bänden
4. Band

ISBN/EAN: 9783744674904

Hergestellt in Europa, USA, Kanada, Australien, Japan

Cover: Foto ©Thomas Meinert / pixelio.de

Weitere Bücher finden Sie auf **www.hansebooks.com**

G. E. Lessings
ausgewählte Werke

in sechs Bänden.

Vierter Band.

Inhalt:
Hamburgische Dramaturgie. II. Zweiundfünfzigstes bis hundertundviertes Stück.

Stuttgart.
J. G. Cotta'sche Buchhandlung
Nachfolger.

Druck der Union Deutsche Verlagsgesellschaft in Stuttgart

Hamburgische Dramaturgie. II.

1767—1769.

Zweiundfunfzigstes Stück.

Den 27. Oktober 1767.

Den vierzigsten Abend (Donnerstags, den 9. Julius) ward Schlegels Triumph der guten Frauen aufgeführet.

Dieses Lustspiel ist unstreitig eines der besten deutschen Originale. Es war, so viel ich weiß, das letzte komische Werk des Dichters, das seine frühern Geschwister unendlich übertrifft und von der Reife seines Urhebers zeuget. Der geschäftige Müßiggänger war der erste jugendliche Versuch und fiel aus, wie alle solche jugendliche Versuche ausfallen. Der Witz verzeihe es denen und räche sich nie an ihnen, die allzu viel Witz darin gefunden haben! Er enthält das kalteste, langweiligste Alltagsgewäsche, das nur immer in dem Hause eines Meißnischen Pelzhändlers vorfallen kann. Ich wüßte nicht, daß er jemals wäre aufgeführt worden, und ich zweifle, daß seine Vorstellung dürfte auszuhalten sein. Der Geheimnisvolle ist um vieles besser; ob es gleich der Geheimnisvolle gar nicht geworden ist, den Molière in der Stelle geschildert hat, aus welcher Schlegel den Anlaß zu diesem Stücke wollte genommen haben.*) Molières Geheimnisvoller ist ein Geck, der sich ein wichtiges Ansehen geben will; Schlegels Geheimnisvoller aber ist ein gutes ehrliches Schaf, das den Fuchs spielen will, um von den Wölfen nicht gefressen

---

*) Misanthrope, Acte II, Sc. 4.

C'est de la tête aux pieds, un homme tout mistère,
Qui vous jette, en passant, un coup d'oeil égaré
Et sans aucune affaire est toujours affairé.
Tout ce qu'il vous débite en grimaces abonde.
A force de façons il assomme le monde.
Sans cesse il a tout bas, pour rompre l'entretien,
Un secret à vous dire, et ce secret n'est rien.
De la moindre vétille il fait une merveille
Et, jusques au bon jour, il dit tout à l'oreille.

zu werden. Daher kömmt es auch, daß er so viel Aehnliches mit dem Charakter des Mißtrauischen hat, den Cronegk hernach auf die Bühne brachte. Beide Charaktere aber, oder vielmehr beide Nuancen des nämlichen Charakters, können nicht anders als in einer so kleinen und armseligen, oder so menschenfeindlichen und häßlichen Seele sich finden, daß ihre Vorstellungen notwendig mehr Mitleiden oder Abscheu erwecken müssen als Lachen. Der Geheimnisvolle ist wohl sonst hier aufgeführet worden; man versichert mir aber auch durchgängig, und aus der eben gemachten Betrachtung ist mir es sehr begreiflich, daß man ihn läppischer gefunden habe als lustig.

Der Triumph der guten Frauen hingegen hat, wo er noch aufgeführet worden und so oft er noch aufgeführet worden, überall und jederzeit einen sehr vorzüglichen Beifall erhalten; und daß sich dieser Beifall auf wahre Schönheiten gründen müsse, daß er nicht das Werk einer überraschenden blendenden Vorstellung sei, ist daher klar, weil ihn noch niemand nach Lesung des Stücks zurückgenommen. Wer es zuerst gelesen, dem gefällt es um so viel mehr, wenn er es spielen sieht; und wer es zuerst spielen gesehen, dem gefällt es um so viel mehr, wenn er es lieset. Auch haben es die strengesten Kunstrichter eben so sehr seinen übrigen Lustspielen, als diese überhaupt dem gewöhnlichen Prasse deutscher Komödien vorgezogen.

„Ich las," sagt einer von ihnen,*) „den geschäftigen Müßiggänger; die Charaktere schienen mir vollkommen nach dem Leben; solche Müßiggänger, solche in ihre Kinder vernarrte Mütter, solche schalwitzige Besuche und solche dumme Pelzhändler sehen wir alle Tage. So denkt, so lebt, so handelt der Mittelstand unter den Deutschen. Der Dichter hat seine Pflicht gethan; er hat uns geschildert, wie wir sind. Allein ich gähnte vor Langeweile. — Ich las darauf den Triumph der guten Frauen. Welcher Unterschied! Hier finde ich Leben in den Charakteren, Feuer in ihren Handlungen, echten Witz in ihren Gesprächen und den Ton einer feinen Lebensart in ihrem ganzen Umgange."

Der vornehmste Fehler, den eben derselbe Kunstrichter daran bemerkt hat, ist der, daß die Charaktere an sich selbst nicht deutsch sind. Und leider muß man diesen zugestehen. Wir sind aber in unsern Lustspielen schon zu sehr an fremde und besonders an französische Sitten gewöhnt, als daß er eine besonders üble Wirkung auf uns haben könnte.

„Nikander," heißt es, „ist ein französischer Abenteurer, der auf Eroberungen ausgeht, allem Frauenzimmer nachstellt, keinem im Ernste gewogen ist, alle ruhige Ehen in Uneinigkeit zu stürzen,

*) Briefe, die neueste Litteratur betreffend. Teil XXI. S. 133.

aller Frauen Verführer und aller Männer Schrecken zu werden sucht, und der bei allem diesen kein schlechtes Herz hat. Die herrschende Verderbnis der Sitten und Grundsätze scheinet ihn mit fortgerissen zu haben. Gottlob! daß ein Deutscher, der so leben will, das verderbteste Herz von der Welt haben muß! — Hilaria, des Nikanders Frau, die er vier Wochen nach der Hochzeit verlassen und nunmehr in zehn Jahren nicht gesehen hat, kömmt auf den Einfall, ihn aufzusuchen. Sie kleidet sich als eine Mannsperson und folgt ihm unter dem Namen Philint in alle Häuser nach, wo er Aventüren sucht. Philint ist witziger, flatterhafter und unverschämter als Nikander. Das Frauenzimmer ist dem Philint mehr gewogen, und sobald er mit seinem frechen, aber doch artigen Wesen sich sehen läßt, steht Nikander da wie verstummt. Dieses gibt Gelegenheit zu sehr lebhaften Situationen. Die Erfindung ist artig, der zweifache Charakter wohl gezeichnet und glücklich in Bewegung gesetzt; aber das Original zu diesem nachgeahmten Petitmaitre ist gewiß kein Deutscher."

„Was mir," fährt er fort, „sonst an diesem Lustspiele mißfällt, ist der Charakter des Agenors. Den Triumph der guten Frauen vollkommen zu machen, zeigt dieser Agenor den Ehemann von einer gar zu häßlichen Seite. Er tyrannisiert seine unschuldige Juliane auf das unwürdigste und hat recht seine Lust, sie zu quälen. Grämlich, so oft er sich sehen läßt, spöttisch bei den Thränen seiner gekränkten Frau, argwöhnisch bei ihren Liebkosungen, boshaft genug, ihre unschuldigsten Reden und Handlungen durch eine falsche Wendung zu ihrem Nachteile auszulegen, eifersüchtig, hart, unempfindlich und, wie Sie sich leicht einbilden können, in seiner Frauen Kammermädchen verliebt. — Ein solcher Mann ist gar zu verderbt, als daß wir ihm eine schleunige Besserung zutrauen könnten. Der Dichter gibt ihm eine Nebenrolle, in welcher sich die Falten seines nichtswürdigen Herzens nicht genug entwickeln können. Er tobt, und weder Juliane noch die Leser wissen recht, was er will. Eben so wenig hat der Dichter Raum gehabt, seine Besserung gehörig vorzubereiten und zu veranstalten. Er mußte sich begnügen, dieses gleichsam im Vorbeigehen zu thun, weil die Haupthandlung mit Nikander und Philinten zu schaffen hatte. Kathrine, dieses edelmütige Kammermädchen der Juliane, das Agenor verfolgt hatte, sagt gar recht am Ende des Lustspiels: Die geschwindesten Bekehrungen sind nicht allemal die aufrichtigsten! Wenigstens so lange dieses Mädchen im Hause ist, möchte ich nicht für die Aufrichtigkeit stehen."

Ich freue mich, daß die beste deutsche Komödie dem richtigsten deutschen Beurteiler in die Hände gefallen ist. Und doch war es vielleicht die erste Komödie, die dieser Mann beurteilte.

Dreiundfunfzigstes Stück.

Den 3. November 1767.

Den einundvierzigsten Abend (Freitags, den 10. Julius) wurden Cenie und der Mann nach der Uhr wiederholt.

„Cenie," sagt Chevrier gerade heraus,*) „führt den Namen der Frau von Graffigni, ist aber ein Werk des Abts von Voisenon. Es war anfangs in Versen; weil aber die Frau von Graffigni, der es erst in ihrem vierundfunfzigsten Jahre einfiel, die Schriftstellerin zu spielen, in ihrem Leben keinen Vers gemacht hatte, so ward Cenie in Prosa gebracht. Mais l'Auteur, fügt er hinzu, y a laissé 81 vers qui y existent dans leur entier." Das ist ohne Zweifel von einzelnen, hin und wieder zerstreuten Zeilen zu verstehen, die den Reim verloren, aber die Silbenzahl beibehalten haben. Doch wenn Chevrier keinen andern Beweis hatte, daß das Stück in Versen gewesen, so ist es sehr erlaubt, daran zu zweifeln. Die französischen Verse kommen überhaupt der Prosa so nahe, daß es Mühe kosten soll, nur in einem etwas gesuchteren Stile zu schreiben, ohne daß sich nicht von selbst ganze Verse zusammenfinden, denen nichts wie der Reim mangelt. Und gerade denjenigen, die gar keine Verse machen, können dergleichen Verse am ersten entwischen; eben weil sie gar kein Ohr für das Metrum haben und es also eben so wenig zu vermeiden als zu beobachten verstehen.

Was hat Cenie sonst für Merkmale, daß sie nicht aus der Feder eines Frauenzimmers könne geflossen sein? „Das Frauenzimmer überhaupt," sagt Rousseau,**) „liebt keine einzige Kunst, versteht sich auf keine einzige, und an Genie fehlt es ihm ganz und gar. Es kann in kleinen Werken glücklich sein, die nichts als leichten Witz, nichts als Geschmack, nichts als Anmut, höchstens Gründlichkeit und Philosophie verlangen. Es kann sich Wissenschaft, Gelehrsamkeit und alle Talente erwerben, die sich durch Mühe und Arbeit erwerben lassen. Aber jenes himmlische Feuer, welches die Seele erhitzet und entflammet, jenes um sich greifende verzehrende Genie, jene brennende Beredsamkeit, jene erhabene Schwünge, die ihr Entzückendes dem Innersten unseres Herzens mitteilen, werden den Schriften des Frauenzimmers allezeit fehlen."

Also fehlen sie wohl auch der Cenie? Oder wenn sie ihr nicht fehlen, so muß Cenie notwendig das Werk eines Mannes sein? Rousseau selbst würde so nicht schließen. Er sagt vielmehr, was er dem Frauenzimmer überhaupt absprechen zu müssen

*) Observateur des Spectacles, Tome I. p. 211.
**) A d'Alembert, p. 193.

glaube, wolle er darum keiner Frau insbesondere streitig machen. (Ce n'est pas à une femme, mais aux femmes que je refuse les talens des hommes.*) Und dieses sagt er eben auf Veranlassung der Cenie, eben da, wo er die Graffigni als die Verfasserin derselben anführt. Dabei merke man wohl, daß Graffigni seine Freundin nicht war, daß sie Uebels von ihm gesprochen hatte, daß er sich an eben der Stelle über sie beklagt. Dem ohngeachtet erklärt er sie lieber für eine Ausnahme seines Satzes, als daß er im geringsten auf das Vorgeben des Chevrier anspielen sollte, welches er zu thun ohne Zweifel Freimütigkeit genug gehabt hätte, wenn er nicht von dem Gegenteile überzeugt gewesen wäre.

Chevrier hat mehr solche verkleinerliche geheime Nachrichten. Eben dieser Abt, wie Chevrier wissen will, hat für die Favart gearbeitet. Er hat die komische Oper „Annette und Lubin" gemacht, und nicht sie, die Actrice, von der er sagt, daß sie kaum lesen könne. Sein Beweis ist ein Gassenhauer, der in Paris darüber herumgegangen; und es ist allerdings wahr, daß die Gassenhauer in der französischen Geschichte überhaupt unter die glaubwürdigsten Dokumente gehören.

Warum ein Geistlicher ein sehr verliebtes Singspiel unter fremdem Namen in die Welt schicke, ließe sich endlich noch begreifen. Aber warum er sich zu einer Cenie nicht bekennen wolle, der ich nicht viele Predigten vorziehen möchte, ist schwerlich abzusehen. Dieser Abt hat ja sonst mehr als ein Stück aufführen und drucken lassen, von welchen ihn jedermann als den Verfasser kennet und die der Cenie bei weiten nicht gleich kommen. Wenn er einer Frau von vierundfunfzig Jahren eine Galanterie machen wollte, ist es wahrscheinlich, daß er es gerade mit seinem besten Werke würde gethan haben? —

Den zweiundvierzigsten Abend (Montags, den 13. Julius) ward die Frauenschule von Molière aufgeführt.

Molière hatte bereits seine Männerschule gemacht, als er im Jahre 1662 diese Frauenschule darauf folgen ließ. Wer beide Stücke nicht kennet, würde sich sehr irren, wenn er glaubte, daß hier den Frauen, wie dort den Männern, ihre Schuldigkeit gepredigt würde. Es sind beides witzige Possenspiele, in welchen ein Paar junge Mädchen, wovon das eine in aller Strenge erzogen und das andere in aller Einfalt aufgewachsen, ein Paar alte Laffen hintergehen, und die beide die Männerschule heißen müßten, wenn Molière weiter nichts darin hätte lehren wollen, als daß das dümmste Mädchen noch immer Verstand genug habe, zu betrügen, und daß Zwang und Aufsicht weit weniger fruchte und nutze als Nachsicht und Freiheit. Wirklich ist für das weib-

---

*) Ibid. p. 78.

liche Geschlecht in der Frauenschule nicht viel zu lernen; es wäre denn, daß Molière mit diesem Titel auf die Ehestandsregeln in der zweiten Szene des dritten Akts gesehen hätte, mit welchen aber die Pflichten der Weiber eher lächerlich gemacht werden.

„Die zwei glücklichsten Stoffe zur Tragödie und Komödie," sagt Trublet, *) „sind der Cid und die Frauenschule. Aber beide sind vom Corneille und Molière bearbeitet worden, als diese Dichter ihre völlige Stärke noch nicht hatten. Diese Anmerkung," fügt er hinzu, „habe ich von dem Hrn. von Fontenelle."

Wenn doch Trublet den Hrn. von Fontenelle gefragt hätte, wie er dieses meine. Oder, falls es ihm so schon verständlich genug war, wenn er es doch auch seinen Lesern mit ein paar Worten hätte verständlich machen wollen. Ich wenigstens bekenne, daß ich gar nicht absehe, wo Fontenelle mit diesem Rätsel hingewollt. Ich glaube, er hat sich versprochen, oder Trublet hat sich verhört.

Wenn indes nach der Meinung dieser Männer der Stoff der Frauenschule so besonders glücklich ist und Molière in der Ausführung desselben nur zu kurz gefallen: so hätte sich dieser auf das ganze Stück eben nicht viel einzubilden gehabt. Denn der Stoff ist nicht von ihm, sondern teils aus einer spanischen Erzählung, die man bei dem Scarron, unter dem Titel „Die vergebliche Vorsicht", findet, teils aus den spaßhaften Nächten des Straparolle genommen, wo ein Liebhaber einem seiner Freunde alle Tage vertrauet, wie weit er mit seiner Geliebten gekommen, ohne zu wissen, daß dieser Freund sein Nebenbuhler ist.

„Die Frauenschule," sagt Herr von Voltaire, „war ein Stück von einer ganz neuen Gattung, worin zwar alles nur Erzählung, aber doch so künstliche Erzählung ist, daß alles Handlung zu sein scheinet."

Wenn das Neue hierin bestand, so ist es sehr gut, daß man die neue Gattung eingehen lassen. Mehr oder weniger künstlich, Erzählung bleibt immer Erzählung, und wir wollen auf dem Theater wirkliche Handlungen sehen. — Aber ist es denn auch wahr, daß alles darin erzählt wird? daß alles nur Handlung zu sein scheint? Voltaire hätte diesen alten Einwurf nicht wieder aufwärmen sollen; oder anstatt ihn in ein anscheinendes Lob zu verkehren, hätte er wenigstens die Antwort beifügen sollen, die Molière selbst darauf erteilte und die sehr passend ist. Die Erzählungen nämlich sind in diesem Stücke vermöge der innern Verfassung desselben wirkliche Handlung; sie haben alles, was zu einer komischen Handlung erforderlich ist, und es ist bloße

*) Essais de Litt. et de Morale, T. IV. p. 295.

Wortklauberei, ihnen diesen Namen hier streitig zu machen. *) Denn es kömmt ja weit weniger auf die Vorfälle an, welche erzählt werden, als auf den Eindruck, welchen diese Vorfälle auf den betrognen Alten machen, wenn er sie erfährt. Das Lächerliche dieses Alten wollte Molière vornehmlich schildern; ihn müssen wir also vornehmlich sehen, wie er sich bei dem Unfalle, der ihm drohet, gebärdet; und dieses hätten wir so gut nicht gesehen, wenn der Dichter das, was er erzählen läßt, vor unsern Augen hätte vorgehen lassen und das, was er vorgehen läßt, dafür hätte erzählen lassen. Der Verdruß, den Arnolph empfindet; der Zwang, den er sich anthut, diesen Verdruß zu verbergen; der höhnische Ton, den er annimmt, wenn er den weitern Progressen des Horaz nun vorgebauet zu haben glaubet; das Erstaunen, die stille Wut, in der wir ihn sehen, wenn er vernimmt, daß Horaz dem ohngeachtet sein Ziel glücklich verfolgt: das sind Handlungen, und weit komischere Handlungen als alles, was außer der Szene vorgeht. Selbst in der Erzählung der Agnese von ihrer mit dem Horaz gemachten Bekanntschaft ist mehr Handlung, als wir finden würden, wenn wir diese Bekanntschaft auf der Bühne wirklich machen sähen.

Also, anstatt von der Frauenschule zu sagen, daß alles darin Handlung scheine, obgleich alles nur Erzählung sei, glaubte ich mit mehrerem Rechte sagen zu können, daß alles Handlung darin sei, obgleich alles nur Erzählung zu sein scheine.

Vierundfunfzigstes Stück.

Den 6. November 1767.

Den dreiundvierzigsten Abend (Dienstags, den 14. Julius) ward die Mütterschule des La Chaussee und den vierundvierzigsten Abend (als den 15.) der Graf von Essex wiederholt.

Da die Engländer von jeher so gern domestica facta auf ihre Bühne gebracht haben, so kann man leicht vermuten, daß es ihnen auch an Trauerspielen über diesen Gegenstand nicht fehlen wird. Das älteste ist das von Joh. Banks, unter dem Titel: Der unglückliche Liebling oder Graf von Essex. Es kam 1682 aufs Theater und erhielt allgemeinen Beifall. Damals aber hatten die Franzosen schon drei Essexe: des Calprenede von 1638, des Boyer von 1678 und des jüngern Corneille von eben diesem Jahre. Wollten indes die Engländer, daß ihnen die Franzosen auch hierin nicht möchten zuvorgekommen sein, so würden

*) In der Kritik der Frauenschule, in der Person des Dorante: Les récits eux-mêmes y sont des actions suivant la constitution du sujet.

sie sich vielleicht auf Daniels Philotas beziehen können, ein Trauerspiel von 1611, in welchem man die Geschichte und den Charakter des Grafen unter fremden Namen zu finden glaubte.*)

Banks scheinet keinen von seinen französischen Vorgängern gekannt zu haben. Er ist aber einer Novelle gefolgt, die den Titel: Geheime Geschichte der Königin Elisabeth und des Grafen von Essex führet,**) wo er den ganzen Stoff sich so in die Hände gearbeitet fand, daß er ihn bloß zu dialogieren, ihm bloß die äußere dramatische Form zu erteilen brauchte. Hier ist der ganze Plan, wie er von dem Verfasser der unten angeführten Schrift zum Teil ausgezogen worden. Vielleicht, daß es meinen Lesern nicht unangenehm ist, ihn gegen das Stück des Corneille halten zu können.

„Um unser Mitleid gegen den unglücklichen Grafen desto lebhafter zu machen und die heftige Zuneigung zu entschuldigen, welche die Königin für ihn äußert, werden ihm alle die erhabensten Eigenschaften eines Helden beigelegt; und es fehlt ihm zu einem vollkommenen Charakter weiter nichts, als daß er seine Leidenschaften nicht besser in seiner Gewalt hat. Burleigh, der erste Minister der Königin, der auf ihre Ehre sehr eifersüchtig ist und den Grafen wegen der Gunstbezeigungen beneidet, mit welchen sie ihn überhäuft, bemüht sich unablässig, ihn verdächtig zu machen. Hierin steht ihm Sir Walter Raleigh, welcher nicht minder des Grafen Feind ist, treulich bei; und beide werden von der boshaften Gräfin von Nottingham noch mehr verhetzt, die den Grafen sonst geliebt hatte, nun aber, weil sie keine Gegenliebe von ihm erhalten können, was sie nicht besitzen kann, zu verderben sucht. Die ungestüme Gemütsart des Grafen macht ihnen nur allzu gutes Spiel, und sie erreichen ihre Absicht auf folgende Weise.

„Die Königin hatte den Grafen als ihren Generalissimus mit einer sehr ansehnlichen Armee gegen den Tyrone geschickt, welcher in Irland einen gefährlichen Aufstand erregt hatte. Nach einigen nicht viel bedeutenden Scharmützeln sahe sich der Graf genötiget, mit dem Feinde in Unterhandlung zu treten, weil seine Truppen durch Strapazen und Krankheiten sehr abgemattet waren, Tyrone aber mit seinen Leuten sehr vorteilhaft postieret stand. Da diese Unterhandlung zwischen den Anführern mündlich betrieben ward und kein Mensch dabei zugegen sein durfte, so wurde sie der Königin als ihrer Ehre höchst nachteilig und als ein gar nicht zweideutiger Beweis vorgestellet, daß Essex mit den Rebellen in einem heimlichen Verständnisse stehen müsse.

*) Cibber's Lives of the Engl. Poets, Vol. I. p. 147.
**) The Companion to the Theatre, Vol. II. p. 99.

Burleigh und Raleigh mit einigen andern Parlamentsgliedern treten sie daher um Erlaubnis an, ihn des Hochverrats anklagen zu dürfen, welches sie aber so wenig zu verstatten geneigt ist, daß sie sich vielmehr über ein dergleichen Unternehmen sehr aufgebracht bezeiget. Sie wiederholt die vorigen Dienste, welche der Graf der Nation erwiesen, und erklärt, daß sie die Undankbarkeit und den boshaften Neid seiner Ankläger verabscheue. Der Graf von Southampton, ein aufrichtiger Freund des Essex, nimmt sich zugleich seiner auf das lebhafteste an; er erhebt die Gerechtigkeit der Königin, einen solchen Mann nicht unterdrücken zu lassen; und seine Feinde müssen vor dieses Mal schweigen. (Erster Akt.)

„Indes ist die Königin mit der Aufführung des Grafen nichts weniger als zufrieden, sondern läßt ihm befehlen, seine Fehler wieder gut zu machen und Irland nicht eher zu verlassen, als bis er die Rebellen völlig zu Paaren getrieben und alles wieder beruhiget habe. Doch Essex, dem die Beschuldigungen nicht unbekannt geblieben, mit welchen ihn seine Feinde bei ihr anzuschwärzen suchen, ist viel zu ungeduldig, sich zu rechtfertigen, und kommt, nachdem er den Tyrone zu Niederlegung der Waffen vermocht, des ausdrücklichen Verbots der Königin ungeachtet nach England über. Dieser unbedachtsame Schritt macht seinen Feinden eben so viel Vergnügen als seinen Freunden Unruhe; besonders zittert die Gräfin von Rutland, mit welcher er insgeheim verheiratet ist, vor den Folgen. Am meisten aber betrübt sich die Königin, da sie sieht, daß ihr durch dieses rasche Betragen aller Vorwand benommen ist, ihn zu vertreten, wenn sie nicht eine Zärtlichkeit verraten will, die sie gern vor der ganzen Welt verbergen möchte. Die Erwägung ihrer Würde, zu welcher ihr natürlicher Stolz kömmt, und die heimliche Liebe, die sie zu ihm trägt, erregen in ihrer Brust den grausamsten Kampf. Sie streitet lange mit sich selbst, ob sie den verwegnen Mann nach dem Tower schicken oder den geliebten Verbrecher vor sich lassen und ihm erlauben soll, sich gegen sie selbst zu rechtfertigen. Endlich entschließt sie sich zu dem letztern, doch nicht ohne alle Einschränkung; sie will ihn sehen, aber sie will ihn auf eine Art empfangen, daß er die Hoffnung wohl verlieren soll, für seine Vergehungen so bald Vergebung zu erhalten. Burleigh, Raleigh und Nottingham sind bei dieser Zusammenkunft gegenwärtig. Die Königin ist auf die letztere gelehnet und scheinet tief im Gespräche zu sein, ohne den Grafen nur ein einziges Mal anzusehen. Nachdem sie ihn eine Weile vor sich knieen lassen, verläßt sie auf einmal das Zimmer und gebietet allen, die es redlich mit ihr meinen, ihr zu folgen und den Verräter allein zu lassen. Niemand darf es wagen, ihr ungehorsam zu sein, selbst Southampton gehet mit ihr ab, kömmt aber bald mit der trostlosen Rutland wieder, ihren Freund bei seinem Unfalle zu beklagen. Gleich darauf schicket die Königin den Burleigh und Raleigh zu dem Grafen, ihm den Kommandostab abzunehmen; er weigert sich aber, ihn in andere als in der Königin eigene Hände zurückzuliefern, und beiden Ministern wird sowohl von ihm als von dem Southampton sehr verächtlich begegnet. (Zweiter Akt.)

„Die Königin, der dieses sein Betragen sogleich hinterbracht wird, ist äußerst gereizt, aber doch in ihren Gedanken noch immer uneinig. Sie kann weder die Verunglimpfungen, deren sich die Nottingham gegen ihn erkühnt, noch die Lobsprüche vertragen, die ihm die unbedachtsame Rutland aus der Fülle ihres Herzens erteilet; ja, diese sind ihr noch mehr zuwider als jene, weil sie daraus entdeckt, daß die Rutland ihn liebet. Zuletzt befiehlt sie dem ohngeachtet, daß er vor sie gebracht werden soll. Er kömmt und versucht es, seine Aufführung zu verteidigen. Doch die Gründe, die er desfalls beibringt, scheinen ihr viel zu schwach, als daß sie ihren Verstand von seiner Unschuld überzeugen sollten. Sie verzeihet ihm, um der geheimen Neigung, die sie für ihn hegt, ein Genüge zu thun; aber zugleich entsetzt sie ihn aller seiner Ehrenstellen, in Betrachtung dessen, was sie sich selbst als Königin schuldig zu sein glaubt. Und nun ist der Graf nicht länger vermögend, sich zu mäßigen: seine Ungestümheit bricht los; er wirft den Stab zu ihren Füßen und bedient sich verschiedner Ausdrücke, die zu sehr wie Vorwürfe klingen, als daß sie den Zorn der Königin nicht aufs Höchste treiben sollten. Auch antwortet sie ihm darauf, wie es Zornigen sehr natürlich ist, ohne sich um Anstand und Würde, ohne sich um die Folgen zu bekümmern: nämlich anstatt der Antwort gibt sie ihm eine Ohrfeige. Der Graf greift nach dem Degen; und nur der einzige Gedanke, daß es seine Königin, daß es nicht sein König ist, der ihn geschlagen, mit einem Worte, daß es eine Frau ist, von der er die Ohrfeige hat, hält ihn zurück, sich thätlich an ihr zu vergehen. Southampton beschwört ihn, sich zu fassen; aber er wiederholt seine ihr und dem Staate geleisteten Dienste nochmals und wirft dem Burleigh und Raleigh ihren niederträchtigen Neid, sowie der Königin ihre Ungerechtigkeit vor. Sie verläßt ihn in der äußersten Wut, und niemand als Southampton bleibt bei ihm, der Freundschaft genug hat, sich itzt eben am wenigsten von ihm trennen zu lassen. (Dritter Akt.)

„Der Graf gerät über sein Unglück in Verzweiflung; er läuft wie unsinnig in der Stadt herum, schreiet über das ihm angethane Unrecht und schmähet auf die Regierung. Alles das wird der Königin mit vielen Uebertreibungen wieder gesagt, und sie gibt Befehl, sich der beiden Grafen zu versichern. Es wird Mannschaft gegen sie ausgeschickt; sie werden gefangen genommen und in den Tower in Verhaft gesetzt, bis daß ihnen der Prozeß kann gemacht werden. Doch indes hat sich der Zorn der Königin gelegt und günstigeren Gedanken für den Essex wiederum Raum gemacht. Sie will ihn also, ehe er zum Verhöre geht, allem, was man ihr darwider sagt, ungeachtet, nochmals sehen; und da sie besorgt, seine Verbrechen möchten zu strafbar befunden werden, so gibt sie ihm, um sein Leben wenigstens in Sicherheit zu setzen, einen Ring, mit dem Versprechen, ihm gegen diesen Ring, sobald er ihn ihr zuschicke, alles, was er verlangen würde, zu gewähren. Fast aber bereuet sie es wieder, daß sie so gütig gegen ihn gewesen, als sie gleich darauf erfährt, daß er mit der Rutland vermählt ist, und es von der Rutland selbst erfährt, die für ihn um Gnade zu bitten kömmt. (Vierter Akt.)

Fünfundfunfzigstes Stück.

Den 10. November 1767.

„Was die Königin gefürchtet hatte, geschieht: Essex wird nach den Gesetzen schuldig befunden und verurteilet, den Kopf zu verlieren; sein Freund Southampton desgleichen. Nun weiß zwar Elisabeth, daß sie als Königin den Verbrecher begnadigen kann; aber sie glaubt auch, daß eine solche freiwillige Begnadigung auf ihrer Seite eine Schwäche verraten würde, die keiner Königin gezieme; und also will sie so lange warten, bis er ihr den Ring senden und selbst um sein Leben bitten wird. Voller Ungeduld indes, daß es je eher je lieber geschehen möge, schickt sie die Nottingham zu ihm und läßt ihn erinnern, an seine Rettung zu denken. Nottingham stellt sich, das zärtlichste Mitleid für ihn zu fühlen, und er vertrauet ihr das kostbare Unterpfand seines Lebens mit der demütigsten Bitte an die Königin, es ihm zu schenken. Nun hat Nottingham alles, was sie wünscht; nun steht es bei ihr, sich wegen ihrer verachteten Liebe an dem Grafen zu rächen. Anstatt also das auszurichten, was er ihr aufgetragen, verleumdet sie ihn auf das boshafteste und malt ihn so stolz, so trotzig, so fest entschlossen ab, nicht um Gnade zu bitten, sondern es auf das Aeußerste ankommen zu lassen, daß die Königin dem Berichte kaum glauben kann, nach wiederholter Versicherung aber voller Wut und Verzweiflung den Befehl erteilet, das Urteil ohne Anstand an ihm zu vollziehen. Dabei gibt ihr die boshafte Nottingham ein, den Grafen von Southampton zu begnadigen, nicht weil ihr das Unglück desselben wirklich nahe geht, sondern weil sie sich einbildet, daß Essex die Bitterkeit seiner Strafe um so viel mehr empfinden werde, wenn er sieht, daß die Gnade, die man ihm verweigert, seinem mitschuldigen Freunde nicht entstehe. In eben dieser Absicht rät sie der Königin auch, seiner Gemahlin, der Gräfin von Rutland, zu erlauben, ihn noch vor seiner Hinrichtung zu sehen. Die Königin williget in beides, aber zum Unglücke für die grausame Ratgeberin; denn der Graf gibt seiner Gemahlin einen Brief an die Königin, die sich eben in dem Tower befindet und ihn kurz darauf, als man den Grafen abgeführet, erhält. Aus diesem Briefe ersieht sie, daß der Graf der Nottingham den Ring gegeben und sie durch diese Verräterin um sein Leben bitten lassen. Sogleich schickt sie und läßt die Vollstreckung des Urteils untersagen; doch Burleigh und Raleigh, dem sie aufgetragen war, hatten so sehr damit geeilet, daß die Botschaft zu spät kömmt. Der Graf ist bereits tot. Die Königin gerät vor Schmerz außer sich, verbannt die abscheuliche Nottingham auf ewig aus ihren Augen und gibt allen, die sich als Feinde des Grafen erwiesen hatten, ihren bittersten Unwillen zu erkennen."

Aus diesem Plane ist genugsam abzunehmen, daß der Essex des Banks ein Stück von weit mehr Natur, Wahrheit und Uebereinstimmung ist, als sich in dem Essex des Corneille findet. Banks hat sich ziemlich genau an die Geschichte gehalten, nur daß er verschiedene Begebenheiten näher zusammengerückt und ihnen einen unmittelbarern Einfluß auf das endliche Schicksal seines Helden gegeben hat. Der Vorfall mit der Ohrfeige ist eben so wenig erdichtet als der mit dem Ringe; beide finden sich, wie ich schon angemerkt, in der Historie, nur jener weit früher und bei einer ganz andern Gelegenheit, so wie es auch von diesem zu vermuten. Denn es ist begreiflicher, daß die Königin dem Grafen den Ring zu einer Zeit gegeben, da sie mit ihm vollkommen zufrieden war, als daß sie ihm dieses Unterpfand ihrer Gnade itzt erst sollte geschenkt haben, da er sich ihrer eben am meisten verlustig gemacht hatte, und der Fall, sich dessen zu gebrauchen, schon wirklich da war. Dieser Ring sollte sie erinnern, wie teuer ihr der Graf damals gewesen, als er ihn von ihr erhalten; und diese Erinnerung sollte ihm alsdann alle das Verdienst wiedergeben, welches er unglücklicherweise in ihren Augen etwa könnte verloren haben. Aber was braucht es dieses Zeichens, dieser Erinnerung von heute bis auf morgen? Glaubt sie ihrer günstigen Gesinnungen auch auf so wenige Stunden nicht mächtig zu sein, daß sie sich mit Fleiß auf eine solche Art fesseln will? Wenn sie ihm in Ernste vergeben hat, wenn ihr wirklich an seinem Leben gelegen ist: wozu das ganze Spiegelgefechte? Warum konnte sie es bei den mündlichen Versicherungen nicht bewenden lassen? Gab sie den Ring, bloß um den Grafen zu beruhigen, so verbindet er sie, ihm ihr Wort zu halten, er mag wieder in ihre Hände kommen, oder nicht. Gab sie ihn aber, um durch die Wiedererhaltung desselben von der fortdauernden Reue und Unterwerfung des Grafen versichert zu sein: wie kann sie in einer so wichtigen Sache seiner tödlichsten Feindin glauben? Und hatte sich die Nottingham nicht kurz zuvor gegen sie selbst als eine solche bewiesen?

So wie Banks also den Ring gebraucht hat, thut er nicht die beste Wirkung. Mich dünkt, er würde eine weit bessere thun, wenn ihn die Königin ganz vergessen hätte und er ihr plötzlich, aber auch zu spät, eingehändiget würde, indem sie eben von der Unschuld oder wenigstens geringern Schuld des Grafen noch aus andern Gründen überzeugt würde. Die Schenkung des Ringes hätte vor der Handlung des Stücks lange müssen vorhergegangen sein, und bloß der Graf hätte darauf rechnen müssen, aber aus Edelmut nicht eher Gebrauch davon machen wollen, als bis er gesehen, daß man auf seine Rechtfertigung nicht achte, daß die Königin zu sehr wider ihn eingenommen sei, als daß er sie zu überzeugen hoffen könne, daß er sie also zu bewegen suchen müsse. Und indem sie so bewegt würde, müßte die Ueberzeugung dazu kommen; die Erkennung seiner Unschuld und die Erinnerung ihres Versprechens, ihn auch dann, wenn er schuldig sein sollte, für unschuldig gelten zu lassen, müßten sie auf einmal überraschen, aber nicht eher überraschen, als bis es nicht mehr in ihrem Vermögen stehet, gerecht und erkenntlich zu sein.

Viel glücklicher hat Banks die Ohrfeige in sein Stück eingeflochten. — Aber eine Ohrfeige in einem Trauerspiele! Wie englisch, wie unanständig! — Ehe meine feinern Leser zu sehr darüber spotten, bitte ich sie, sich der Ohrfeige im Cid zu erinnern. Die Anmerkung, die der Hr. von Voltaire darüber gemacht hat, ist in vielerlei Betrachtung merkwürdig. „Heutzutage,“ sagte er, „dürfte man es nicht wagen, einem Helden eine Ohrfeige geben zu lassen. Die Schauspieler selbst wissen nicht, wie sie sich dabei anstellen sollen; sie thun nur, als ob sie eine gäben. Nicht einmal in der Komödie ist so etwas mehr erlaubt; und dieses ist das einzige Exempel, welches man auf der tragischen Bühne davon hat. Es ist glaublich, daß man unter andern mit deswegen den Cid eine Tragikomödie betitelte; und damals waren fast alle Stücke des Scuderi und des Boisrobert Tragikomödien. Man war in Frankreich lange der Meinung gewesen, daß sich das ununterbrochene Tragische ohne alle Vermischung mit gemeinen Zügen gar nicht aushalten lasse. Das Wort Tragikomödie selbst ist sehr alt; Plautus braucht es, seinen Amphitruo damit zu bezeichnen, weil das Abenteuer des Sosias zwar komisch, Amphitruo selbst aber in allem Ernste betrübt ist.“ — Was der Herr von Voltaire nicht alles schreibt! Wie gern er immer ein wenig Gelehrsamkeit zeigen will, und wie sehr er meistenteils damit verunglückt!

Es ist nicht wahr, daß die Ohrfeige im Cid die einzige auf der tragischen Bühne ist. Voltaire hat den Essex des Banks entweder nicht gekannt, oder vorausgesetzt, daß die tragische Bühne seiner Nation allein diesen Namen verdiene. Unwissenheit verrät beides, und nur das letztere noch mehr Eitelkeit als Unwissenheit. Was er von dem Namen der Tragikomödie hinzufügt, ist eben so unrichtig. Tragikomödie hieß die Vorstellung einer wichtigen Handlung unter vornehmen Personen, die einen vergnügten Ausgang hat; das ist der Cid, und die Ohrfeige kam dabei gar nicht in Betrachtung; denn dieser Ohrfeige ungeachtet nannte Corneille hernach sein Stück eine Tragödie, sobald er das Vorurteil abgelegt hatte, daß eine Tragödie notwendig eine unglückliche Katastrophe haben müsse. Plautus braucht zwar das Wort Tragico-comoedia; aber er braucht es bloß im Scherze, und gar nicht, um eine besondere Gattung damit zu bezeichnen. Auch hat es ihm in diesem Verstande kein Mensch abgeborgt, bis es in dem sechzehnten Jahrhunderte den spanischen und italienischen Dichtern einfiel, gewisse von ihren dramatischen Mißgeburten so zu nennen.*) Wenn aber auch Plautus seinen Amphitruo im Ernste so genannt hätte, so wäre es doch nicht aus der Ursache geschehen, die ihm Voltaire andichtet. Nicht weil der Anteil, den Sosias an der Handlung nimmt, komisch und der, den Amphitruo daran nimmt, tragisch ist: nicht darum hätte Plautus sein Stück lieber eine Tragikomödie nennen wollen. Denn sein Stück ist ganz komisch, und wir belustigen uns an der Verlegenheit des Amphitruo eben so sehr als an des Sosias seiner. Sondern darum, weil diese komische Handlung größtenteils unter höhern Personen vorgehet, als man in der Komödie

---

*) Ich weiß zwar nicht, wer diesen Namen eigentlich zuerst gebraucht hat; aber das weiß ich gewiß, daß es Garnier nicht ist. Hedelin sagte: Je ne sçai si Garnier fut le premier qui s'en servit, mais il a fait porter ce titre à sa Bradamante, ce que depuis plusieurs ont imité. (Prat. du Th. liv. II. ch. 10.) Und dabei hätten es die Geschichtschreiber des französischen Theaters auch nur sollen bewenden lassen. Aber sie machen die leichte Vermutung des Hedelins zur Gewißheit und gratulieren ihrem Landsmanne zu einer so schönen Erfindung. Voici la première Tragi-Comédie, ou, pour mieux dire, le premier poëme du Théâtre qui a porté ce titre — Garnier ne connoissoit pas assez les finesses de l'art qu'il professoit; tenons-lui cependant compte d'avoir le premier, et sans le secours des Anciens, ni de ses contemporains, fait entrevoir une idée, qui n'a pas été inutile à beaucoup d'Auteurs du dernier siècle. Garniers Bradamante ist von 1682, und ich kenne eine Menge weit frühere spanische und italienische Stücke, die diesen Titel führen.

zu sehen gewohnt ist. Plautus selbst erklärt sich darüber deutlich genug:

Faciam ut commixta sit Tragico-comoedia:
Nam me perpetuo facere ut sit Comoedia
Reges quo veniant et di, non par arbitror.
Quid igitur? quoniam hic servus quoque partes habet,
Faciam hanc, proinde ut dixi, Tragico-comoediam.

Sechsundfunfzigstes Stück.

Den 13. November 1767.

Aber wiederum auf die Ohrfeige zu kommen. — Einmal ist es doch nun so, daß eine Ohrfeige, die ein Mann von Ehre von seinesgleichen oder von einem Höhern bekömmt, für eine so schimpfliche Beleidigung gehalten wird, daß alle Genugthuung, die ihm die Gesetze dafür verschaffen können, vergebens ist. Sie will nicht von einem dritten bestraft, sie will von dem Beleidigten selbst gerächet, und auf eine eben so eigenmächtige Art gerächet sein, als sie erwiesen worden. Ob es die wahre oder die falsche Ehre ist, die dieses gebietet, davon ist hier die Rede nicht. Wie gesagt, es ist nun einmal so.

Und wenn es nun einmal in der Welt so ist, warum soll es nicht auch auf dem Theater so sein? Wenn die Ohrfeigen dort im Gange sind, warum nicht auch hier?

„Die Schauspieler," sagt der Herr von Voltaire, „wissen nicht, wie sie sich dabei anstellen sollen." Sie wüßten es wohl; aber man will eine Ohrfeige auch nicht einmal gern im fremden Namen haben. Der Schlag setzt sie in Feuer; die Person erhält ihn, aber sie fühlen ihn; das Gefühl hebt die Verstellung auf; sie geraten aus ihrer Fassung; Scham und Verwirrung äußert sich wider Willen auf ihrem Gesichte; sie sollten zornig aussehen, und sie sehen albern aus; und jeder Schauspieler, dessen eigne Empfindungen mit seiner Rolle in Kollision kommen, macht uns zu lachen.

Es ist dieses nicht der einzige Fall, in welchem man die Abschaffung der Masken bedauern möchte. Der Schauspieler kann ohnstreitig unter der Maske mehr Contenance halten, seine Person findet weniger Gelegenheit, auszubrechen; und wenn sie ja ausbricht, so werden wir diesen Ausbruch weniger gewahr.

Doch der Schauspieler verhalte sich bei der Ohrfeige, wie er will: der dramatische Dichter arbeitet zwar für den Schauspieler, aber er muß sich darum nicht alles versagen, was diesem weniger thulich und bequem ist. Kein Schauspieler kann rot werden, wenn er will: aber gleichwohl darf es ihm der Dichter vorschreiben; gleichwohl darf er den einen sagen lassen, daß er es den andern werden sieht. Der Schauspieler will sich nicht ins Gesichte schlagen lassen; er glaubt, es mache ihn verächtlich; es verwirrt ihn; es schmerzt ihn: recht gut! Wenn er es in seiner Kunst so weit noch nicht gebracht hat, daß ihn so etwas nicht verwirret; wenn er seine Kunst so sehr nicht liebet, daß er sich ihr zum Besten eine kleine Kränkung will gefallen lassen: so suche er über die Stelle so gut wegzukommen, als er kann; er weiche dem Schlage aus; er halte die Hand vor; nur verlange er nicht, daß sich der Dichter seinetwegen mehr Bedenklichkeiten machen soll, als er sich der Person wegen macht, die er ihn vorstellen läßt. Wenn der wahre Diego, wenn der wahre Essex eine Ohrfeige hinnehmen muß, was wollen ihre Repräsentanten dawider einzuwenden haben?

Aber der Zuschauer will vielleicht keine Ohrfeige geben sehen? Oder höchstens nur einem Bedienten, den sie nicht besonders schimpft, für den sie eine seinem Stande angemessene Züchtigung ist? Einem Helden hingegen, einem Helden eine Ohrfeige! wie klein, wie unanständig! — Und wenn sie das nun eben sein soll? Wenn eben diese Unanständigkeit die Quelle der gewaltsamsten Entschließungen, der blutigsten Rache werden soll und wird? Wenn jede geringere Beleidigung diese schreckliche Wirkungen nicht hätte haben können? Was in seinen Folgen so tragisch werden kann, was unter gewissen Personen notwendig so tragisch werden muß, soll dennoch aus der Tragödie ausgeschlossen sein, weil es auch in der Komödie, weil es auch in dem Possenspiele Platz findet? Worüber wir einmal lachen, sollen wir ein andermal nicht erschrecken können?

Wenn ich die Ohrfeigen aus einer Gattung des Drama verbannt wissen möchte, so wäre es aus der Komödie. Denn was für Folgen kann sie da haben? Traurige? die sind über ihrer Sphäre. Lächerliche? die sind unter ihr und gehören dem Possenspiele. Gar keine? so verlohnte es nicht der Mühe, sie geben zu lassen. Wer sie gibt, wird nichts als pöbelhafte Hitze, und wer sie bekömmt, nichts als knechtische Kleinmut verraten. Sie verbleibt also den beiden Extremis, der Tragödie und dem Possenspiele, die mehrere dergleichen Dinge gemein haben, über die wir entweder spotten oder zittern wollen.

Und ich frage jeden, der den Cid vorstellen sehen oder ihn mit einiger Aufmerksamkeit auch nur gelesen, ob ihn nicht ein Schauder überlaufen, wenn der großsprecherische Gormas den alten würdigen Diego zu schlagen sich erdreistet? Ob er nicht das empfindlichste Mitleid für diesen und den bittersten Unwillen gegen jenen empfunden? Ob ihm nicht auf einmal alle die blutigen und traurigen Folgen, die diese schimpfliche Begegnung nach sich ziehen müsse, in die Gedanken geschossen und ihn mit Erwartung und Furcht erfüllet? Gleichwohl soll ein Vorfall, der alle diese Wirkung auf ihn hat, nicht tragisch sein?

Wenn jemals bei dieser Ohrfeige gelacht worden, so war es sicherlich von einem auf der Galerie, der mit den Ohrfeigen zu bekannt war und eben itzt eine von seinem Nachbar verdient hätte. Wen aber die ungeschickte Art, mit der sich der Schauspieler etwa dabei betrug, wider Willen zu lächeln machte, der biß sich geschwind in die Lippe und eilte, sich wieder in die Täuschung zu versetzen, aus der fast jede gewaltsamere Handlung den Zuschauer mehr oder weniger zu bringen pflegt.

Auch frage ich, welche andere Beleidigung wohl die Stelle der Ohrfeige vertreten könnte? Für jede andere würde es in der Macht des Königs stehen, dem Beleidigten Genugthuung zu schaffen; für jede andere würde sich der Sohn weigern dürfen, seinem Vater den Vater seiner Geliebten aufzuopfern. Für diese einzige läßt das Pundonor weder Entschuldigung noch Abbitte gelten, und alle gütliche Wege, die selbst der Monarch dabei einleiten will, sind fruchtlos. Corneille ließ nach dieser Denkungsart den Gormas, wenn ihm der König andeuten läßt, den Diego zufrieden zu stellen, sehr wohl antworten:

Ces satisfactions n'apaissent point une ame:
Qui les reçoit n'a rien, qui les fait se diffame.
Et de tous ces accords l'effet le plus commun,
C'est de déshonorer deux hommes au lieu d'un.

Damals war in Frankreich das Edikt wider die Duelle nicht lange ergangen, dem dergleichen Maximen schnurstracks zuwiderliefen. Corneille erhielt also zwar Befehl, die ganzen Zeilen wegzulassen, und sie wurden aus dem Munde der Schauspieler verbannt; aber jeder Zuschauer ergänzte sie aus dem Gedächtnisse und aus seiner Empfindung.

In dem Esser wird die Ohrfeige dadurch noch kritischer, daß sie eine Person gibt, welche die Gesetze der Ehre nicht verbinden. Sie ist Frau und Königin: was kann der Beleidigte mit ihr anfangen? Ueber die handfertige wehrhafte Frau würde er spotten; denn eine Frau kann weder schimpfen, noch schlagen. Aber diese Frau ist zugleich der Souverän, dessen Beschimpfungen unauslöschlich sind, da sie von seiner Würde eine Art von Gesetzmäßigkeit erhalten. Was kann also natürlicher scheinen, als daß Esser sich wieder diese Würde selbst auflehnet und gegen die Höhe tobet, die den Beleidiger seiner Rache entzieht? Ich wüßte wenigstens nicht, was seine letzten Vergehungen sonst wahrscheinlich hätte machen können. Die bloße Ungnade, die bloße Entsetzung seiner Ehrenstellen konnte und durfte ihn so weit nicht treiben. Aber durch eine so knechtische Behandlung außer sich gebracht, sehen wir ihn alles, was ihm die Verzweiflung eingibt, zwar nicht mit Billigung, doch mit Entschuldigung unternehmen. Die Königin selbst muß ihn aus diesem Gesichtspunkte ihrer Verzeihung würdig erkennen; und wir haben so ungleich mehr Mitleid mit ihm, als er uns in der Geschichte zu verdienen scheinet, wo das, was er hier in der ersten Hitze der gekränkten Ehre thut, aus Eigennutz und andern niedrigen Absichten geschieht.

Der Streit, sagt die Geschichte, bei welchem Essex die Ohrfeige erhielt, war über die Wahl eines Königs von Irland. Als er sahe, daß die Königin auf ihrer Meinung beharrte, wandte er ihr mit einer sehr verächtlichen Gebärde den Rücken. In dem Augenblicke fühlte er ihre Hand, und seine fuhr nach dem Degen. Er schwur, daß er diesen Schimpf weder leiden könne noch wolle, daß er ihn selbst von ihrem Vater Heinrich nicht würde erduldet haben; und so begab er sich vom Hofe. Der Brief, den er an den Kanzler Egerton über diesen Vorfall schrieb, ist mit dem würdigsten Stolze abgefaßt, und er schien fest entschlossen, sich der Königin nie wieder zu nähern. Gleichwohl finden wir ihn bald darauf wieder in ihrer völligen Gnade und in der völligen Wirksamkeit eines ehrgeizigen Lieblings. Diese Versöhnlichkeit, wenn sie ernstlich war, macht uns eine sehr schlechte Idee von ihm, und keine viel bessere, wenn sie Verstellung war. In diesem Falle war er wirklich ein Verräter, der sich alles gefallen ließ, bis er den rechten Zeitpunkt gekommen zu sein glaubte. Ein elender Weinpacht, den ihm die Königin nahm, brachte ihn am Ende weit mehr auf als die Ohrfeige; und der Zorn über diese Verschmälerung seiner Einkünfte verblendete ihn so, daß er ohne alle Ueberlegung losbrach. So finden wir ihn in der Geschichte und verachten ihn. Aber nicht so bei dem Banks, der seinen Aufstand zu der unmittelbaren Folge der Ohrfeige macht und ihm weiter keine treulosen Absichten gegen seine Königin beilegt. Sein Fehler ist der Fehler einer edeln Hitze, den er bereuet, der ihm vergeben wird und der bloß durch die Bosheit seiner Feinde der Strafe nicht entgeht, die ihm geschenkt war.

Siebenundfunfzigstes Stück.

Den 17. November 1767.

Banks hat die nämlichen Worte beibehalten, die Essex über die Ohrfeige ausstieß. Nur daß er ihn dem einen Heinriche noch alle Heinriche in der Welt, mitsamt Alexandern, beifügen läßt.*) Sein Essex ist überhaupt zu viel Prahler; und es fehlet wenig, daß er nicht ein eben so großer Gasconier ist als der Essex des Gasconiers Calprenede. Dabei erträgt er sein Unglück viel zu kleinmütig und ist bald gegen die Königin eben so kriechend, als er vorher vermessen gegen sie war. Banks hat ihn zu sehr nach dem Leben geschildert. Ein Charakter, der sich so leicht vergißt, ist kein Charakter und eben daher der dramatischen Nachahmung unwürdig. In der Geschichte kann man dergleichen Widersprüche mit sich selbst für Verstellung halten, weil wir in der Geschichte doch selten das Innerste des Herzens kennen lernen; aber in dem Drama werden wir mit dem Helden allzu vertraut, als daß wir nicht gleich wissen sollten, ob seine Gesinnungen wirklich mit den Handlungen, die wir ihm nicht zugetrauet hätten, übereinstimmen, oder nicht. Ja, sie mögen es, oder sie mögen es nicht: der tragische Dichter kann ihn in beiden Fällen nicht recht nutzen. Ohne Verstellung fällt der Charakter weg, bei der Verstellung die Würde desselben.

Mit der Elisabeth hat er in diesen Fehler nicht fallen können. Diese Frau bleibt sich in der Geschichte immer so vollkommen gleich, als es wenige Männer bleiben. Ihre Zärtlichkeit selbst, ihre heimliche Liebe zu dem Essex, hat er mit vieler Anständigkeit behandelt; sie ist auch bei ihm gewissermaßen noch ein Geheimnis. Seine Elisabeth klagt nicht, wie die Elisabeth des Corneille, über Kälte und Verachtung, über Glut und Schicksal; sie spricht von keinem Gifte, das sie verzehre; sie jammert nicht, daß ihr der Undankbare eine Suffolk vorziehe, nachdem sie ihm doch deutlich genug zu verstehen gegeben, daß er um sie allein seufzen solle, u. s. w. Keine von diesen Armseligkeiten kömmt über ihre Lippen. Sie spricht nie als eine Verliebte; aber sie handelt so. Man hört es nie, aber man sieht es, wie teuer ihr Essex ehedem gewesen und noch ist. Einige Funken Eifersucht verraten sie; sonst würde man sie schlechterdings für nichts als für seine Freundin halten können.

Mit welcher Kunst aber Banks ihre Gesinnungen gegen den Grafen in Aktion zu setzen gewußt, das können folgende Szenen

---

*) Act. III.

— — — — By all
The Subtilty, and Woman in your Sex,
I swear, thad had you been a Man, you durst not,
Nay, your bold Father Harry durst not this
Have done — Why say I him? Not alle the Harrys,
Nor Alexander self, were he alive,
Should boast of such a deed on Essex done
Without revenge. — — —

des dritten Aufzuges zeigen. — Die Königin glaubt sich allein und überlegt den unglücklichen Zwang ihres Standes, der ihr nicht erlaube, nach der wahren Neigung ihres Herzens zu handeln. Indem wird sie die Nottingham gewahr, die ihr nachgekommen. —

Die Königin. Du hier, Nottingham? Ich glaubte, ich sei allein.

Nottingham. Verzeihe, Königin, daß ich so kühn bin! Und doch befiehlt mir meine Pflicht, noch kühner zu sein. — Dich bekümmert etwas. Ich muß fragen, — aber erst auf meinen Knieen dich um Verzeihung bitten, daß ich es frage — Was ist's, das dich bekümmert? Was ist es, das diese erhabene Seele so tief herabbeuget? — Oder ist dir nicht wohl?

Die Königin. Steh auf; ich bitte dich. — Mir ist ganz wohl. — Ich danke dir für deine Liebe. — Nur unruhig, ein wenig unruhig bin ich, — meines Volkes wegen. Ich habe lange regiert, und ich fürchte, ihm nur zu lange. Es fängt an, meiner überdrüssig zu werden. — Neue Kronen sind wie neue Kränze; die frischesten sind die lieblichsten. Meine Sonne neiget sich; sie hat in ihrem Mittage zu sehr gewärmet; man fühlet sich zu heiß; man wünscht, sie wäre schon untergegangen. — Erzähle mir doch, was sagt man von der Ueberkunft des Essex?

Nottingham. Von seiner Ueberkunft — sagt man — nicht das Beste. Aber von ihm — er ist für einen so tapfern Mann bekannt —

Die Königin. Wie? tapfer? da er mir so dienet? — Der Verräter!

Nottingham. Gewiß, es war nicht gut —

Die Königin. Nicht gut! nicht gut? — Weiter nichts?

Nottingham. Es war eine verwegene, frevelhafte That.

Die Königin. Nicht wahr, Nottingham? — Meinen Befehl so gering zu schätzen! Er hätte den Tod dafür verdient. — Weit geringere Verbrechen haben hundert weit geliebtern Lieblingen den Kopf gekostet. —

Nottingham. Ja wohl. — Und doch sollte Essex bei so viel größerer Schuld mit geringerer Strafe davonkommen? Er sollte nicht sterben?

Die Königin. Er soll! — Er soll sterben, und in den empfindlichsten Martern soll er sterben! — Seine Pein sei, wie seine Verräterei, die größte von allen! Und dann will ich seinen Kopf und seine Glieder nicht unter den finstern Thoren, nicht auf den niedrigen Brücken, auf den höchsten Zinnen will ich sie aufgesteckt wissen, damit jeder, der vorübergeht, sie erblicke und ausrufe: Siehe da den stolzen, undankbaren Essex! Diesen Essex, welcher der Gerechtigkeit seiner Königin trotzte! Wohl gethan! Nicht mehr, als er verdiente! — Was sagst du,

Nottingham? Meinst du nicht auch? — Du schweigst? Warum schweigst du? Willst du ihn noch vertreten?

Nottingham. Weil du es denn befiehlst, Königin, so will ich dir alles sagen, was die Welt von diesem stolzen, undankbaren Manne spricht. —

Die Königin. Thu das! — Laß hören: was sagt die Welt von ihm und mir?

Nottingham. Von dir, Königin? — Wer ist es, der von dir nicht mit Entzücken und Bewunderung spräche? Der Nachruhm eines verstorbenen Heiligen ist nicht lauterer als dein Lob, von dem aller Zungen ertönen. Nur dieses einzige wünschet man, und wünschet es mit den heißesten Thränen, die aus der reinsten Liebe gegen dich entspringen, — dieses einzige, daß du geruhen möchtest, ihren Beschwerden gegen diesen Essex abzuhelfen, einen solchen Verräter nicht länger zu schützen, ihn nicht länger der Gerechtigkeit und der Schande vorzuenthalten, ihn endlich der Rache zu überliefern —

Die Königin. Wer hat mir vorzuschreiben?

Nottingham. Dir vorzuschreiben! — Schreibt man dem Himmel vor, wenn man ihn in tiefester Unterwerfung anflehet? — Und so flehet dich alles wider den Mann an, dessen Gemütsart so schlecht, so boshaft ist, daß er es auch nicht der Mühe wert achtet, den Heuchler zu spielen. — Wie stolz! wie aufgeblasen! Und wie unartig, pöbelhaft stolz! nicht anders als ein elender Lakai auf seinen bunten verbrämten Rock! — Daß er tapfer ist, räumt man ihm ein; aber so, wie es der Wolf oder der Bär ist, blind zu, ohne Plan und Vorsicht. Die wahre Tapferkeit, welche eine edle Seele über Glück und Unglück erhebt, ist fern von ihm. Die geringste Beleidigung bringt ihn auf; er tobt und raset über ein Nichts; alles soll sich vor ihm schmiegen; überall will er allein glänzen, allein hervorragen. Luzifer selbst, der den ersten Samen des Lasters in dem Himmel ausstreuete, war nicht ehrgeiziger und herrschsüchtiger als er. Aber so, wie dieser aus dem Himmel stürzte — —

Die Königin. Gemach, Nottingham, gemach! — Du eiferst dich ja ganz aus dem Atem. — Ich will nichts mehr hören — (beiseite) Gift und Blattern auf ihre Zunge! — Gewiß, Nottingham, du solltest dich schämen, so etwas auch nur nachzusagen, dergleichen Niederträchtigkeiten des boshaften Pöbels zu wiederholen. Und es ist nicht einmal wahr, daß der Pöbel das sagt. Er denkt es auch nicht. Aber ihr, ihr wünscht, daß er es sagen möchte.

Nottingham. Ich erstaune, Königin —

Die Königin. Worüber?

Nottingham. Du gebotest mir selbst, zu reden —

Die Königin. Ja, wenn ich es nicht bemerkt hätte, wie

gewünscht dir dieses Gebot kam! wie vorbereitet du darauf warest! Auf einmal glühte dein Gesicht, flammte dein Auge; das volle Herz freute sich, überzufließen, und jedes Wort, jede Gebärde hatte seinen längst abgezielten Pfeil, deren jeder mich mit trifft.

Nottingham. Verzeihe, Königin, wenn ich in dem Ausdrucke meine Schuldigkeit gefehlet habe! Ich maß ihn nach deinem ab.

Die Königin. Nach meinem? — Ich bin seine Königin. Mir steht es frei, dem Dinge, das ich geschaffen habe, mitzuspielen, wie ich will. — Auch hat er sich der gräßlichsten Verbrechen gegen meine Person schuldig gemacht. Mich hat er beleidigt, aber nicht dich. — Womit könnte dich der arme Mann beleidiget haben? Du hast keine Gesetze, die er übertreten, keine Untertanen, die er bedrücken, keine Krone, nach der er streben könnte. Was findest du denn also für ein grausames Vergnügen, einen Elenden, der ertrinken will, lieber noch auf den Kopf zu schlagen, als ihm die Hand zu reichen?

Nottingham. Ich bin zu tadeln —

Die Königin. Genug davon! — Seine Königin, die Welt, das Schicksal selbst erklärt sich wider diesen Mann, und doch scheinet er dir kein Mitleid, keine Entschuldigung zu verdienen? —

Nottingham. Ich bekenne es, Königin, —

Die Königin. Geh, es sei dir vergeben! — Rufe mir gleich die Rutland her! —

Achtundfunfzigstes Stück.

Den 20. November 1767.

Nottingham geht, und bald darauf erscheinet Rutland. Man erinnere sich, daß Rutland ohne Wissen der Königin mit dem Essex vermählt ist.

Die Königin. Kömmst du, liebe Rutland? Ich habe nach dir geschickt. — Wie ist's? Ich finde dich seit einiger Zeit so traurig. Woher diese trübe Wolke, die dein holdes Auge umzieht? Sei munter, liebe Rutland! ich will dir einen wackern Mann suchen.

Rutland. Großmütige Frau! — Ich verdiene es nicht, daß meine Königin so gnädig auf mich herabsiehet.

Die Königin. Wie kannst du so reden? — Ich liebe dich; ja wohl liebe ich dich. — Du sollst es daraus schon sehen! — Eben habe ich mit der Nottingham, der widerwärtigen! — einen Streit gehabt, und zwar — über Mylord Essex.

Rutland. Ha!

Die Königin. Sie hat mich recht sehr geärgert. Ich konnte sie nicht länger vor Augen sehen.

Rutland (leise). Wie fahre ich bei diesem teuern Namen zusammen! Mein Gesicht wird mich verraten. Ich fühl' es, ich werde blaß — und wieder rot. —

Die Königin. Was ich dir sage, macht dich erröten? —

Rutland. Dein so überraschendes, gütiges Vertrauen, Königin, —

Die Königin. Ich weiß, daß du mein Vertrauen verdienest. — Komm, Rutland, ich will dir alles sagen. Du sollst mir raten. — Ohne Zweifel, liebe Rutland, wirst du es auch gehört haben, wie sehr das Volk wider den armen, unglücklichen Mann schreiet, was für Verbrechen es ihm zur Last leget. Aber das Schlimmste weißt du vielleicht noch nicht? Er ist heute aus Irland an ekommen, wider meinen ausdrücklichen Befehl, und hat die dortigen Angelegenheiten in der größten Verwirrung gelassen.

Rutland. Darf ich dir, Königin, wohl sagen, was ich denke? — Das Geschrei des Volkes ist nicht immer die Stimme der Wahrheit. Sein Haß ist öfters so unbegründet —

Die Königin. Du sprichst die wahren Gedanken meiner Seele. -- Aber, liebe Rutland, er ist dem ohngeachtet zu tadeln. — Komm her, meine Liebe; laß mich an deinen Busen mich lehnen. — O gewiß, man legt mir es zu nahe! Nein, so will ich mich nicht unter ihr Joch bringen lassen. Sie vergessen, daß ich ihre Königin bin. — Ah, Liebe, so ein Freund hat mir längst gefehlt, gegen den ich so meinen Kummer ausschütten kann! —

Rutland. Siehe meine Thränen, Königin — dich so leiden zu sehen, die ich so bewundere! — O, daß mein guter Engel Gedan en in meine Seele und Worte auf meine Zunge legen wollte, den Sturm in deiner Brust zu beschwören und Balsam in deine Wunden zu gießen!

Die Königin. O, so wärest du mein guter Engel! mitleidige, beste Rutland! — Sage, ist es nicht schade, daß so ein braver Mann ein Verräter sein soll? daß so ein Held, der wie ein Gott verehret ward, sich so erniedrigen kann, mich um einen kleinen Thron bringen zu wollen?

Rutland. Das hätte er gewollt? das könnte er wollen? Nein, Königin, gewiß nicht, gewiß nicht! Wie oft habe ich ihn von dir sprechen hören! mit welcher Ergebenheit, mit welcher Bewunderung, mit welchem Entzücken habe ich ihn von dir sprechen horen!

Die Königin. Hast du ihn wirklich von mir sprechen hören?

Rutland. Und immer als einen Begeisterten, aus dem nicht kalte Ueberlegung, aus dem ein inneres Gefühl spricht, dessen er nicht mächtig ist. Sie ist, sagte er, die Göttin ihres Geschlechts, so weit über alle andere Frauen erhaben, daß das, was wir in diesen am meisten bewundern, Schönheit und Reiz, in ihr nur die Schatten sind, ein größeres Licht dagegen abzusetzen. Jede weibliche Vollkommenheit verliert sich in ihr, wie der schwache Schimmer eines Sternes in dem alles überströmenden Glanze des Sonnenlichts. Nichts übersteigt ihre Güte; die Huld selbst beherrschet in ihrer Person diese glückliche Insel; ihre Gesetze sind aus dem ewigen Gesetzbuche des Himmels gezogen und werden dort von Engeln wieder aufgezeichnet. — O, unterbrach er sich dann mit einem Seufzer, der sein ganzes getreues Herz ausdrückte, o, daß sie nicht unsterblich sein kann! Ich wünsche ihn nicht zu erleben, den schrecklichen Augenblick, wenn die Gottheit diesen Abglanz von sich zurückruft und mit eins sich Nacht und Verwirrung über Britannien verbreiten.

Die Königin. Sagte er das, Rutland?

Rutland. Das, und weit mehr. Immer so neu als wahr in deinem Lobe, dessen unversiegene Quelle von den lautersten Gesinnungen gegen dich überströmte —

Die Königin. O Rutland, wie gern glaube ich dem Zeugnisse, das du ihm gibst!

Rutland. Und kannst ihn noch für einen Verräter halten?

Die Königin. Nein; — aber doch hat er die Gesetze übertreten. — Ich muß mich schämen, ihn länger zu schützen. — Ich darf es nicht einmal wagen, ihn zu sehen.

Rutland. Ihn nicht zu sehen, Königin? nicht zu sehen? — Bei dem Mitleid, das seinen Thron in deiner Seele aufgeschlagen, beschwöre ich dich, — du mußt ihn sehen! Schämen? wessen? daß du mit einem Unglücklichen Erbarmen hast? — Gott hat Erbarmen; und Erbarmen sollte Könige schimpfen? — Nein, Königin; sei auch hier dir selbst gleich. Ja, du wirst es; du wirst ihn sehen, wenigstens einmal sehen —

Die Königin. Ihn, der meinen ausdrücklichen Befehl so geringschätzen können? Ihn, der sich so eigenmächtig vor meine Augen drängen darf? Warum blieb er nicht, wo ich ihm zu bleiben befahl?

Rutland. Rechne ihm dieses zu keinem Verbrechen! Gib die Schuld der Gefahr, in der er sich sahe. Er hörte, was hier vorging, wie sehr man ihn zu verkleinern, ihn dir verdächtig zu machen suche. Er kam also, zwar ohne Erlaubnis, aber in der besten Absicht; in der Absicht, sich zu rechtfertigen und dich nicht hintergehen zu lassen.

Die Königin. Gut; so will ich ihn denn sehen, und will

ihn gleich sehen. — O meine Rutland, wie sehr wünsche ich es, ihn noch immer eben so rechtschaffen zu finden, als tapfer ich ihn kenne!

Rutland. O, nähre diese günstige Gedanken! Deine königliche Seele kann keine gerechtere hegen. — Rechtschaffen! So wirst du ihn gewiß finden. Ich wollte für ihn schwören, bei aller deiner Herrlichkeit für ihn schwören, daß er es nie aufgehöret zu sein. Seine Seele ist reiner als die Sonne, die Flecken hat und irdische Dünste an sich ziehet und Geschmeiß ausbrütet. — Du sagst, er ist tapfer; und wer sagt es nicht? Aber ein tapferer Mann ist keiner Niederträchtigkeit fähig. Bedenke, wie er die Rebellen gezüchtiget, wie furchtbar er dich dem Spanier gemacht, der vergebens die Schätze seiner Indien wider dich verschwendete. Sein Name floh vor deinen Flotten und Völkern vorher, und ehe diese noch eintrafen, hatte öfters schon sein Name gesiegt.

Die Königin (beiseite). Wie beredt sie ist! — Ha! dieses Feuer, diese Innigkeit, — das bloße Mitleid gehet so weit nicht. — Ich will es gleich hören! — (Zu ihr.) Und dann, Rutland, seine Gestalt —

Rutland. Recht, Königin: seine Gestalt. — Nie hat eine Gestalt den innern Vollkommenheiten mehr entsprochen! — Bekenn' es, du, die du selbst so schön bist, daß man nie einen schönern Mann gesehen! So würdig, so edel, so kühn und gebieterisch die Bildung! Jedes Glied, in welcher Harmonie mit dem andern! Und doch das Ganze von einem so sanften, lieblichen Umrisse! Das wahre Modell der Natur, einen vollkommenen Mann zu bilden! Das seltene Muster der Kunst, die aus hundert Gegenständen zusammensuchen muß, was sie hier bei einander findet!

Die Königin (beiseite). Ich dacht' es! — Das ist nicht länger auszuhalten. — (Zu ihr.) Wie ist dir, Rutland? Du gerätst außer dir. Ein Wort, ein Bild überjagt das andere. Was spielt so den Meister über dich? Ist es bloß deine Königin, ist es Essex selbst, was diese wahre oder diese erzwungene Leidenschaft wirket? — (Beiseite.) Sie schweigt; — ganz gewiß, sie liebt ihn. — Was habe ich gethan? Welchen neuen Sturm habe ich in meinem Busen erregt? u. s. w.

Hier erscheinen Burleigh und Nottingham wieder, der Königin zu sagen, daß Essex ihren Befehl erwarte. Er soll vor sie kommen. „Rutland," sagt die Königin, „wir sprechen einander schon weiter; geh nur! — Nottingham, tritt du näher!" Dieser Zug der Eifersucht ist vortrefflich. Essex kömmt; und nun erfolgt die Szene mit der Ohrfeige. Ich wüßte nicht, wie sie verständiger und glücklicher vorbereitet sein konnte. Essex anfangs scheinet sich völlig unterwerfen zu wollen; aber da sie ihm befiehlt, sich zu rechtfertigen, wird er nach und nach hitzig; er prahlt, er pocht, er trotzt. Gleichwohl hätte alles das die Königin so weit nicht aufbringen können, wenn ihr Herz nicht schon durch Eifersucht erbittert gewesen wäre. Es ist eigentlich die eifersüchtige Liebhaberin, welche schlägt und die sich nur der Hand der Königin bedienet. Eifersucht überhaupt schlägt gern. —

Ich meinesteils möchte diese Szenen lieber auch nur gedacht, als den ganzen Essex des Corneille gemacht haben. Sie sind so charakteristisch, so voller Leben und Wahrheit, daß das Beste des Franzosen eine sehr armselige Figur dagegen macht.

Neunundfunfzigstes Stück.

Den 24. November 1767.

Nur den Stil des Banks muß man aus meiner Uebersetzung nicht beurteilen. Von seinem Ausdrucke habe ich gänzlich abgehen müssen. Er ist zugleich so gemein und so kostbar, so kriechend und so hochtrabend, und das nicht von Person zu Person, sondern ganz durchaus, daß er zum Muster dieser Art von Mißhelligkeit dienen kann. Ich habe mich zwischen beide Klippen so gut als möglich durchzuschleichen gesucht; dabei aber doch an der einen lieber, als an der andern scheitern wollen.

Ich habe mich mehr vor dem Schwülstigen gehütet als vor dem Platten. Die mehresten hätten vielleicht gerade das Gegenteil gethan; denn schwülstig und tragisch halten viele so ziemlich für einerlei. Nicht nur viele der Leser, auch viele der Dichter selbst. Ihre Helden sollten wie andere Menschen sprechen? Was wären das für Helden? Ampullae et sesquipedalia verba, Sentenzen und Blasen und ellenlange Worte: das macht ihnen den wahren Ton der Tragödie.

„Wir haben es an nichts fehlen lassen," sagt Diderot*) (man merke, daß er vornehmlich von seinen Landsleuten spricht), „das Drama aus dem Grunde zu verderben. Wir haben von den Alten die volle prächtige Versifikation beibehalten, die sich doch nur für Sprachen von sehr abgemessenen Quantitäten und sehr merklichen Accenten, nur für weitläufige Bühnen, nur für eine in Noten gesetzte und mit Instrumenten begleitete Deklamation so wohl schickt; ihre Einfalt aber in der Verwickelung und dem Gespräche und die Wahrheit ihrer Gemälde haben wir fahren lassen."

Diderot hätte noch einen Grund hinzufügen können, warum wir uns den Ausdruck der alten Tragödien nicht durchgängig

*) Zweite Unterredung hinter dem natürlichen Sohne. S. d. Uebers. 247.

zum Muster nehmen dürfen. Alle Personen sprechen und unterhalten sich da auf einem freien, öffentlichen Platze, in Gegenwart einer neugierigen Menge Volks. Sie müssen also fast immer mit Zurückhaltung und Rücksicht auf ihre Würde sprechen; sie können sich ihrer Gedanken und Empfindungen nicht in den ersten, den besten Worten entladen; sie müssen sie abmessen und wählen. Aber wir Neuern, die wir den Chor abgeschafft, die wir unsere Personen größtenteils zwischen ihren vier Wänden lassen: was können wir für Ursache haben, sie dem ohngeachtet immer eine so geziemende, so ausgesuchte, so rethorische Sprache führen zu lassen? Sie hört niemand, als dem sie es erlauben wollen, sie zu hören; mit ihnen spricht niemand als Leute, welche in die Handlung wirklich mit verwickelt, die also selbst im Affekte sind und weder Lust noch Muße haben, Ausdrücke zu kontrollieren. Das war nur von dem Chore zu besorgen, der, so genau er auch in das Stück eingeflochten war, dennoch niemals mit handelte und stets die handelnden Personen mehr richtete, als an ihrem Schicksale wirklichen Anteil nahm. Umsonst beruft man sich desfalls auf den höhern Rang der Personen. Vornehme Leute haben sich besser ausdrücken gelernt als der gemeine Mann; aber sie affektieren nicht unaufhörlich, sich besser auszudrücken als er. Am wenigsten in Leidenschaften, deren jeder seine eigene Beredsamkeit hat, mit der allein die Natur begeistert, die in keiner Schule gelernt wird und auf die sich der Unerzogenste so gut verstehet als der Polierteste.

Bei einer gesuchten, kostbaren, schwülstigen Sprache kann niemals Empfindung sein. Sie zeigt von keiner Empfindung und kann keine hervorbringen. Aber wohl verträgt sie sich mit den simpelsten, gemeinsten, plattesten Worten und Redensarten.

Wie ich Banks' Elisabeth sprechen lasse, weiß ich wohl, hat noch keine Königin auf dem französischen Theater gesprochen. Den niedrigen vertraulichen Ton, in dem sie sich mit ihren Frauen unterhält, würde man in Paris kaum einer guten adlichen Landfrau angemessen finden. „Ist dir nicht wohl? — Mir ist ganz wohl. Steh auf, ich bitte dich. — Nur unruhig, ein wenig unruhig bin ich. — Erzähle mir doch. — Nicht war, Nottingham? Thu das! Laß hören! — Gemach, gemach! — Du eiferst dich aus dem Atem. — Gift und Blattern auf ihre Zunge! Mir steht es frei, dem Dinge, das ich geschaffen habe, mitzuspielen, wie ich will. — Auf den Kopf schlagen. — Wie ist's? Sei munter, liebe Rutland; ich will dir einen wackern Mann suchen. — Wie kannst du so reden? — Du sollst es schon sehen. — Sie hat mich recht sehr geärgert. Ich konnte sie nicht länger vor Augen sehen. — Komm her, meine Liebe; laß mich an deinen Busen mich lehnen! — Ich dacht' es! — Das ist nicht länger auszuhalten." — Ja wohl ist es nicht auszuhalten! würden die feinen Kunstrichter sagen. —

Werden vielleicht auch manche von meinen Lesern sagen. — Denn leider gibt es Deutsche, die noch weit französischer sind als die Franzosen. Ihnen zu Gefallen habe ich diese Brocken auf einen Haufen getragen. Ich kenne ihre Art, zu kritisieren. Alle die kleinen Nachlässigkeiten, die ihr zärtliches Ohr so unendlich beleidigen, die dem Dichter so schwer zu finden waren, die er mit so vieler Ueberlegung dahin und dorthin streuete, um den Dialog geschmeidig zu machen und den Reden einen wahrern Anschein der augenblicklichen Eingebung zu erteilen, reihen sie sehr witzig zusammen auf einen Faden und wollen sich krank darüber lachen. Endlich folgt ein mitleidiges Achselzucken: „Man hört wohl, daß der gute Mann die große Welt nicht kennet; daß er nicht viele Königinnen reden gehört; Racine verstand das besser; aber Racine lebte auch bei Hofe."

Dem ohngeachtet würde mich das nicht irre machen. Desto schlimmer für die Königinnen, wenn sie wirklich nicht so sprechen, nicht so sprechen dürfen. Ich habe es lange schon geglaubt, daß der Hof der Ort eben nicht ist, wo ein Dichter die Natur studieren kann. Aber wenn Pomp und Etikette aus Menschen Maschinen macht, so ist es das Werk des Dichters, aus diesen Maschinen wieder Menschen zu machen. Die wahren Königinnen mögen so gesucht und affektiert sprechen, als sie wollen: seine Königinnen müssen natürlich sprechen. Er höre der Hekuba des Euripides nur fleißig zu und tröste sich immer, wenn er schon sonst keine Königinnen gesprochen hat.

Nichts ist züchtiger und anständiger als die simple Natur. Grobheit und Wust ist eben so weit von ihr entfernt, als Schwulst und Bombast von dem Erhabnen. Das nämliche Gefühl, welches die Grenzscheidung dort wahrnimmt, wird sie auch hier bemerken. Der schwülstigste Dichter ist daher unfehlbar auch der pöbelhafteste. Beide Fehler sind unzertrennlich, und keine Gattung gibt mehrere Gelegenheit, in beide zu verfallen, als die Tragödie.

Gleichwohl scheinet die Engländer vornehmlich nur der eine in ihrem Banks beleidiget zu haben. Sie tadelten weniger seinen Schwulst als die pöbelhafte Sprache, die er so edle und in der Geschichte ihres Landes so glänzende Personen führen lasse; und wünschten lange, daß sein Stück von einem Manne, der den tragischen Ausdruck mehr in seiner Gewalt habe, möchte umgearbeitet werden.*) Dieses geschah endlich auch. Fast zu gleicher

*) (Companion to the Theatre, Vol. II. p. 105.) — The Diction is every where very bad, and in some Places so low, that it even

Zeit machten sich Jones und Brook darüber. Heinrich Jones, von Geburt ein Irländer, war seiner Profession nach ein Maurer und vertauschte, wie der alte Ben Johnson, seine Kelle mit der Feder. Nachdem er schon einen Band Gedichte auf Subskription drucken lassen, die ihn als einen Mann von großem Genie bekannt machten, brachte er seinen Essex 1753 aufs Theater. Als dieser zu London gespielt ward, hatte man bereits den von Heinrich Brook in Dublin gespielt. Aber Brook ließ seinen erst einige Jahre hernach drucken; und so kann es wohl sein, daß er, wie man ihm schuld gibt, eben so wohl den Essex des Jones als den vom Banks genutzt hat. Auch muß noch ein Essex von einem James Ralph vorhanden sein. Ich gestehe, daß ich keinen gelesen habe und alle drei nur aus den gelehrten Tagebüchern kenne. Von dem Essex des Brook sagt ein französischer Kunstrichter, daß er das Feuer und das Pathetische des Banks mit der schönen Poesie des Jones zu verbinden gewußt habe. Was er über die Rolle der Rutland und über derselben Verzweiflung bei der Hinrichtung ihres Gemahls hinzufügt,*) ist merkwürdig; man lernt auch daraus das Pariser Parterre auf einer Seite kennen, die ihm wenig Ehre macht.

Aber einen spanischen Essex habe ich gelesen, der viel zu sonderbar ist, als daß ich nicht im Vorbeigehen etwas davon sagen sollte. —

Sechzigstes Stück.

Den 27. November 1767.

Er ist von einem Ungenannten und führet den Titel: Für seine Gebieterin sterben.**) Ich finde ihn in einer Samm-

becomes unnatural. — And I think, there cannot be a greater Proof of the little Encouragement this Age affords to Merit, than that no Gentleman possest of a true Genius and Spirit of Poetry, thinks it worth his Attention to adorn so celebrated a Part of History with that Dignity of Expression befitting Tragedy in general, but more particularly, where the Characters are perhaps the greatest the World ever produced.

*) (Journal Encycl., Mars 1761.) Il a aussi fait tomber en démence la Comtesse de Rutland au moment que cet illustre époux est conduit à l'échafaud; ce moment où cette Comtesse est un objet bien digne de pitié, a produit une très-grande sensation, et a été trouvé admirable à Londres: en France il eût paru ridicule, il auroit été sifflé et l'on auroit envoyé la Comtesse avec l'Auteur aux Petites-Maisons.

**) Dar la vida por su Dama ó el Conde de Sex; de un Ingenio de esta Corte.

lung von Komödien, die Joseph Padrino zu Sevilien gedruckt hat und in der er das vierundsiebzigste Stück ist. Wenn er verfertiget worden, weiß ich nicht; ich sehe auch nichts, woraus es sich ungefähr abnehmen ließe. Das ist klar, daß sein Verfasser weder die französischen und englischen Dichter, welche die nämliche Geschichte bearbeitet haben, gebraucht hat, noch von ihnen gebraucht worden. Er ist ganz original. Doch ich will dem Urteile meiner Leser nicht vorgreifen.

Essex kömmt von seiner Expedition wider die Spanier zurück und will der Königin in London Bericht davon abstatten. Wie er anlangt, hört er, daß sie sich zwei Meilen von der Stadt, auf dem Landgute einer ihrer Hofdamen, Namens Blanca, befinde. Diese Blanca ist die Geliebte des Grafen, und auf diesem Landgute hat er noch bei Lebszeiten ihres Vaters viele heimliche Zusammenkünfte mit ihr gehabt. Sogleich begibt er sich dahin und bedient sich des Schlüssels, den er noch von der Gartenthüre bewahret, durch die er ehedem zu ihr gekommen. Es ist natürlich, daß er sich seiner Geliebten eher zeigen will als der Königin. Als er durch den Garten nach ihren Zimmern schleichet, wird er an dem schattichten Ufer eines durch denselben geleiteten Armes der Themse ein Frauenzimmer gewahr (es ist ein schwüler Sommerabend), das mit den bloßen Füßen in dem Wasser sitzt und sich abkühlet. Er bleibt voller Verwunderung über ihre Schönheit stehen, ob sie schon das Gesicht mit einer halben Maske bedeckt hat, um nicht erkannt zu werden. (Diese Schönheit, wie billig, wird weitläuftig beschrieben, und besonders werden über die allerliebsten weißen Füße in dem klaren Wasser sehr spitzfindige Dinge gesagt. Nicht genug, daß der entzückte Graf zwei kristallene Säulen in einem fließenden Kristalle stehen sieht, er weiß vor Erstaunen nicht, ob das Wasser der Kristall ihrer Füße ist, welcher in Fluß geraten, oder ob ihre Füße der Kristall des Wassers sind, der sich in diese Form kondensiert hat.*) Noch verwirrter machte ihn die halbe schwarze Maske auf dem weißen Gesichte: er kann nicht begreifen, in welcher Absicht die Natur

*) Las dos columnas bellas
Metió dentro del rio, y como al vellas
Vi un crystal en el rio desatado,
Y vi crystal en ellas condensado,
No supe si las aguas que se vian
Eran sus pies, que liquidos corrian,
O si sus dos columnas se formaban
De las aguas, que allí se congelaban.

Diese Aehnlichkeit treibt der Dichter noch weiter, wenn er beschreiben will, wie die Dame, das Wasser zu kosten, es mit ihrer hohlen Hand geschöpft und nach dem Munde geführt habe. Diese Hand, sagt er, war dem

ein so göttliches Monstrum gebildet und auf seinem Gesichte so schwarzen Basalt mit so glänzendem Helfenbeine gepaaret habe; ob mehr zur Bewunderung oder mehr zur Verspottung.)*) Kaum hat sich das Frauenzimmer wieder angekleidet, als unter der Ausrufung: „Stirb, Tyrannin!" ein Schuß auf sie geschieht und gleich darauf zwei maskierte Männer mit dem Degen auf sie losgehen, weil der Schuß sie nicht getroffen zu haben scheinet. Essex besinnt sich nicht lange, ihr zu Hilfe zu eilen. Er greift die Mörder an, und sie entfliehen. Er will ihnen nach; aber die Dame ruft ihn zurück und bittet ihn, sein Leben nicht in Gefahr zu setzen. Sie sieht, daß er verwundet ist, knüpft ihre Schärpe los und gibt sie ihm, sich die Wunde damit zu verbinden. „Zugleich," sagt sie, „soll diese Schärpe dienen, mich Euch zu seiner Zeit zu erkennen zu geben; itzt muß ich mich entfernen, ehe über den Schuß mehr Lärmen entsteht; ich möchte nicht gern, daß die Königin den Zufall erführe, und ich beschwöre Euch daher um Eure Verschwiegenheit." Sie geht, und Essex bleibt voller Erstaunen über diese sonderbare Begebenheit, über die er mit seinem Bedienten, Namens Cosme, allerlei Betrachtungen anstellt. Dieser Cosme ist die lustige Person des Stücks; er war vor dem Garten geblieben, als sein Herr hereingegangen, und hatte den Schuß zwar gehört, aber ihm doch nicht zu Hilfe kommen dürfen. Die Furcht hielt an der Thüre Schildwache und versperrte ihm den Eingang. Furchtsam ist Cosme für viere,**) und das sind die spanischen Narren gemeiniglich alle.

---

klaren Wasser so ähnlich, daß der Fluß selbst für Schrecken zusammenfuhr, weil er befürchtete, sie möchte einen Teil ihrer eignen Hand mittrinken.

Quiso probar á caso
El agua, y fueron crystalino vaso
Sus manos, acercólas a los labios,
Y entónces el arroyo lloró agravios,
Y como tanto, en fin, se parecia
A sus manos aquello que bebia,
Temi con sobresalto (y no fué en vano)
Que se bebiera parte de la mano.

*) Yo, que al principio vi, ciego, y turbado
A una parte nevado
Y en otra negro el rostro,
Juzgué, mirando tan divino monstruo,
Que la naturaleza cuidadosa
Desigual uniendo tan hermosa,
Quiso hacer por assombro, o por ultrage,
De azabache y marfil un maridage.

**) Ruido de armas en la Quinta,
Y dentro el Conde? Qué aguardo,
Qué no voi á socorrerle?

Essex bekennt, daß er sich unfehlbar in die schöne Unbekannte verliebt haben würde, wenn Blanca nicht schon so völlig Besitz von seinem Herzen genommen hätte, daß sie durchaus keiner andern Leidenschaft darin Raum lasse. „Aber,“ sagte er, „wer mag sie wohl gewesen sein? Was dünkt dich, Cosme?“ — „Wer wird's gewesen sein,“ antwortete Cosme, „als des Gärtners Frau, die sich die Beine gewaschen?“ *) — Aus diesem Zuge kann man leicht auf das übrige schließen. Sie gehen endlich beide wieder fort; es ist zu spät geworden; das Haus könnte über den Schuß in Bewegung geraten sein; Essex getraut sich daher nicht, unbemerkt zu Blanca zu kommen, und verschiebt seinen Besuch auf ein andermal.

Nun tritt der Herzog von Alanzon auf mit Flora, der Blanca Kammermädchen. (Die Szene ist noch auf dem Landgute in einem Zimmer der Blanca; die vorigen Auftritte waren in dem Garten. Es ist des folgenden Tages.) Der König von Frankreich hatte der Elisabeth eine Verbindung mit seinem jüngsten Bruder vorgeschlagen. Dieses ist der Herzog von Alanzon. Er ist unter dem Vorwande einer Gesandtschaft nach England gekommen, um diese Verbindung zu stande zu bringen. Es läßt sich alles, sowohl von seiten des Parlaments als der Königin, sehr wohl dazu an; aber indes erblickt er die Blanca und verliebt sich in sie. Itzt kömmt er und bittet Floren, ihm in seiner Liebe behilflich zu sein. Flora verbirgt ihm nicht, wie wenig er zu erwarten habe; doch ohne ihm das Geringste von der Vertraulichkeit, in welcher der Graf mit ihr stehet, zu entdecken. Sie sagt bloß, Blanca suche sich zu verheiraten, und da sie hierauf sich mit einem Manne, dessen Stand so weit über den ihrigen erhaben sei, doch keine Rechnung machen könne, so dürfte sie schwerlich seiner Liebe Gehör geben. — (Man erwartet, daß der Herzog auf diesen Einwurf die Lauterkeit seiner Absichten beteuern werde; aber davon kein Wort! Die Spanier sind in diesem Punkte lange so strenge und delikat nicht, als die Franzosen.) Er hat einen Brief an die Blanca geschrieben, den Flora übergeben soll. Er wünscht, es selbst mit anzusehen, was dieser Brief für Eindruck auf sie machen werde. Er schenkt Floren eine güldne Kette, und Flora versteckt ihn in eine anstoßende

---

Qué aguardo? Lindo recado:
Aguardo á que quiera el miedo
Dexarme entrar: — —
— — — — —
Cosme, que ha tenido un miedo
Que puede valer por quatro.

*) La muger del hortelano,
Que se lavaba las piernas.

Galerie, indem Blanca mit Cosme hereintritt, welcher ihr die Ankunft seines Herrn meldet.

Essex kömmt. Nach den zärtlichsten Bewillkommungen der Blanca, nach den teuersten Versicherungen des Grafen, wie sehr er ihrer Liebe sich würdig zu zeigen wünsche, müssen sich Flora und Cosme entfernen, und Blanca bleibt mit dem Grafen allein. Sie erinnert ihn, mit welchem Eifer und mit welcher Standhaftigkeit er sich um ihre Liebe beworben habe. Nachdem sie ihm drei Jahre widerstanden, habe sie endlich sich ihm ergeben und ihn, unter Versicherung, sie zu heiraten, zum Eigentümer ihrer Ehre gemacht. (Te hice dueño de mi honor: der Ausdruck sagt im Spanischen ein wenig viel.) Nur die Feindschaft, welche unter ihren beiderseitigen Familien obgewaltet, habe nicht erlaubt, ihre Verbindung zu vollziehen. Essex ist nichts in Abrede und fügt hinzu, daß, nach dem Tode ihres Vaters und Bruders, nur die ihm aufgetragene Expedition wider die Spanier dazwischen gekommen sei. Nun aber habe er diese glücklich vollendet; nun wolle er unverzüglich die Königin um Erlaubnis zu ihrer Vermählung antreten. — „Und so kann ich dir denn,“ sagt Blanca, „als meinem Geliebten, als meinem Bräutigam, als meinem Freunde, alle meine Geheimnisse sicher anvertrauen.“ *) —

Einundsechzigstes Stück.

Den 1. Dezember 1767.

Hierauf beginnt sie eine lange Erzählung von dem Schicksale der Maria von Schottland. Wir erfahren (denn Essex selbst muß alles das ohne Zweifel längst wissen), daß ihr Vater und Bruder dieser unglücklichen Königin sehr zugethan gewesen; daß sie sich geweigert, an der Unterdrückung der Unschuld teilzunehmen; daß Elisabeth sie daher gefangen setzen und in dem Gefängnisse heimlich hinrichten lassen. Kein Wunder, daß Blanca die Elisabeth haßt; daß sie fest entschlossen ist, sich an ihr zu rächen. Zwar hat Elisabeth nachher sie unter ihre Hofdamen aufgenommen und sie ihres ganzen Vertrauens gewürdiget. Aber Blanca ist unversöhnlich. Umsonst wählte die Königin nur kürzlich vor allen andern das Landgut der Blanca, um die Jahreszeit einige Tage daselbst ruhig zu genießen. — Diesen Vorzug

*) Bien podré seguramente
Revelarte intentos mios,
Como á galan, como á dueño,
Como á esposo, y como á amigo.

selbst wollte Blanca ihr zum Verderben gereichen lassen. Sie hatte an ihren Oheim geschrieben, welcher aus Furcht, es möchte ihm wie seinem Bruder, ihrem Vater, ergehen, nach Schottland geflohen war, wo er sich im Verborgnen aufhielt. Der Oheim war gekommen; und kurz, dieser Oheim war es gewesen, welcher die Königin in dem Garten ermorden wollen. Nun weiß Essex, und wir mit ihm, wer die Person ist, der er das Leben gerettet hat. Aber Blanca weiß nicht, daß es Essex ist, welcher ihren Anschlag vereiteln müssen. Sie rechnet vielmehr auf die unbegrenzte Liebe, deren sie Essex versichert, und wagt es, ihn nicht bloß zum Mitschuldigen machen zu wollen, sondern ihm völlig die glücklichere Vollziehung ihrer Rache zu übertragen. Er soll sogleich an ihren Oheim, der wieder nach Schottland geflohen ist, schreiben und gemeinschaftliche Sache mit ihm machen. Die Tyrannin müsse sterben; ihr Name sei allgemein verhaßt; ihr Tod sei eine Wohlthat für das Vaterland, und niemand verdiene es mehr als Essex, dem Vaterlande diese Wohlthat zu verschaffen.

Essex ist über diesen Antrag äußerst betroffen. Blanca, seine teure Blanca, kann ihm eine solche Verräterei zumuten? Wie sehr schämt er sich in diesem Augenblicke seiner Liebe! Aber was soll er thun? Soll er ihr, wie es billig wäre, seinen Unwillen zu erkennen geben? Wird sie darum weniger bei ihren schändlichen Gesinnungen bleiben? Soll er der Königin die Sache hinterbringen? Das ist unmöglich: Blanca, seine ihm noch immer teure Blanca, läuft Gefahr. Soll er sie durch Bitten und Vorstellungen von ihrem Entschlusse abzubringen suchen? Er müßte nicht wissen, was für ein rachsüchtiges Geschöpf eine beleidigte Frau ist, wie wenig es sich durch Flehen erweichen und durch Gefahr abschrecken läßt. Wie leicht könnte sie seine Abratung, sein Zorn zur Verzweiflung bringen, daß sie sich einem andern entdeckte, der so gewissenhaft nicht wäre und ihr zuliebe alles unternähme?*) — Dieses in der Geschwindigkeit überlegt, faßt

---

*) Ay tal traicion! vive el Cielo,
Que de amarla estoi corrido.
Blanca, que es mi dulce dueño,
Blanca, á quien quiero, y estimo,
Me propone tal traicion!
Que haré, porque si ofendido,
Respondiendo, como es justo,
Contra su traicion me irrito,
No por esso ha de evitar
Su resuelto desatino.
Pues darle cuenta a la Reina
Es impossible, pues quiso
Mi suerte, que tenga parte

er den Vorsatz, sich zu verstellen, um den Roberto, so heißt der Oheim der Blanca, mit allen seinen Anhängern in die Falle zu locken.

Blanca wird ungeduldig, daß ihr Essex nicht sogleich antwortet. „Graf," sagt sie, „wenn du erst lange mit dir zu Rate gehst, so liebst du mich nicht. Auch nur zweifeln ist Verbrechen. Undankbarer!" *) — „Sei ruhig, Blanca!" erwidert Essex: „ich bin entschlossen." — „Und wozu?" — „Gleich will ich dir es schriftlich geben."

Essex setzt sich nieder, an ihren Oheim zu schreiben, und indem tritt der Herzog aus der Galerie näher. Er ist neugierig, zu sehen, wer sich mit der Blanca so lange unterhält, und erstaunt, den Grafen von Essex zu erblicken. Aber noch mehr erstaunt er über das, was er gleich darauf zu hören bekömmt. Essex hat an den Roberto geschrieben und sagt der Blanca den Inhalt seines Schreibens, das er sofort durch den Cosme abschicken will. Roberto soll mit allen seinen Freunden einzeln nach London kommen; Essex will ihn mit seinen Leuten unterstützen; Essex hat die Gunst des Volks; nichts wird leichter sein, als sich der Königin zu bemächtigen; sie ist schon so gut als tot. — „Erst müßt' ich sterben!" ruft auf einmal der Herzog und kömmt auf sie los. Blanca und der Graf erstaunen über diese plötzliche Erscheinung, und das Erstaunen des letztern ist nicht ohne Eifersucht. Er glaubt, daß Blanca den Herzog bei sich verborgen gehalten. Der Herzog rechtfertigt die Blanca und versichert, daß sie von seiner Anwesenheit nichts gewußt; er habe

---

Blanca en aqueste delito.
Pues si procuro con ruegos
Disuadirla, es desvario,
Que es una muger resuelta
Animal tan vengativo,
Que no se dobla á los riesgos:
Antes con afecto impio,
En el mismo rendimiento
Suelen agusar los filos;
Y quizá desesperada
De mi enojo, ó mi desvío,
Se declarara con otro
Menos leal, menos fino,
Que quizá por ella intente,
Lo que yo hacer no he querido.

*) Si estás consultando, Conde,
Allá dentro de ti mismo
Lo que has de hacer, no me quieres,
Ya el dudarlo fué delito.
Vive Dios, que eres ingrato!

die Galerie offen gefunden und sei von selbst hereingegangen, die Gemälde darin zu betrachten.*)

Der Herzog. Bei dem Leben meines Bruders, bei dem

---

*) Por vida del Rey mi hermano,
Y por la que mas estimo,
De la Reina mi señora,
Y por — pero yo lo digo,
Que en mi es el mayor empeño
De la verdad del decirlo,
Que no tiene Blanca parte
De estar yo aquí — —
— — — — — — — —
Y estad mui agradecido
A Blanca, de que yo os dé,
No satisfacion, aviso
De esta verdad, porque a vos,
Hombres como yo — *Cond.* Imagino
Que no me conoceis bien.
Duq. No os habia conocido
Hasta aquí; mas ya os conozco,
Pues ya tan otro os he visto
Que os reconozco traidor.
Cond. Quien dixere — *Duq.* Yo lo digo,
No pronuncieis algo, Conde,
Que ya no puedo sufriros.
Cond. Qualquier cosa que yo intente —
Duq. Mirad que estoi persuadido
Que hace la traicion cobardes;
Y assí quando os he cogido
En un lance que me dá
De que sois cobarde indicios,
No he de aprovecharme de esto,
Y assí os perdona mi brio
Este rato que teneis
El valor desminuido;
Que á estar todo vos entero,
Supiera daros castigo.
Cond. Yo soi el Conde de Sex
Y nadie se me ha atrevido
Sino el hermano del Rey
De Francia. *Duq.* Yo tengo brio
Para que sin ser quien soi,
Pueda mi valor invicto
Castigar, non digo yo
Solo á vos, mas á vos mismo,
Siendo leal, que es lo mas
Con que queda encarecido.
Y pues sois tan gran Soldado,
No echeis á perder, os pido.
Tantas heroicas hazañas
Con un hecho tan indigno —

nur noch kostbarern Leben der Königin, bei — Aber genug, daß ich es sage: Blanca ist unschuldig. Und nur ihr, Mylord, haben Sie diese Erklärung zu danken. Auf Sie ist im geringsten nicht dabei gesehen. Denn mit Leuten wie Sie machen Leute wie ich —

Der Graf. Prinz, Sie kennen mich ohne Zweifel nicht recht? —

Der Herzog. Freilich habe ich Sie nicht recht gekannt. Aber ich kenne Sie nun. Ich hielt Sie für einen ganz andern Mann, und ich finde, Sie sind ein Verräter.

Der Graf. Wer darf das sagen?

Der Herzog. Ich! — Nicht ein Wort mehr! Ich will kein Wort mehr hören, Graf!

Der Graf. Meine Absicht mag auch gewesen sein —

Der Herzog. Denn kurz: ich bin überzeugt, daß ein Verräter kein Herz hat. Ich treffe Sie als einen Verräter: ich muß Sie für einen Mann ohne Herz halten. Aber um so weniger darf ich mich dieses Vorteils über Sie bedienen. Meine Ehre verzeiht Ihnen, weil Sie der Ihrigen verlustig sind. Wären Sie so unbescholten, als ich Sie sonst geglaubt, so würde ich Sie zu züchtigen wissen.

Der Graf. Ich bin der Graf von Essex. So hat mir noch niemand begegnen dürfen als der Bruder des Königs von Frankreich.

Der Herzog. Wenn ich auch der nicht wäre, der ich bin; wenn nur Sie der wären, der Sie nicht sind, ein Mann von Ehre: so sollten Sie wohl empfinden, mit wem Sie zu thun hätten. — Sie der Graf von Essex? Wenn Sie dieser berufene Krieger sind: wie können Sie so viele große Thaten durch eine so unwürdige That vernichten wollen? —

Zweiundsechzigstes Stück.

Den 4. Dezember 1767.

Der Herzog fährt hierauf fort, ihm sein Unrecht in einem etwas gelindern Tone vorzuhalten. Er ermahnt ihn, sich eines Bessern zu besinnen; er will es vergessen, was er gehört habe; er ist versichert, daß Blanca mit dem Grafen nicht einstimme und daß sie selbst ihm eben das würde gesagt haben, wenn er, der Herzog, ihr nicht zuvorgekommen wäre. Er schließt endlich: „Noch einmal, Graf, gehen Sie in sich! Stehen Sie von einem so schändlichen Vorhaben ab! Werden Sie wieder Sie selbst! Wollen Sie aber meinem Rate nicht folgen, so erinnern Sie sich, daß Sie einen Kopf haben und London einen

Henker!" *) — Hiermit entfernt sich der Herzog. Essex ist in der äußersten Verwirrung; es schmerzt ihn, sich für einen Verräter gehalten zu wissen; gleichwohl darf er es itzt nicht wagen, sich gegen den Herzog zu rechtfertigen; er muß sich gedulden, bis es der Ausgang lehre, daß er da seiner Königin am getreuesten gewesen sei, als er es am wenigsten zu sein geschienen.**) So spricht er mit sich selbst; zur Blanca aber sagt er, daß er den Brief sogleich an ihren Oheim senden wolle, und geht ab. Blanca desgleichen; nachdem sie ihren Unstern verwünscht, sich aber noch damit getröstet, daß es kein Schlimmerer als der Herzog sei, welcher von dem Anschlage des Grafen wisse.

Die Königin erscheint mit ihrem Kanzler, dem sie es vertraut hat, was ihr in dem Garten begegnet. Sie befiehlt, daß ihre Leibwache alle Zugänge wohl besetze, und morgen will sie nach London zurückkehren. Der Kanzler ist der Meinung, die Meuchelmörder aufsuchen zu lassen und durch ein öffentliches Edikt demjenigen, der sie anzeigen werde, eine ansehnliche Belohnung zu verheißen, sollte er auch selbst ein Mitschuldiger sein. „Denn da es ihrer zwei waren," sagt er, „die den Anfall thaten, so kann leicht einer davon ein eben so treuloser Freund sein, als er ein treuloser Unterthan ist." ***) — Aber die Königin mißbilliget diesen Rat; sie hält es für besser, den ganzen Vorfall zu unterdrücken und es gar nicht bekannt werden zu lassen, daß es Menschen gegeben, die sich einer solchen That erkühnen dürfen. „Man muß," sagt sie, „die Welt glauben machen, daß die Könige so wohl bewacht werden, daß es der Verräterei unmöglich ist, an sie zu kommen. Außerordentliche Verbrechen werden besser verschwiegen, als bestraft. Denn das Beispiel der Strafe ist von

---

*) Miradlo mejor, dexad
Un intento tan indigno,
Corresponded á quien sois,
Y sino bastan avisos,
Mirad que ay Verdugo en Londres,
Y en vos cabeza, harto os digo.

**) No he de responder al Duque
Hasta que el sucesso mismo
Muestre como fueron falsos
De mi traicion los indicios,
Y que soi mas leal, quanto
Mas traidor he parecido.

***) Y pues son dos los culpados
Podrá ser, que alguno de ellos
Entregue al otro; que es llano,
Que será traidor amigo
Quien fué desleal vasallo.

dem Beispiele der Sünde unzertrennlich; und dieses kann oft eben so sehr anreizen, als jenes abschrecken." *)

Indem wird Essex gemeldet und vorgelassen. Der Bericht, den er von dem glücklichen Erfolge seiner Expedition abstattet, ist kurz. Die Königin sagt ihm auf eine sehr verbindliche Weise: „Da ich Euch wieder erblicke, weiß ich von dem Ausgange des Krieges schon genug." **) Sie will von keinen nähern Umständen hören, bevor sie seine Dienste nicht belohnt, und befiehlt dem Kanzler, dem Grafen sogleich das Patent als Admiral von England auszufertigen. Der Kanzler geht; die Königin und Essex sind allein; das Gespräch wird vertraulicher; Essex hat die Schärpe um; die Königin bemerkt sie, und Essex würde es aus dieser bloßen Bemerkung schließen, daß er sie von ihr habe, wenn er es aus den Reden der Blanca nicht schon geschlossen hätte. Die Königin hat den Grafen schon längst heimlich geliebt, und nun ist sie ihm sogar das Leben schuldig.***) Es kostet ihr alle Mühe, ihre Neigung zu verbergen. Sie thut verschiedne Fragen, ihn auszulocken und zu hören, ob sein Herz schon eingenommen, und ob er es vermute, wem er das Leben in dem Garten gerettet. Das letzte gibt er ihr durch seine Antworten gewissermaßen zu verstehen, und zugleich, daß er für eben diese Person mehr empfinde, als er derselben zu entdecken sich erkühnen dürfe. Die Königin ist auf dem Punkte, sich ihm zu erkennen zu geben; doch siegt noch ihr Stolz über ihre Liebe. Eben so sehr hat der Graf mit seinem Stolze zu kämpfen; er kann sich des Gedankens nicht entwehren, daß ihn die Königin liebe, ob er schon die Vermessenheit dieses Gedankens erkennt. (Daß diese Szene größtenteils aus Reden bestehen müsse, die jedes seitab führet, ist leicht zu erachten.) Sie heißt ihn gehen, und heißt ihn wieder so lange warten, bis der Kanzler ihm das Patent bringe. Er bringt

---

*) Y es gran materia de estado
Dar a entender, que los Reyes
Están en sí tan guardados
Que aunque la traicion los busque,
Nunca ha de poder hallarlos;
Y assí el secreto averigue
Enormes delitos, quando
Mas que el castigo, escarmientos
Dé exemplares el pecado.

**) Que ya solo con miraros
Sé el sucesso de la guerra.

***) No bastaba, amor tyrano,
Una inclinacion tan fuerte,
Sin que te ayas ayudado
Del deberle yo la vida?

es sie überreicht es ihm; er bedankt sich, und das Seitab fängt mit neuem Feuer an.

Die Königin. Thörichte Liebe! —

Essex. Eitler Wahnsinn! —

Die Königin. Wie blind! —

Essex. Wie verwegen! —

Die Königin. So tief willst du, daß ich mich herabsetze? —

Essex. So hoch willst du, daß ich mich versteige?

Die Königin. Bedenke, daß ich Königin bin!

Essex. Bedenke, daß ich Unterthan bin!

Die Königin. Du stürzest mich bis in den Abgrund, —

Essex. Du erhebest mich bis zur Sonne, —

Die Königin. Ohne auf meine Hoheit zu achten.

Essex. Ohne meine Niedrigkeit zu erwägen.

Die Königin. Aber weil du meines Herzens dich bemeistert: —

Essex. Aber weil du meiner Seele dich bemächtiget: —

Die Königin. So stirb da und komm nie auf die Zunge!

Essex. So stirb da und komm nie über die Lippen!*)

(Ist das nicht eine sonderbare Art von Unterhaltung? Sie reden mit einander; und reden auch nicht mit einander. Der eine hört, was der andere nicht sagt, und antwortet auf das, was er nicht gehört hat. Sie nehmen einander die Worte nicht aus dem Munde, sondern aus der Seele. Man sage jedoch nicht, daß man ein Spanier sein muß, um an solchen unnatürlichen Künsteleien Geschmack zu finden. Noch vor einige dreißig Jahren fanden wir Deutsche eben so viel Geschmack daran; denn unsere Staats- und Heldenaktionen wimmelten davon, die in allem nach den spanischen Mustern zugeschnitten waren.)

Nachdem die Königin den Essex beurlaubt und ihm befohlen, ihr bald wieder aufzuwarten, gehen beide auf verschiedene Seiten ab und machen dem ersten Aufzuge ein Ende. — Die Stücke der

---

*) *Rein.* Loco amor — *Cond.* Necio impossible —
Rein. Qué ciego — *Cond.* Qué temerario —
Rein. Me abates a tal baxeza —
Cond. Me quieres subir tan alto —
Rein. Advierte, que sol la Reina —
Cond. Advierte, que soi vasallo —
Rein. Pues me humillas á el abysmo —
Cond. Pues me acercas á los rayos —
Rein. Sin reparar mi grandeza —
Cond. Sin mirar mi humilde estado —
Rein. Ya que te miro acá dentro —
Cond. Ya que en mi te vas entrando —
Rein. Muere entre el pecho, y la voz.
Cond. Muere entre el alma, y los labios.

Spanier, wie bekannt, haben deren nur drei, welche sie Jornadas, Tagewerke, nennen. Ihre allerältesten Stücke hatten viere: sie krochen, sagt Lope de Vega, auf allen vieren wie Kinder; denn es waren auch wirklich noch Kinder von Komödien. Virves war der erste, welcher die vier Aufzüge auf drei brachte, und Lope folgte ihm darin, ob er schon die ersten Stücke seiner Jugend oder vielmehr seiner Kindheit ebenfalls in vieren gemacht hatte. Wir lernen dieses aus einer Stelle in des letztern „Neuen Kunst, Komödien zu machen",*) mit der ich aber eine Stelle des Cervantes in Widerspruch finde,**) wo sich dieser den Ruhm anmaßt, die spanische Komödie von fünf Akten, aus welchen sie sonst bestanden, auf drei gebracht zu haben. Der spanische Litterator mag diesen Widerspruch entscheiden; ich will mich dabei nicht aufhalten.

Dreiundsechzigstes Stück.

Den 8. Dezember 1767.

Die Königin ist von dem Landgute zurückgekommen; und Essex gleichfalls. Sobald er in London angelangt, eilt er nach Hofe, um sich keinen Augenblick vermissen zu lassen. Er eröffnet mit seinem Cosme den zweiten Akt, der in dem königlichen Schlosse spielt. Cosme hat auf Befehl des Grafen sich mit Pistolen versehen müssen; der Graf hat heimliche Feinde; er besorgt, wenn er des Nachts spät vom Schlosse gehe, überfallen zu werden. Er heißt den Cosme, die Pistolen nur indes in das Zimmer der Blanca zu tragen und sie von Floren aufheben zu lassen. Zugleich bindet er die Schärpe los, weil er zur Blanca gehen will. Blanca ist eifersüchtig; die Schärpe könnte ihr Gedanken machen; sie könnte sie haben wollen; und er würde sie ihr abschlagen müssen. Indem er sie dem Cosme zur Verwahrung übergibt, kömmt Blanca dazu. Cosme will sie ge-

---

*) Arte nuevo de hazer Comedias, die sich hinter des Lope Rimas befindet.

El Capitan Virves, insigne ingenio,
Puso en tres actos la Comedia que ántes
Andava en quatro, como pies de niño,
Que eran entonces niñas las Comedias,
Y yo las escriví de onze, y doze años,
De á quatro actos, y de á quatro pliegos,
Porque cada acto un pliego contenia.

**) In der Vorrede zu seinen Komödien: Donde me atreví á reducir las Comedias á tres Jornadas, de cinco que tenian.

schwind verstecken: aber es kann so geschwind nicht geschehen, daß es Blanca nicht merken sollte. Blanca nimmt den Grafen mit sich zur Königin; und Essex ermahnt im Abgehen den Cosme, wegen der Schärpe reinen Mund zu halten und sie niemanden zu zeigen.

Cosme hat unter seinen andern guten Eigenschaften auch diese, daß er ein Erzplauderer ist. Er kann kein Geheimnis eine Stunde bewahren; er fürchtet, ein Geschwär im Leibe davon zu bekommen; und das Verbot des Grafen hat ihn zu rechter Zeit erinnert, daß er sich dieser Gefahr bereits sechsunddreißig Stunden ausgesetzt habe.*) Er gibt Floren die Pistolen und hat den Mund schon auf, ihr auch die ganze Geschichte von der maskierten Dame und der Schärpe zu erzählen. Doch eben besinnt er sich, daß es wohl eine würdigere Person sein müsse, der er sein Geheimnis zuerst mitteile. Es würde nicht lassen, wenn sich Flora rühmen könnte, ihn dessen defloriert zu haben.**) (Ich muß von allerlei Art des spanischen Witzes eine kleine Probe einzuflechten suchen.)

Cosme darf auf diese würdigere Person nicht lange warten. Blanca wird von ihrer Neugierde viel zu sehr gequält, daß sie sich nicht so bald als möglich von dem Grafen losmachen sollen, um zu erfahren, was Cosme vorhin so hastig vor ihr zu verbergen gesucht. Sie kömmt also sogleich zurück, und nachdem sie ihn zuerst gefragt, warum er nicht schon nach Schottland abgegangen, wohin ihn der Graf schicken wollen, und er ihr geantwortet, daß er mit anbrechendem Tage abreisen werde, verlangt sie zu wissen, was er da versteckt halte? Sie dringt in ihn; doch Cosme läßt nicht lange in sich dringen. Er sagt ihr alles, was er von der Schärpe weiß, und Blanca nimmt sie ihm ab. Die Art, mit der er sich seines Geheimnisses entlediget, ist äußerst ekel. Sein Magen will es nicht länger bei sich behalten; es stößt ihm auf; es kneipt ihn; er steckt den Finger in den Hals; er gibt es von sich; und um einen bessern Geschmack wieder in den Mund zu bekommen, läuft er geschwind ab, eine Quitte oder

---

*) — Yo no me acordaba
De decirlo, y lo callaba,
Y como me lo encargó,
Ya por decirlo rebiento.
Que tengo tal propriedad,
Que en un hora, ó la mitad,
Se me hace postema un cuento.

**) Allá va Flora; mas no,
Será persona mas grave —
No es bien que Flora se alabe
Que el cuento me desfloró.

Olive darauf zu kauen.*) Blanca kann aus seinem verwirrten Geschwätze zwar nicht recht klug werden; sie versteht aber doch so viel daraus, daß die Schärpe das Geschenk einer Dame ist, in die Essex verliebt werden konnte, wenn er es nicht schon sei. „Denn er ist doch nur ein Mann," sagt sie. „Und wehe der, die ihre Ehre einem Manne anvertraut hat! Der beste ist noch so schlimm!"**) — Um seiner Untreue also zuvorzukommen, will sie ihn je eher je lieber heiraten.

Die Königin tritt herein und ist äußerst niedergeschlagen. Blanca fragt, ob sie die übrigen Hofdamen rufen soll; aber die Königin will lieber allein sein; nur Irene soll kommen und vor dem Zimmer singen. Blanca geht auf der einen Seite nach Irenen ab, und von der andern kömmt der Graf.

Essex liebt die Blanca; aber er ist ehrgeizig genug, auch der Liebhaber der Königin sein zu wollen. Er wirft sich diesen Ehrgeiz selbst vor; er bestraft sich deswegen; sein Herz gehört der Blanca; eigennützige Absichten müssen es ihr nicht entziehen wollen; unechte Konvenienz muß keinen echten Affekt besiegen.***) Er will sich also lieber wieder entfernen, als er die Königin gewahr wird; und die Königin, als sie ihn erblickt, will ihm gleich-

---

*) Ya se me viene a la boca
La purga — —
O que regueldos tan secos
Me vienen! terrible aprieto. —
Mi estomago no lo lleva;
Protesto que es gran trabajo,
Meto los dedos. — —
Y pues la purga he trocado,
Y el secreto he vomitado
Desde el principio hasta el fin,
Y sin dexar cosa alguna,
Tal asco me dió al decillo,
Voi á probar de un membrillo.
O a morder de una azeituna. —

**) Es hombre al fin, y ay! de aquella
Que a un hombre fió su honor,
Siendo tan malo el mejor.

***) Abate, abate las alas,
No subas tanto, busquemos
Mas proporcionada esfera
A tan limitado vuelo.
Blanca me quiere, y á Blanca
Adoro yo ya en mi dueño;
Pues como de amor tan noble
Por una ambicion me alexo?
No conveniencia bastarda
Venza un legitimo afecto.

falls ausweichen. Aber sie bleiben beide. Indem fängt Irene vor dem Zimmer an zu singen. Sie singt eine Redondilla, ein kleines Lied von vier Zeilen, dessen Sinn dieser ist: „Sollten meine verliebten Klagen zu deiner Kenntnis gelangen, o, so laß das Mitleid, welches sie verdienen, den Unwillen überwältigen, den du darüber empfindest, daß ich es bin, der sie führet.“ Der Königin gefällt das Lied, und Essex findet es bequem, ihr durch dasselbe auf eine versteckte Weise seine Liebe zu erklären. Er sagt, er habe es glossieret,*) und bittet um Erlaubnis, ihr seine

*) Die Spanier haben eine Art von Gedichten, welche sie Glossas nennen. Sie nehmen eine oder mehrere Zeilen gleichsam zum Texte und erklären oder umschreiben diesen Text so, daß sie die Zeilen selbst in diese Erklärung oder Umschreibung wiederum einflechten. Den Text heißen sie Mote oder Letra und die Auslegung insbesondere Glossa, welches denn aber auch der Name des Gedichts überhaupt ist. Hier läßt der Dichter den Essex das Lied der Irene zum Mote machen, das aus vier Zeilen besteht, deren jede er in einer besondern Stanze umschreibt, die sich mit der umschriebenen Zeile schließt. Das Ganze sieht so aus:

Mote.

Si acaso mis desvarios
Llegaren á tus umbrales,
La lástima de ser males
Quite el horror de ser mios.

Glossa.

Aunque el dolor me provoca
Decir mis quexas, no puedo,
Que es mi osadia tan poca,
Que entre el respeto y el miedo
Se me mueren en la boca;
Y assi non llegan tan mios
Mis males a tus orejas.
Porque no han de ser oidos
Si acaso digo mis quexas,
Si acaso mis desvarios.
El ser tan mal explicados
Sea su mayor indicio,
Que trocando en mis cuidados
El silencio, y vos su oficio,
Quedarán mas ponderados:
Desde oy por estas señales
Sean de ti conocidos,
Que sin duda son mis males
Si algunos mal repetidos
Llegaren a tus umbrales
Mas ay Dios! que mis cuidados
De tu crueldad conocidos,
Aunque mas acreditados,
Serán ménos adquiridos,

Glosse vorsagen zu dürfen. In dieser Glosse beschreibt er sich als den zärtlichsten Liebhaber, dem es aber die Ehrfurcht verbiete, sich dem geliebten Gegenstande zu entdecken. Die Königin lobt seine Poesie, aber sie mißbilliget seine Art, zu lieben. „Eine Liebe," sagt sie unter andern, „die man verschweigt, kann nicht groß sein; denn Liebe wächst nur durch Gegenliebe, und der Gegenliebe macht man sich durch das Schweigen mutwillig verlustig."

Vierundsechzigstes Stück.

Den 11. Dezember 1767.

Der Graf versetzt, daß die vollkommenste Liebe die sei, welche keine Belohnung erwarte, und Gegenliebe sei Belohnung. Sein Stillschweigen selbst mache sein Glück; denn so lange er seine Liebe verschweige, sei sie noch unverworfen, könne er sich noch von der süßen Vorstellung täuschen lassen, daß sie vielleicht dürfe genehmiget werden. Der Unglückliche sei glücklich, so lange er noch nicht wisse, wie unglücklich er sei.*) Die Königin wider-

---

Que con los otros mezclados:
Porque no sabiendo á quales
Mas tu ingratitud se deba
Viéndolos todos iguales
Fuerza es que en commun te mueva
La lástima de ser males.
En mí este afecto violento
Tu hermoso desden le causa;
Tuyo, y mio es mi tormento;
Tuyo, porque eres la causa;
Y mio, porque yo le siento
Sepan, Laura, tus desvios
Que mis males son tan suyos,
Y en mis cuerdos desvaríos
Estos que tienen de tuyos
Quite el horror de ser mios.

Es müssen aber eben nicht alle Glossen so symmetrisch sein als diese. Man hat alle Freiheit, die Stanzen, die man mit den Zeilen des Mote schließt, so ungleich zu machen, als man will. Man braucht auch nicht alle Zeilen einzuflechten; man kann sich auf eine einzige einschränken und diese mehr als einmal wiederholen. Uebrigens gehören diese Glossen unter die ältern Gattungen der spanischen Poesie, die nach dem Boscan und Garcilasso ziemlich aus der Mode gekommen.

*) — — El mas verdadero amor
Es el que en si mismo quieto
Descansa, sin atender
A mas paga, o mas intento:

legt diese Sophistereien als eine Person, der selbst daran gelegen ist, daß Essex nicht länger darnach handle; und Essex, durch diese Widerlegung erdreistet, ist im Begriff, das Bekenntnis zu wagen, von welchem die Königin behauptet, daß es ein Liebhaber auf alle Weise wagen müsse, als Blanca hereintritt, den Herzog anzumelden. Diese Erscheinung der Blanca bewirkt einen von den sonderbarsten Theaterstreichen. Denn Blanca hat die Schärpe um, die sie dem Cosme abgenommen, welches zwar die Königin, aber nicht Essex gewahr wird.*)

La correspondencia es paga,
Y tener por blanco el precio
Es querer por grangeria.
— — — — — — — —
Dentro está del silencio, y del respeto
Mi amor, y assí mi dicha está segura,
Presumiendo tal vez (dulce locura!)
Que es admitido del mayor sugeto.
Dexándome engañar de este concepto,
Dura mi bien, porque mi engaño dura;
Necio será la lengua, si aventura
Un bien que está seguro en el secreto. —
Que es feliz quien no siendo venturoso
Nunca llegga á saber, que es desdichado.

*) Por no morir de mal, quando
Puedo morir de remedio,
Digo pues, ea, ossadia,
Ella me allentó, que temo? —
Que será bien que á tu Alteza —
(Sale Blanca con la vanda puesta.)
Bl. Señora, el duque — *Cond.* A mal tiempo
Viene Blanca. *Bl.* Está aguardando
En la antecámara — *Rein.* Ay, cielo!
Bl. Para entrar — *Rein.* Que es lo que miro!
Bl. Licencia. *Rein.* Decid; — que veo! —
Decid que espere; estoi loca!
Decid andad. *Bl.* Ya obedezco.
Rein. Venid acá, volved. *Bl.* Qué manda
Vuestra Alteza? *Rein.* El daño es cierto. —
Decidlo — no ay que dudar —
Entretenedle un momento —
Ay de mí! — mi éntras yo salgo —
Y dexadme. *Bl.* Qué es aquesto?
Ya voi. *Cond.* Ya Blanca se fué,
Quiero pues volver — *Rein.* Ha zelos!
Cond. A declararme atrevido,
Pues si me atrevo, me atrevo
En fé de sus pretensiones.
Rein. Mi prenda en poder ageno?
Vive dios, pero es vergüenza

Essex. So sei es gewagt! — Frisch! Sie ermuntert mich selbst. Warum will ich an der Krankheit sterben, wenn ich an dem Hilfsmittel sterben kann? Was fürchte ich noch? — Königin, wann denn also, —

Blanca. Der Herzog, Ihro Majestät, —

Essex. Blanca könnte nicht ungelegener kommen.

Blanca. Wartet in dem Vorzimmer, —

Die Königin. Ah! Himmel!

Blanca. Auf Erlaubnis, —

Die Königin. Was erblicke ich?

Blanca. Hereintreten zu dürfen.

Die Königin. Sag' ihm — Was seh' ich! — Sag' ihm, er soll warten. Ich komme von Sinnen! — Geh, sag' ihm das!

Blanca. Ich gehorche.

Die Königin. Bleib! Komm her! näher! —

Blanca. Was befehlen Ihro Majestät? —

Die Königin. O, ganz gewiß! — Sage ihm — Es ist kein Zweifel mehr! — Geh, unterhalte ihn einen Augenblick, — Weh mir! — Bis ich selbst zu ihm herauskomme. Geh, laß mich!

Blanca. Was ist das? — Ich gehe.

Essex. Blanca ist weg. Ich kann nun wieder fortfahren, —

Die Königin. Ha, Eifersucht!

Essex. Mich zu erklären. — Was ich wage, wage ich auf ihre eigene Ueberredung.

Die Königin. Mein Geschenk in fremden Händen! Bei Gott! — Aber ich muß mich schämen, daß eine Leidenschaft so viel über mich vermag!

Essex. Wenn denn also, — wie Ihre Majestät gesagt, — und wie ich einräumen muß, — das Glück, welches man durch Furcht erkauft, — sehr teuer zu stehen kömmt; — wenn man viel edler stirbt: — so will auch ich, —

Die Königin. Warum sagen Sie das, Graf?

Que pueda tanto un afecto
En mi. *Cond.* Segun lo que dixo
Vuestra Alteza aqui, y supuesto,
Que cuesta cara la dicha,
Que se compra con el miedo,
Quiero morir noblemente.
Rein. Porque lo decis? *Cond.* Qué espero,
Si á vuestra Alteza (que dudo!)
Le declarasse mi afecto,
Algun amor — *Rein.* Que decis?
A mi? como, loco, necio,
Conoceisme? Quien soi yo?
Decid, quien soi? que sospecho,
Que se os huyó la memoria. —

Essex. Weil ich hoffe, daß, wann ich — Warum fürchte ich mich noch? — wann ich Ihro Majestät meine Leidenschaft bekennte, — daß einige Liebe —

Die Königin. Was sagen Sie da, Graf? An mich richtet sich das? Wie? Thor! Unsinniger! Kennen Sie mich auch? Wissen Sie, wer ich bin? Und wer Sie sind? Ich muß glauben, daß Sie den Verstand verloren. —

Und so fahren Ihro Majestät fort, den armen Grafen auszufenstern, daß es eine Art hat! Sie fragt ihn, ob er nicht wisse, wie weit der Himmel über alle menschliche Erfrechungen erhaben sei? Ob er nicht wisse, daß der Sturmwind, der in den Olymp dringen wolle, auf halbem Wege zurückbrausen müsse? Ob er nicht wisse, daß die Dünste, welche sich zur Sonne erhüben, von ihren Strahlen zerstreuet würden? — Wer vom Himmel gefallen zu sein glaubt, ist Essex. Er zieht sich beschämt zurück und bittet um Verzeihung. Die Königin befiehlt ihm, ihr Angesicht zu meiden, nie ihren Palast wieder zu betreten und sich glücklich zu schätzen, daß sie ihm den Kopf lasse, in welchem sich so eitle Gedanken erzeugen können.*) Er entfernt sich; und die Königin geht gleichfalls ab, nicht ohne uns merken zu lassen, wie wenig ihr Herz mit ihren Reden übereinstimme.

Blanca und der Herzog kommen an ihrer Statt, die Bühne zu füllen. Blanca hat dem Herzoge es frei gestanden, auf welchem Fuße sie mit dem Grafen stehe; daß er notwendig ihr Gemahl werden müsse, oder ihre Ehre sei verloren. Der Herzog faßt den Entschluß, den er wohl fassen muß: er will sich seiner Liebe entschlagen; und ihr Vertrauen zu vergelten, verspricht er sogar, sich bei der Königin ihrer anzunehmen, wenn sie ihr die Verbindlichkeit, die der Graf gegen sie habe, entdecken wolle.

Die Königin kömmt bald in tiefen Gedanken wieder zurück. Sie ist mit sich selbst im Streit, ob der Graf auch wohl so schuldig sei, als er scheine. Vielleicht, daß es eine andere Schärpe war, die der ihrigen nur so ähnlich ist. – Der Herzog tritt sie an. Er sagt, er komme, sie um eine Gnade zu bitten, um welche sie auch zugleich Blanca bitte. Blanca werde sich näher darüber erklären; er wolle sie zusammen allein lassen; und so läßt er sie.

Die Königin wird neugierig und Blanca verwirrt. Endlich entschließt sich Blanca, zu reden. Sie will nicht länger von dem veränderlichen Willen eines Mannes abhangen; sie will es seiner

---

*) — — No me veais,
Y agradeced el que os dexo
Cabeza, en que se engendraron
Tan livianos pensamientos.

Rechtschaffenheit nicht länger anheimstellen, was sie durch Gewalt erhalten kann. Sie fleht die Elisabeth um Mitleid an, die Elisabeth, die Frau; nicht die Königin. Denn da sie eine Schwachheit ihres Geschlechts bekennen müsse: so suche sie in ihr nicht die Königin, sondern nur die Frau.*)

Fünfundsechzigstes Stück.

Den 15. Dezember 1767.

Du? mir eine Schwachheit? fragt die Königin.

Blanca. Schmeicheleien, Seufzer, Liebkosungen und besonders Thränen sind vermögend, auch die reinste Tugend zu untergraben. Wie teuer kömmt mir diese Erfahrung zu stehen! Der Graf —

Die Königin. Der Graf? Was für ein Graf? —

Blanca. Von Essex.

Die Königin. Was höre ich?

Blanca. Seine verführerische Zärtlichkeit —

Die Königin. Der Graf von Essex?

Blanca. Er selbst, Königin. —

Die Königin (beiseite). Ich bin des Todes! — Nun? weiter!

Blanca. Ich zittre. — Nein, ich darf es nicht wagen —

Die Königin macht ihr Mut und lockt ihr nach und nach mehr ab, als Blanca zu sagen brauchte; weil mehr, als sie selbst

---

*) — Ya estoi resuelta:
No á la voluntad mudable
De un hombre esté yo sujeta,
Que aunque no sé que me olvide,
Es necedad, que yo quiera
Dexar á su cortesia
Lo que puede hacer la fuerza.
Gran Isabella, escuchadme,
Y al escucharme tu Alteza,
Ponga aun mas que la atencion,
La piedad con las orejas.
Isabella os he llamado
En esta ocasion, no Reina,
Que quando vengo a deciros
Del honor una flaqueza,
Que he hecho como muger,
Porque mejor os parezca,
No Reina, muger os busco.
Solo muger os quisiera. —

zu hören wünscht. Sie höret, wo und wie der Graf glücklich gewesen;*) und als sie endlich auch höret, daß er ihr die Ehe versprochen und daß Blanca auf die Erfüllung dieses Versprechens dringe, so bricht der so lange zurückgehaltene Sturm auf einmal aus. Sie verhöhnet das leichtgläubige Mädchen auf das empfindlichste und verbietet ihr schlechterdings, an den Grafen weiter zu denken. Blanca errät ohne Mühe, daß dieser Eifer der Königin Eifersucht sein müsse, und gibt es ihr zu verstehen.

Die Königin. Eifersucht? — Nein; bloß deine Aufführung entrüstet mich. — Und gesetzt, — ja, gesetzt, ich liebte den Grafen. Wenn ich — Ich ihn liebte, und eine andere wäre so vermessen, so thöricht, ihn neben mir zu lieben, — was sage ich, zu lieben? — ihn nur anzusehen, — was sage ich, anzusehen? — sich nur eine Gedanke von ihm in den Sinn kommen zu lassen: das sollte dieser andern nicht das Leben kosten? — Du siehest, wie sehr mich eine bloß vorausgesetzte, erdichtete Eifersucht aufbringt; urteile daraus, was ich bei einer wahren thun würde. Itzt stelle ich mich nur eifersüchtig; hüte dich, mich es wirklich zu machen!**)

---

*) *Bl.* Le llamé una noche obscura —
Rein. Y vino a verte? *Bl.* Pluguiera
A Dios, que no fuera tanta
Mi desdicha, y su fineza.
Vino mas galan que nunca,
Y yo que dos veces ciega,
Por mi mal, estaba entónces
Del amor, y las tinieblas —

**) *Rein.* Este es zelo, Blanca. *Bl.* Zelos,
Añadiendose una letra.
Rein. Que decis? *Bl.* Señora, que
Si acaso possible fuera,
A no ser vos la que dice
Essas palabras, dixera,
Que eran zelos. *Rein.* Que son zelos?
No son zelos, es ofensa
Que me estais haciendo vos.
Supongamos, que quisiera
A el Conde en esta ocasion:
Pues si yo á el Conde quisiera
Y alguna atrevida, loca
Presumida, descompuesta
Le quisiera, qué es querer?
Que le mirara, o le viera;
Qué es verle? No sé que diga,
No hai cosa que ménos sea —
No la quitara la vida?
La sangre no la bebiera? —
Los zelos, aunque fingidos,

Mit dieser Drohung geht die Königin ab und läßt die Blanca in der äußersten Verzweiflung. Dieses fehlte noch zu den Beleidigungen, über die sich Blanca bereits zu beklagen hatte. Die Königin hat ihr Vater und Bruder und Vermögen genommen, und nun will sie ihr auch den Grafen nehmen. Die Rache war schon beschlossen; aber warum soll Blanca noch erst warten, bis sie ein anderer für sie vollzieht? Sie will sie selbst bewerkstelligen, und noch diesen Abend. Als Kammerfrau der Königin muß sie sie auskleiden helfen; da ist sie mit ihr allein, und es kann ihr an Gelegenheit nicht fehlen. — Sie sieht die Königin mit dem Kanzler wiederkommen und geht, sich zu ihrem Vorhaben gefaßt zu machen.

Der Kanzler hält verschiedne Briefschaften, die ihm die Königin nur auf einen Tisch zu legen befiehlt; sie will sie vor Schlafengehen noch durchsehen. Der Kanzler erhebt die außerordentliche Wachsamkeit, mit der sie ihren Reichsgeschäften obliege; die Königin erkennt es für ihre Pflicht und beurlaubet den Kanzler. Nun ist sie allein und setzt sich zu den Papieren. Sie will sich ihres verliebten Kummers entschlagen und anständigern Sorgen überlassen. Aber das erste Papier, was sie in die Hände nimmt, ist die Bittschrift eines Grafen Felix. Eines Grafen! „Muß es denn eben," sagt sie, „von einem Grafen sein, was mir zuerst vorkömmt!" Dieser Zug ist vortrefflich. Auf einmal ist sie wieder mit ihrer ganzen Seele bei demjenigen Grafen, an den sie itzt nicht denken wollte. Seine Liebe zur Blanca ist ein Stachel in ihrem Herzen, der ihr das Leben zur Last macht. Bis sie der Tod von dieser Marter befreie, will sie bei dem Bruder des Todes Linderung suchen, und so fällt sie in Schlaf.

Indem tritt Blanca herein und hat eine von den Pistolen des Grafen, die sie in ihrem Zimmer gefunden. (Der Dichter hatte sie zu Anfange dieses Akts nicht vergebens dahin tragen lassen.) Sie findet die Königin allein und entschlafen: was für einen bequemern Augenblick konnte sie sich wünschen? Aber eben hat der Graf die Blanca gesucht und sie in ihrem Zimmer nicht getroffen. Ohne Zweifel errät man, was nun geschieht. Er kommt also, sie hier zu suchen; und kömmt eben noch zurecht, der

---

Me arrebataron la lengua,
Y dispararon mi enojo
Mirad que no me deis zelos,
Que si fingidos se altera
Tanto mi enojo, ved vos,
Si fuera verdad, qué hiciera —
Escarmentad en las burlas,
No me deis zelos de veras.

Blanca in den mörderischen Arm zu fallen und ihr die Pistole, die sie auf die Königin schon gespannt hat, zu entreißen. Indem er aber mit ihr ringt, geht der Schuß los; die Königin erwacht, und alles kömmt aus dem Schlosse herzugelaufen.

Die Königin (im Erwachen). Ha! Was ist das?

Der Kanzler. Herbei, herbei! Was war das für ein Knall in dem Zimmer der Königin? Was geschieht hier?

Essex (mit der Pistole in der Hand). Grausamer Zufall!

Die Königin. Was ist das, Graf?

Essex. Was soll ich thun?

Die Königin. Blanca, was ist das?

Blanca. Mein Tod ist gewiß!

Essex. In welcher Verwirrung befinde ich mich!

Der Kanzler. Wie? der Graf ein Verräter?

Essex (beiseite). Wozu soll ich mich entschließen? Schweige ich, so fällt das Verbrechen auf mich. Sage ich die Wahrheit, so werde ich der nichtswürdige Verkläger meiner Geliebten, meiner Blanca, meiner teuersten Blanca.

Die Königin. Sind Sie der Verräter, Graf? Bist du es, Blanca? Wer von euch war mein Retter? wer mein Mörder? Mich dünkt, ich hörte im Schlafe euch beide rufen: Verräterin! Verräter! Und doch kann nur eines von euch diesen Namen verdienen. Wenn eines von euch mein Leben suchte, so bin ich es dem andern schuldig. Wem bin ich es schuldig, Graf? Wer suchte es, Blanca? Ihr schweigt? — Wohl, schweigt nur! Ich will in dieser Ungewißheit bleiben; ich will den Unschuldigen nicht wissen, um den Schuldigen nicht zu kennen. Vielleicht dürfte es mich eben so sehr schmerzen, meinen Beschützer zu erfahren, als meinen Feind. Ich will der Blanca gern ihre Verräterei vergeben, ich will sie ihr verdanken, wenn dafür der Graf nur unschuldig war.*)

---

*) Conde, vos traidor? Vos, Blanca?
El juicio está indiferente,
Qual me libra, qual me mata.
Conde, Blanca, respondedme!
Tu á la Reina? tu á la Reina?
Oid, aunque confusamente:
Ha, traidora, dixo el Conde;
Blanca, dixo: Traidor eres.
Estas razones de entrambos
A entrambas cosas convienen:
Uno de los dos me libra,
Otro de los dos me ofende.
Conde, qual me daba vida?
Blanca, qual me daba muerte?
Decidme! — no lo digais,

Aber der Kanzler sagt: wenn es die Königin schon hierbei wolle bewenden lassen, so dürfe er es doch nicht; das Verbrechen sei zu groß; sein Amt erfodere, es zu ergründen, besonders da aller Anschein sich wider den Grafen erkläre.

Die Königin. Der Kanzler hat recht; man muß es untersuchen. — Graf, —

Essex. Königin! —

Die Königin. Bekennen Sie die Wahrheit! — (Beiseite.) Aber wie sehr fürchtet meine Liebe, sie zu hören! — War es Blanca?

Essex. Ich Unglücklicher!

Die Königin. War es Blanca, die meinen Tod wollte?

Essex. Nein, Königin; Blanca war es nicht.

Die Königin. Sie waren es also?

Essex. Schreckliches Schicksal! — Ich weiß nicht.

Die Königin. Sie wissen es nicht? — Und wie kömmt dieses mörderische Werkzeug in Ihre Hand? —

Der Graf schweigt, und die Königin befiehlt, ihn nach dem Tower zu bringen. Blanca, bis sich die Sache mehr aufhellt, soll in ihrem Zimmer bewacht werden. Sie werden abgeführt, und der zweite Aufzug schließt.

Sechsundsechzigstes Stück.

Den 18. Dezember 1767.

Der dritte Aufzug fängt sich mit einer langen Monologe der Königin an, die allen Scharfsinn der Liebe aufbietet, den Grafen unschuldig zu finden. Die Vielleicht werden nicht gesparet, um ihn weder als ihren Mörder, noch als den Liebhaber der Blanca denken zu dürfen. Besonders geht sie mit den Voraussetzungen wider die Blanca ein wenig sehr weit; sie denkt über diesen

---

Que neutral mi valor quiere,
Por no saber el traidor,
No saber el innocente.
Mejor es quedar confusa,
En duda mi juicio quede.
Porque quando miro á alguno,
Y de la traicion me acuerde,
A pensar, que es el traidor,
Que es el leal tambien piense.
Yo le agradeciera á Blanca,
Que ella la traidora fuesse,
Solo á trueque de que el Conde
Fuera el, que estaba innocente. —

Punkt überhaupt lange so zärtlich und sittsam nicht, als wir es wohl wünschen möchten, und als sie auf unsern Theatern denken müßte.*)

Es kommen der Herzog und der Kanzler: Jener, ihr seine Freude über die glückliche Erhaltung ihres Lebens zu bezeigen; dieser, ihr einen neuen Beweis, der sich wider den Essex äußert, vorzulegen. Auf der Pistole, die man ihm aus der Hand genommen, steht sein Name; sie gehört ihm; und wem sie gehört, der hat sie unstreitig auch brauchen wollen.

Doch nichts scheinet den Essex unwidersprechlicher zu verdammen, als was nun erfolgt. Cosme hat bei anbrechendem Tage mit dem bewußten Briefe nach Schottland abgehen wollen und ist angehalten worden. Seine Reise sieht einer Flucht sehr ähnlich, und eine solche Flucht läßt vermuten, daß er an dem Verbrechen seines Herrn Anteil könne gehabt haben. Er wird also vor den Kanzler gebracht, und die Königin befiehlt, ihn in ihrer Gegenwart zu verhören. Den Ton, in welchem sich Cosme rechtfertiget, kann man leicht erraten. Er weiß von nichts; und als er sagen soll, wo er hingewollt, läßt er sich um die Wahrheit nicht lange nötigen. Er zeigt den Brief, den ihm sein Graf an einen andern Grafen nach Schottland zu überbringen befohlen, und man weiß, was dieser Brief enthält. Er wird gelesen, und Cosme erstaunt nicht wenig, als er hört, wohin es damit abgesehen gewesen. Aber noch mehr erstaunt er über den Schluß desselben, worin der Ueberbringer ein Vertrauter heißt, durch den Roberto seine Antwort sicher bestellen könne. „Was höre ich?“ ruft Cosme. „Ich bin ein Vertrauter? Bei diesem und jenem! ich bin kein Vertrauter; ich bin niemals einer gewesen und will auch in meinem Leben keiner sein. — Habe ich wohl das Ansehen zu einem Vertrauten? Ich möchte doch wissen, was mein Herr an mir gefunden hätte, um mich dafür zu nehmen.

---

*) No pudo ser que mintiera
Blanca en lo que me contó
De gozarla el Conde? No,
Que Blanca no lo fingiera:
No pudo haverla gozado,
Sin estar enamorado,
Y quando tierno, y rendido,
Entónces la haya querido,
No puede haverla olvidado?
No le vieron mis antojos
Entre acogimientos sabios,
Mui callando con los labios,
Mui bachiller con los ojos.
Quando al decir sus enojos
Yo su despecho reñí?

Ich ein Vertrauter, ich, dem das geringste Geheimnis zur Last wird? Ich weiß zum Exempel, daß Blanca und mein Herr einander lieben und daß sie heimlich mit einander verheiratet sind; es hat mir schon lange das Herz abdrücken wollen; und nun will ich es nur sagen, damit Sie hübsch sehen, meine Herren, was für ein Vertrauter ich bin. Schade, daß es nicht etwas viel Wichtigeres ist; ich würde es eben so wohl sagen." *) Diese Nachricht schmerzt die Königin nicht weniger als die Ueberzeugung, zu der sie durch den unglücklichen Brief von der Verräterei des Grafen gelangt. Der Herzog glaubt, nun auch sein Stillschweigen brechen zu müssen und der Königin nicht länger zu verbergen, was er in dem Zimmer der Blanca zufälligerweise angehört habe. Der Kanzler dringt auf die Bestrafung des Verräters, und sobald die Königin wieder allein ist, reizen sie sowohl beleidigte Majestät als gekränkte Liebe, des Grafen Tod zu beschließen.

Nunmehr bringt uns der Dichter zu ihm in das Gefängnis. Der Kanzler kömmt und eröffnet dem Grafen, daß ihn das Parlament für schuldig erkannt und zum Tode verurteilet habe, welches Urteil morgen des Tages vollzogen werden solle. Der Graf beteuert seine Unschuld. **)

---

*) Que escucho? Señores mios,
Dos mil demonios me lleven,
Si yo confidente soi,
Si lo he sido, o si lo fuere,
Ni tengo intencion de serlo.
— — — Tengo yo
Cara de ser confidente?
Yo no sé que ha visto en mí
Mi amo para tenerme
En esta opinion; y á fe,
Que me holgara de que fuesse
Cosa de mas importancia
Un secretillo mui leve,
Que rabio ya por decirlo,
Que es que el Conde á Blanca quiere,
Que estan casados los dos
En secreto — — —

**) *Cond.* Solo el descargo que tengo
Es el estar innocente.
Senescal. Aunque yo quiera creerlo
No me dexan los indicios,
Y advertid, que ya no es tiempo
De dilacion, que mañana
Haveis de morir. *Cond.* Yo muero
Innocente. *Sen.* Pues decid
No escribisteis a Roberto

Der Kanzler. Ihre Unschuld, Mylord, wollte ich gern glauben; aber so viele Beweise wider Sie! — Haben Sie den Brief an den Roberto nicht geschrieben? Ist es nicht Ihr eigenhändiger Name?

Essex. Allerdings ist er es.

Der Kanzler. Hat der Herzog von Alanzon Sie in dem Zimmer der Blanca nicht ausdrücklich den Tod der Königin beschließen hören?

Essex. Was er gehört hat, hat er freilich gehört.

Der Kanzler. Sahe die Königin, als sie erwachte, nicht die Pistole in Ihrer Hand? Gehört die Pistole, auf der Ihr Name gestochen, nicht Ihnen?

Essex. Ich kann es nicht leugnen.

Der Kanzler. So sind Sie ja schuldig.

Essex. Das leugne ich.

Der Kanzler. Nun, wie kamen Sie denn dazu, daß Sie den Brief an den Roberto schrieben?

Esta carta? Aquesta firma
No es la vuestra? *Cond.* No lo niego.
Sen. El gran duque de Alanzon
No os oyó en el aposento
De Blanca trazar la muerte
De la Reina? *Cond.* Aquesso es cierto.
Sen. Quando despertó la Reina
No os halló, Conde, a vos mesmo
Con la pistola en la mano?
Y la pistola que vemos
Vuestro nombre alli gravado
No es vuestro? *Cond.* Os lo concedo.
Sen. Luego vos estais culpado.
Cond. Esso solamente niego.
Sen. Pues como escribisteis, Conde,
La carta al traidor Roberto?
Cond. No los sé. *Sen.* Pues como el Duque
Que escuchó vuestros intentos,
Os convence en la traicion?
Cond. Porque assí lo quiso el cielo.
Sen. Como hallando en vuestra mano
Os culpa el vil instrumento?
Cond. Porque tengo poca dicha. —
Sen. Pues sabed, que si es desdicha
Y no culpa, en tanto aprieto
Os pone vuestra fortuna,
Condo amigo, que supuesto
Que no dais otro descargo,
En fe de indicios tan ciertos,
Mañana vuestra cabeza
Ha de pagar —

Essex. Ich weiß nicht.

Der Kanzler. Wie kam es denn, daß der Herzog den verräterischen Vorsatz aus Ihrem eignen Munde vernehmen mußte?

Essex. Weil es der Himmel so wollte.

Der Kanzler. Wie kam es denn, daß sich das mörderische Werkzeug in Ihren Händen fand?

Essex. Weil ich viel Unglück habe.

Der Kanzler. Wenn alles das Unglück und nicht Schuld ist: wahrlich, Freund, so spielt Ihnen Ihr Schicksal einen harten Streich. Sie werden ihn mit Ihrem Kopfe bezahlen müssen.

Essex. Schlimm genug.

„Wissen Ihro Gnaden nicht," fragt Cosme, der dabei ist, „ob sie mich etwa mithängen werden?" Der Kanzler antwortet Nein, weil ihn sein Herr hinlänglich gerechtfertiget habe; und der Graf ersucht den Kanzler, zu verstatten, daß er die Blanca noch vor seinem Tode sprechen dürfe. Der Kanzler bedauert, daß er als Richter ihm diese Bitte versagen müsse; weil beschlossen worden, seine Hinrichtung so heimlich als möglich geschehen zu lassen, aus Furcht vor den Mitverschwornen, die er vielleicht sowohl unter den Großen als unter dem Pöbel in Menge haben möchte. Er ermahnt ihn, sich zum Tode zu bereiten, und geht ab. Der Graf wünschte bloß deswegen die Blanca noch einmal zu sprechen, um sie zu ermahnen, von ihrem Vorhaben abzustehen. Da er es nicht mündlich thun dürfen, so will er es schriftlich thun. Ehre und Liebe verbinden ihn, sein Leben für sie hinzugeben; bei diesem Opfer, das die Verliebten alle auf der Zunge führen, das aber nur bei ihm zur Wirklichkeit gelangt, will er sie beschworen, es nicht fruchtlos bleiben zu lassen. Es ist Nacht; er setzt sich nieder, zu schreiben, und befiehlt Cosmen, den Brief, den er ihm hernach geben werde, sogleich nach seinem Tode der Blanca einzuhändigen. Cosme geht ab, um indes erst auszuschlafen.

Siebenundsechzigstes Stück.

Den 22. Dezember 1767.

Nun folgt eine Szene, die man wohl schwerlich erwartet hätte. Alles ist ruhig und stille, als auf einmal eben die Dame, welcher Essex in dem ersten Akte das Leben rettete, in eben dem Anzuge, die halbe Maske auf dem Gesichte, mit einem Lichte in der Hand, zu dem Grafen in das Gefängnis hereintritt. Es ist die Königin. „Der Graf," sagt sie vor sich im Hereintreten, „hat mir das Leben erhalten; ich bin ihm dafür verpflichtet. Der

Graf hat mir das Leben nehmen wollen; das schreiet um Rache. Durch seine Verurteilung ist der Gerechtigkeit ein Genüge geschehen; nun geschehe es auch der Dankbarkeit und Liebe!"*) Indem sie näher kömmt, wird sie gewahr, daß der Graf schreibt. „Ohne Zweifel," sagt sie, „an seine Blanca! Was schadet das? Ich komme aus Liebe, aus der feurigsten, uneigennützigsten Liebe; jetzt schweige die Eifersucht! — Graf!" — Der Graf hört sich rufen, sieht hinter sich und springt voller Erstaunen auf. „Was seh' ich!" — „Keinen Traum," fährt die Königin fort, „sondern die Wahrheit. Eilen Sie, sich davon zu überzeugen, und lassen Sie uns kostbare Augenblicke nicht mit Zweifeln verlieren! — Sie erinnern sich doch meiner? Ich bin die, der Sie das Leben gerettet. Ich höre, daß Sie morgen sterben sollen, und ich komme, Ihnen meine Schuld abzutragen, Ihnen Leben für Leben zu geben. Ich habe den Schlüssel des Gefängnisses zu bekommen gewußt. Fragen Sie mich nicht, wie? Hier ist er; nehmen Sie; er wird Ihnen die Pforte in den Park eröffnen; fliehen Sie, Graf, und erhalten Sie ein Leben, das mir so teuer ist!"

Essex. Teuer? Ihnen, Madame?

Die Königin. Würde ich sonst so viel gewagt haben, als ich wage?

Essex. Wie sinnreich ist das Schicksal, das mich verfolgt! Es findet einen Weg, mich durch mein Glück selbst unglücklich zu machen. Ich scheine glücklich, weil die mich zu befreien kömmt, die meinen Tod will; aber ich bin um so viel unglücklicher, weil die meinen Tod will, die meine Freiheit mir anbietet. — **)

Die Königin verstehet hieraus genugsam, daß sie Essex kennt. Er verweigert sich der Gnade, die sie ihm angetragen, gänzlich; aber er bittet, sie mit einer andern zu vertauschen.

Die Königin. Und mit welcher?

Essex. Mit der, Madame, von der ich weiß, daß sie in

---

*) El Conde me dió la vida
Y assí obligada me veo;
El Conde me daba muerte,
Y assí ofendida me quexo.
Pues ya que con la sentencia
Esta parte he satisfecho,
Pues cumpli con la justicia,
Con el amor cumplir quiero. —

**) Ingeniosa mi fortuna
Halló en la dicha mas nuevo
Modo de hacerme infeliz,
Pues quando dichoso veo,
Que me libra quien me mata,
Tambien desdichado advierto,
Que me mata quien me libra.

Ihrem Vermögen steht, — mit der Gnade, mir das Angesicht meiner Königinn sehen zu lassen. Es ist die einzige, um die ich es nicht zu klein halte, Sie an das zu erinnern, was ich für Sie gethan habe. Bei dem Leben, das ich Ihnen gerettet, beschwöre ich Sie, Madame, mir diese Gnade zu erzeigen.

Die Königin (vor sich.) Was soll ich thun? Vielleicht, wenn er mich sieht, daß er sich rechtfertiget! Das wünsche ich ja nur.

Essex. Verzögern sie mein Glück nicht, Madame!

Die Königin. Wenn Sie es denn durchaus wollen, Graf; wohl: aber nehmen Sie erst diesen Schlüssel; von ihm hängt Ihr Leben ab. Was ich itzt für Sie thun darf, könnte ich hernach vielleicht nicht dürfen. Nehmen Sie; ich will Sie gesichert wissen.*)

Essex (indem er den Schlüssel nimmt). Ich erkenne diese Vorsicht mit Dank. — Und nun, Madame, — ich brenne, mein Schicksal auf dem Angesichte der Königin oder dem Ihrigen zu lesen.

Die Königin. Graf, ob beide gleich eines sind, so gehört doch nur das, welches Sie noch sehen, mir ganz allein; denn das, welches Sie nun erblicken (indem sie die Maske abnimmt), ist der Königin. Jenes, mit welchem ich Sie erst sprach, ist nicht mehr.

Essex. Nun sterbe ich zufrieden! Zwar ist es das Vorrecht des königlichen Antlitzes, daß es jeden Schuldigen begnadigen muß, der es erblickt; und auch mir müßte diese Wohlthat des Gesetzes zu statten kommen. Doch ich will weniger hierzu als zu mir selbst meine Zuflucht nehmen. Ich will es wagen, meine Königinn an die Dienste zu erinnern, die ich ihr und dem Staate geleistet —**)

---

*) Pues si esto ha de ser, primero
Tomad, Conde, aquesta llave,
Que si ha de ser instrumento
De vuestra vida, quiza
Tan otra, quitando el velo,
Seré, que no pueda entónces
Hacer lo que ahora puedo,
Y como á daros la vida
Me empeñé por lo que os debo,
Por si no puedo despues,
De esta suerte me prevengo.

**) Moriré yo consolado,
Aunque si por privilegio
En viendo la cara al Rey
Queda perdonado el reo;
Yo de este indulto, Señora,
Vida por ley me prometo;
Esto es en comun, que es
Lo que a todos da el derecho
Pero si en particular

Die Königin. An diese habe ich mich schon selbst erinnert. Aber Ihr Verbrechen, Graf, ist größer als Ihre Dienste.

Essex. Und ich habe mir nichts von der Huld meiner Königin zu versprechen?

Die Königin. Nichts.

Essex. Wenn die Königin so streng ist, so rufe ich die Dame an, der ich das Leben gerettet. Diese wird doch wohl gütiger mit mir verfahren?

Die Königin. Diese hat schon mehr gethan, als sie sollte: sie hat Ihnen den Weg geöffnet, der Gerechtigkeit zu entfliehen.

Essex. Und mehr habe ich um Sie nicht verdient, um Sie, die mir ihr Leben schuldig ist?

Die Königin. Sie haben schon gehört, daß ich diese Dame nicht bin. Aber gesetzt, ich wäre es: gebe ich Ihnen nicht eben so viel wieder, als ich von Ihnen empfangen habe?

Essex. Wo das? Dadurch doch wohl nicht, daß Sie mir den Schlüssel gegeben?

Die Königin. Dadurch allerdings.

Essex. Der Weg, den mir dieser Schlüssel eröffnen kann, ist weniger der Weg zum Leben als zur Schande. Was meine Freiheit bewirken soll, muß nicht meiner Furchtsamkeit zu dienen scheinen. Und doch glaubt die Königin, mich mit diesem Schlüssel für die Reiche, die ich ihr erfochten, für das Blut, das ich um sie vergossen, für das Leben, das ich ihr erhalten, mich mit diesem elenden Schlüssel für alles das abzulohnen?*) Ich will mein Leben einem anständigern Mittel zu danken haben, oder sterben. (Indem er nach dem Fenster geht.)

Die Königin. Wo gehen Sie hin?

Essex. Nichtswürdiges Werkzeug meines Lebens und meiner

Merecer el perdon quiero,
Oid, vereis que me ayuda
Major indulto en mis hechos,
Mis hazañas — —

*) Luego esta, que assi camino
Abrirá a mi vida, abriendo,
Tambien lo abrirá a mi infamia;
Luego esta, que instrumento
De mi libertad, tambien
Lo havrá de ser de mi miedo.
Esta, que solo me sirve
De huir, es el desempeño
De Reinos, que os he ganado,
De servicios, que os he hecho,
Y en fin, de essa vida, de essa,
Que teneis oy por mi esfuerzo?
En esta se cifra tanto? —

Entehrung! Wenn bei dir alle meine Hoffnung beruht, so empfange die Flut in ihrem tiefsten Abgrunde alle meine Hoffnung! (Er eröffnet das Fenster und wirft den Schlüssel durch das Gitter in den Kanal.) Durch die Flucht wäre mein Leben viel zu teuer erkauft.*)

Die Königin. Was haben Sie gethan, Graf? Sie haben sehr übel gethan.

Essex. Wann ich sterbe: so darf ich wenigstens laut sagen, daß ich eine undankbare Königin hinterlasse. -- Will sie aber diesen Vorwurf nicht: so denke sie auf ein anderes Mittel, mich zu retten. Dieses unanständigere habe ich ihr genommen. Ich berufe mich nochmals auf meine Dienste; es steht bei ihr, sie zu belohnen, oder mit dem Andenken derselben ihren Undank zu verewigen.

Die Königin. Ich muß das letztere Gefahr laufen. — Denn wahrlich, mehr konnte ich ohne Nachteil meiner Würde für Sie nicht thun.

Essex. So muß ich dann sterben?

Die Königin. Ohnfehlbar. Die Frau wollte Sie retten, die Königin muß dem Rechte seinen Lauf lassen. Morgen müssen Sie sterben; und es ist schon morgen. Sie haben mein ganzes Mitleid; die Wehmut bricht mir das Herz; aber es ist nun einmal das Schicksal der Könige, daß sie viel weniger nach ihren Empfindungen handeln können als andere. — Graf, ich empfehle Sie der Vorsicht! —

Achtundsechzigstes Stück.

Den 25. Dezember 1767.

Noch einiger Wortwechsel zum Abschiede, noch einige Ausrufungen in der Stille: und beide, der Graf und die Königin, gehen ab, jedes von einer besondern Seite. Im Herausgehen, muß man sich einbilden, hat Essex Cosmen den Brief gegeben, den er an die Blanca geschrieben. Denn den Augenblick darauf kommt dieser damit herein und sagt, daß man seinen Herrn zum Tode führe; sobald es damit vorbei sei, wolle er den Brief, so

*) Vil instrumento
De mi vida, y de mi infamia,
Por esta rexa cayendo
Del parque, que bate el rio,
Entre sus crystales quiero,
Si sois mi esperanza, hundiros:
Caed al húmido centro,
Donde el Tamasis sepulte
Mi esperanza, y mi remedio.

wie er es versprochen, übergeben. Indem er ihn aber ansieht, erwacht seine Neugierde. „Was mag dieser Brief wohl enthalten? Eine Eheverschreibung? die käme ein wenig zu spät. Die Abschrift von seinem Urteile? die wird er doch nicht der schicken, die es zur Witwe macht. Sein Testament? auch wohl nicht. Nun, was denn?“ Er wird immer begieriger; zugleich fällt ihm ein, wie es ihm schon einmal fast das Leben gekostet hätte, daß er nicht gewußt, was in dem Briefe seines Herrn stünde. „Wäre ich nicht,“ sagt er, „bei einem Haare zum Vertrauten darüber geworden? Hol' der Geier die Vertrautschaft! Nein, das muß mir nicht wieder begegnen!“ Kurz, Cosme beschließt, den Brief zu erbrechen, und erbricht ihn. Natürlich, daß ihn der Inhalt äußerst betroffen macht; er glaubt, ein Papier, das so wichtige und gefährliche Dinge enthalte, nicht geschwind genug los werden zu können; er zittert über den bloßen Gedanken, daß man es in seinen Händen finden könne, ehe er es freiwillig abgeliefert; und eilet, es geraden Weges der Königin zu bringen.

Eben kömmt die Königin mit dem Kanzler heraus. Cosme will sie den Kanzler nur erst abfertigen lassen und tritt beiseite. Die Königin erteilt dem Kanzler den letzten Befehl zur Hinrichtung des Grafen; sie soll sogleich und ganz in der Stille vollzogen werden; das Volk soll nichts davon erfahren, bis der geköpfte Leichnam ihm mit stummer Zunge Treue und Gehorsam zurufe.*) Den Kopf soll der Kanzler in den Saal bringen und nebst dem blutigen Beile unter einen Teppich legen lassen; hierauf die Großen des Reichs versammeln, um ihnen mit eins Verbrechen und Strafe zu zeigen, zugleich sie an diesem Beispiele ihrer Pflicht zu erinnern und ihnen einzuschärfen, daß ihre Königin eben so strenge zu sein wisse, als sie gnädig sein zu können wünsche; und das alles, wie sie der Dichter sagen läßt, nach Gebrauch und Sitte des Landes.**)

---

*) Hasta que el tronco cadáver
Le sirva de muda lengua.

**) Y assi al salon de palacio
Hareis que llamados vengan
Los Grandes y los Milordes,
Y para que allí le vean,
Debaxo de una cortina
Hareis poner la cabeza
Con el sangriento cuchillo,
Que amenaza junto a ella,
Por symbolo de Justicia,
Costumbre de Inglaterra:
Y en estando todos juntos,

Der Kanzler geht mit diesen Befehlen ab, und Cosme tritt die Königin an. „Diesen Brief," sagt er, „hat mir mein Herr gegeben, ihn nach seinem Tode der Blanca einzuhändigen. Ich habe ihn aufgemacht, ich weiß selbst nicht, warum; und da ich Dinge darin finde, die Ihro Majestät wissen müssen und die dem Grafen vielleicht noch zu statten kommen können, so bringe ich ihn Ihro Majestät und nicht der Blanca." Die Königin nimmt den Brief und lieset: „Blanca, ich nahe mich meinem letzten Augenblicke; man will mir nicht vergönnen, mit dir zu sprechen; empfange also meine Ermahnung schriftlich. Aber vors erste lerne mich kennen; ich bin nie der Verräter gewesen, der ich dir vielleicht geschienen; ich versprach, dir in der bewußten Sache behilflich zu sein, bloß um der Königin desto nachdrücklicher zu dienen und den Roberto nebst seinen Anhängern nach London zu locken. Urteile, wie groß meine Liebe ist, da ich dem ohngeachtet eher selbst sterben, als dein Leben in Gefahr setzen will. Und nun die Ermahnung: stehe von dem Vorhaben ab, zu welchem dich Roberto anreizet; du hast mich nun nicht mehr, und es möchte sich nicht alle Tage einer finden, der dich so sehr liebte, daß er den Tod des Verräters für dich sterben wollte." *) —

Monstrándome justiciera,
Exhortándolos primero
Con amor a la obediencia,
Les mostraré luego al Conde,
Para que todos atiendan,
Que en mi ay rigor que los rinda,
Si ay piedad que los atreva.

*) Blanca, en el último trance,
Porque hablarte no me dexan,
He de escribirte un consejo,
Y tambien una advertencia;
La advertencia es, que yo nunca
Fuí traidor, que la promessa
De ayudar en lo que sabes,
Fué por servir a la Reina,
Cogiendo á Roberto en Londres,
Y á los que seguirle intentan;
Para aquesto fué la carta:
Esto he querido que sepas,
Porque adviertas el prodigio
De mi amor, que assí se dexa
Morir, por guardar tu vida.
Este ha sido la advertencia:
(Valgame dios!) el consejo
Es, que desistas la empressa
A que Roberto te incita.
Mira que sin mí te quedas,

„Mensch!“ ruft die bestürzte Königin, „was hast du mir da gebracht?“ — „Nun?“ sagt Cosme, „bin ich noch ein Vertrauter?“ — „Eile, fliehe, deinen Herrn zu retten! Sage dem Kanzler, einzuhalten! — Holla, Wache! bringt ihn augenblicklich vor mich, — den Grafen, — geschwind!“ — Und eben wird er gebracht: sein Leichnam nämlich. So groß die Freude war, welche die Königin auf einmal überströmte, ihren Grafen unschuldig zu wissen, so groß sind nunmehr Schmerz und Wut, ihn hingerichtet zu sehen. Sie verflucht die Eilfertigkeit, mit der man ihren Befehl vollzogen; und Blanca mag zittern!

So schließt sich dieses Stück, bei welchem ich meine Leser vielleicht zu lange aufgehalten habe. Vielleicht auch nicht. Wir sind mit den dramatischen Werken der Spanier so wenig bekannt; ich wüßte kein einziges, welches man uns übersetzt oder auch nur auszugsweise mitgeteilt hätte. Denn die Virginia des Augustino de Montiano y Luyando ist zwar spanisch geschrieben, aber kein spanisches Stück: ein bloßer Versuch in der korrekten Manier der Franzosen, regelmäßig, aber frostig. Ich bekenne sehr gern, daß ich bei weitem so vorteilhaft nicht mehr davon denke, als ich wohl ehedem muß gedacht haben.*) Wenn das zweite Stück des nämlichen Verfassers nicht besser geraten ist; wenn die neueren Dichter der Nation, welche eben diesen Weg betreten wollen, ihn nicht glücklicher betreten haben: so mögen sie mir es nicht übel nehmen, wenn ich noch immer lieber nach ihrem alten Lope und Calderon greife als nach ihnen.

Die echten spanischen Stücke sind vollkommen nach der Art dieses Essex. In allen einerlei Fehler und einerlei Schönheiten; mehr oder weniger, das versteht sich. Die Fehler springen in die Augen; aber nach den Schönheiten dürfte man mich fragen. — Eine ganz eigne Fabel; eine sehr sinnreiche Verwicklung; sehr viele und sonderbare und immer neue Theaterstreiche; die ausgespartesten Situationen; meistens sehr wohl angelegte und bis ans Ende erhaltene Charaktere; nicht selten viel Würde und Stärke im Ausdrucke. —

Das sind allerdings Schönheiten: ich sage nicht, daß es die höchsten sind; ich leugne nicht, daß sie zum Teil sehr leicht bis in das Romanenhafte, Abenteuerliche, Unnatürliche können getrieben werden, daß sie bei den Spaniern von dieser Uebertreibung selten frei sind. Aber man nehme den meisten französischen Stücken

---

Y no ha de haver cada dia
Quien, por mucho que te quiera,
Por conservarte la vida
Por traidor la suya pierda. —

*) Theatralische Bibliothek, erstes Stück, S. 117.

ihre mechanische Regelmäßigkeit und sage mir, ob ihnen andere als Schönheiten solcher Art übrig bleiben? Was haben sie sonst noch viel Gutes, als Verwicklung und Theaterstreiche und Situationen?

Anständigkeit, wird man sagen. — Nun ja, Anständigkeit. Alle ihre Verwicklungen sind anständiger und einförmiger; alle ihre Theaterstreiche anständiger und abgedroschner; alle ihre Situationen anständiger und gezwungner. Das kömmt von der Anständigkeit!

Aber Cosme, dieser spanische Hanswurst; diese ungeheure Verbindung der pöbelhaftesten Possen mit dem feierlichsten Ernste; diese Vermischung des Komischen und Tragischen, durch die das spanische Theater so berüchtiget ist? Ich bin weit entfernt, diese zu verteidigen. Wenn sie zwar bloß mit der Anständigkeit stritte, — man versteht schon, welche Anständigkeit ich meine; — wenn sie weiter keinen Fehler hätte, als daß sie die Ehrfurcht beleidigte, welche die Großen verlangen, daß sie der Lebensart, der Etikette, dem Zeremoniell und allen den Gaukeleien zuwiderlief, durch die man den größern Teil der Menschen bereden will, daß es einen kleinern gebe, der von weit besserm Stoffe sei als er: so würde mir die unsinnigste Abwechslung von Niedrig auf Groß, von Aberwitz auf Ernst, von Schwarz auf Weiß willkommner sein als die kalte Einförmigkeit, durch die mich der gute Ton, die feine Welt, die Hofmanier, und wie dergleichen Armseligkeiten mehr heißen, unfehlbar einschläfert. Doch es kommen ganz andere Dinge hier in Betrachtung.

Neunundsechzigstes Stück.

Den 29. Dezember 1767.

Lope de Vega, ob er schon als der Schöpfer des spanischen Theaters betrachtet wird, war es indes nicht, der jenen Zwitterton einführte. Das Volk war bereits so daran gewöhnt, daß er ihn wider Willen mit anstimmen mußte. In seinem Lehrgedichte über die Kunst, neue Komödien zu machen, dessen ich oben schon gedacht, jammert er genug darüber. Da er sahe, daß es nicht möglich sei, nach den Regeln und Mustern der Alten für seine Zeitgenossen mit Beifall zu arbeiten, so suchte er der Regellosigkeit wenigstens Grenzen zu setzen; das war die Absicht dieses Gedichts. Er dachte, so wild und barbarisch auch der Geschmack der Nation sei, so müsse er doch seine Grundsätze haben; und es sei besser, auch nur nach diesen mit einer beständigen

Gleichförmigkeit zu handeln als nach gar keinen. Stücke, welche die klassischen Regeln nicht beobachten, können doch noch immer Regeln beobachten und müssen dergleichen beobachten, wenn sie gefallen wollen. Diese also, aus dem bloßen Nationalgeschmacke hergenommen, wollte er festsetzen: und so ward die Verbindung des Ernsthaften und Lächerlichen die erste.

„Auch Könige," sagt er, „könnt ihr in euern Komödien auftreten lassen. Ich höre zwar, daß unser weiser Monarch (Philipp II.) dieses nicht gebilliget; — es sei nun, weil er einsah, daß es wider die Regeln laufe, oder weil er es der Würde eines Königs zuwider glaubte, so mit unter den Pöbel gemengt zu werden. Ich gebe auch gern zu, daß dieses wieder zur ältesten Komödie zurückkehren heißt, die selbst Götter einführte; wie unter andern in dem Amphitruo des Plautus zu sehen: und ich weiß gar wohl, daß Plutarch, wenn er von Menandern redet, die älteste Komödie nicht sehr lobt. Es fällt mir also freilich schwer, unsere Mode zu billigen. Aber da wir uns nun einmal in Spanien so weit von der Kunst entfernen, so müssen die Gelehrten schon auch hierüber schweigen. Es ist wahr, das Komische mit dem Tragischen vermischt, Seneca mit dem Terenz zusammengeschmolzen, gibt kein geringeres Ungeheuer, als der Minotaurus der Pasiphae war. Doch diese Abwechselung gefällt nun einmal; man will nun einmal keine andere Stücke sehen, als die halb ernsthaft und halb lustig sind; die Natur selbst lehrt uns diese Mannigfaltigkeit, von der sie einen Teil ihrer Schönheit entlehnet."*)

---

*) Eligese el sujeto, y no se mire,
(Perdonen los preceptos) si es de Reyes,
Aunque por esto entiendo que el prudente,
Filipo Rey de España, y Señor nuestro,
En viendo un Rey en ellos se enfadava,
O fuesse el ver, que al arte contradize,
O que la autoridad real no deve
Andar fingida entre la humilde plebe,
Este es bolver á la Comedia antigua,
Donde vemos, que Plauto puso Dioses,
Como en su Anfitrion lo muestra Jupiter.
Sabe Dios, que me pesa de aprovarlo,
Porque Plutarco hablando de Menandro,
No siente bien de la Comedia antigua,
Mas pues del arte vamos tan remotos,
Y en España le hazemos mil agravios,
Cierren los Doctos esta vez los labios.
Lo Trágico, y lo Cómico mezclado,
Y Terencio con Seneca, aunque sea,
Como otro Minotauro de Pasife.
Harán grave una parte, otra ridicula,

Die letzten Worte sind es, weswegen ich diese Stelle anführe. Ist es wahr, daß uns die Natur selbst in dieser Vermengung des Gemeinen und Erhabenen, des Possierlichen und Ernsthaften, des Lustigen und Traurigen zum Muster dient? Es scheinet so. Aber wenn es wahr ist, so hat Lope mehr gethan, als er sich vornahm; er hat nicht bloß die Fehler seiner Bühne beschöniget, er hat eigentlich erwiesen, daß wenigstens dieser Fehler keiner ist; denn nichts kann ein Fehler sein, was eine Nachahmung der Natur ist.

„Man tadelt," sagt einer von unsern neuesten Skribenten, „an Shakespeare, — demjenigen unter allen Dichtern seit Homer, der die Menschen, vom Könige bis zum Bettler und von Julius Cäsar bis zu Jak Falstaff, am besten gekannt und mit einer Art von unbegreiflicher Intuition durch und durch gesehen hat, daß seine Stücke keinen oder doch nur einen sehr fehlerhaften, unregelmäßigen und schlecht ausgesonnenen Plan haben; daß Komisches und Tragisches darin auf die seltsamste Art durch einander geworfen ist, und oft eben dieselbe Person, die uns durch die rührende Sprache der Natur Thränen in die Augen gelockt hat, in wenigen Augenblicken darauf uns durch irgend einen seltsamen Einfall oder barockischen Ausdruck ihrer Empfindungen, wo nicht zu lachen macht, doch dergestalt abkühlt, daß es ihm hernach sehr schwer wird, uns wieder in die Fassung zu setzen, worin er uns haben möchte. — Man tadelt das und denkt nicht daran, daß seine Stücke eben darin natürliche Abbildungen des menschlichen Lebens sind.

„Das Leben der meisten Menschen und (wenn wir es sagen dürfen) der Lebenslauf der großen Staatskörper selbst, insofern wir sie als eben so viel moralische Wesen betrachten, gleicht den Haupt- und Staatsaktionen im alten gotischen Geschmacke in so vielen Punkten, daß man beinahe auf die Gedanken kommen möchte, die Erfinder dieser letztern wären klüger gewesen, als man gemeiniglich denkt, und hätten, wofern sie nicht gar die heimliche Absicht gehabt, das menschliche Leben lächerlich zu machen, wenigstens die Natur eben so getreu nachahmen wollen, als die Griechen sich angelegen sein ließen, sie zu verschönern. Und itzt nichts von der zufälligen Aehnlichkeit zu sagen, daß in diesen Stücken, so wie im Leben, die wichtigsten Rollen sehr oft gerade durch die schlechtesten Acteurs gespielt werden, was kann ähnlicher sein, als es beide Arten der Haupt- und Staatsaktionen einander in der Anlage, in der Abteilung und Disposition der

---

Que aquesta variedad deleyta mucho,
Buen exemplo nos da naturaleza,
Que por tal variedad tiene belleza.

Szenen, im Knoten und in der Entwicklung zu sein pflegen? Wie selten fragen die Urheber der einen und der andern sich selbst, warum sie dieses oder jenes gerade so und nicht anders gemacht haben? Wie oft überraschen sie uns durch Begebenheiten, zu denen wir nicht im mindesten vorbereitet waren? Wie oft sehen wir Personen kommen und wieder abtreten, ohne daß sich begreifen läßt, warum sie kamen, oder warum sie wieder verschwinden? Wie viel wird in beiden dem Zufall überlassen? Wie oft sehen wir die größesten Wirkungen durch die armseligsten Ursachen hervorgebracht? Wie oft das Ernsthafte und Wichtige mit einer leichtsinnigen Art, und das Nichtsbedeutende mit lächerlicher Gravität behandelt? Und wenn in beiden endlich alles so kläglich verworren und durch einander geschlungen ist, daß man an der Möglichkeit der Entwicklung zu verzweifeln anfängt: wie glücklich sehen wir durch irgend einen unter Blitz und Donner aus papiernen Wolken herabspringenden Gott oder durch einen frischen Degenhieb den Knoten auf einmal zwar nicht aufgelöset, aber doch aufgeschnitten, welches insofern auf eines hinausläuft, daß auf die eine oder die andere Art das Stück ein Ende hat und die Zuschauer klatschen oder zischen können, wie sie wollen oder — dürfen. Uebrigens weiß man, was für eine wichtige Person in den komischen Tragödien, wovon wir reden, der edle Hanswurst vorstellt, der sich, vermutlich zum ewigen Denkmal des Geschmacks unserer Voreltern, auf dem Theater der Hauptstadt des Deutschen Reiches erhalten zu wollen scheinet. Wollte Gott, daß er seine Person allein auf dem Theater vorstellet! Aber wie viel große Aufzüge auf dem Schauplatze der Welt hat man nicht in allen Zeiten mit Hanswurst — oder, welches noch ein wenig ärger ist, durch Hanswurst — aufführen gesehen? Wie oft haben die größesten Männer, dazu geboren, die schützenden Genii eines Throns, die Wohlthäter ganzer Völker und Zeitalter zu sein, alle ihre Weisheit und Tapferkeit durch einen kleinen schnakischen Streich von Hanswurst oder solchen Leuten vereitelt sehen müssen, welche, ohne eben sein Wams und seine gelben Hosen zu tragen, doch gewiß seinen ganzen Charakter an sich trugen? Wie oft entsteht in beiden Arten der Tragi-Komödien die Verwicklung selbst lediglich daher, daß Hanswurst durch irgend ein dummes und schelmisches Stückchen von seiner Arbeit den gescheiten Leuten, ehe sie sich's versehen können, ihr Spiel verderbt?" —

Wenn in dieser Vergleichung des großen und kleinen, des ursprünglichen und nachgebildeten heroischen Possenspiels — (die ich mit Vergnügen aus einem Werke abgeschrieben, welches unstreitig unter die vortrefflichsten unsers Jahrhunderts gehört, aber für das deutsche Publikum noch viel zu früh geschrieben zu sein scheint. In Frankreich und England würde es das äußerste

Aufsehen gemacht haben; der Name seines Verfassers würde auf aller Zungen sein. Aber bei uns? Wir haben es, und damit gut. Unsere Großen lernen vors erste an den *** kauen; und freilich ist der Saft aus einem französischen Roman lieblicher und verdaulicher. Wenn ihr Gebiß schärfer und ihr Magen stärker geworden, wenn sie indes Deutsch gelernt haben, so kommen sie auch wohl einmal über den — Agathon. Dieses ist das Werk, von welchem ich rede, von welchem ich es lieber nicht an dem schicklichsten Orte, lieber hier als gar nicht, sagen will, wie sehr ich es bewundere, da ich mit der äußersten Befremdung wahrnehme, welches tiefe Stillschweigen unsere Kunstrichter darüber beobachten, oder in welchem kalten und gleichgültigen Tone sie davon sprechen. Es ist der erste und einzige Roman für den denkenden Kopf von klassischem Geschmacke. Roman? Wir wollen ihm diesen Titel nur geben, vielleicht, daß es einige Leser mehr dadurch bekömmt. Die wenigen, die es darüber verlieren möchte, an denen ist ohnedem nichts gelegen.)

Siebzigstes Stück.

Den 1. Januar 1768.

Wenn in dieser Vergleichung, sage ich, die satirische Laune nicht zu sehr vorstäche: so würde man sie für die beste Schutzschrift des komisch tragischen oder tragisch komischen Drama (Mischspiel habe ich es einmal auf irgend einem Titel genannt gefunden), die für geflissentlichste Ausführung des Gedankens beim Lope halten dürfen. Aber zugleich würde sie auch die Widerlegung desselben sein. Denn sie würde zeigen, daß eben das Beispiel der Natur, welches die Verbindung des feierlichen Ernstes mit der possenhaften Lustigkeit rechtfertigen soll, eben so gut jedes dramatische Ungeheuer, das weder Plan, noch Verbindung, noch Menschenverstand hat, rechtfertigen könne. Die Nachahmung der Natur müßte folglich entweder gar kein Grundsatz der Kunst sein; oder wenn sie es doch bliebe, würde durch ihn selbst die Kunst, Kunst zu sein, aufhören; wenigstens keine höhere Kunst sein als etwa die Kunst, die bunten Adern des Marmors in Gips nachzuahmen; ihr Zug und Lauf mag geraten, wie er will, der seltsamste kann so seltsam nicht sein, daß er nicht natürlich scheinen könnte; bloß und allein der scheinet es nicht, bei welchem sich zu viel Symmetrie, zu viel Ebenmaß und Verhältnis, zu viel von dem zeiget, was in jeder andern Kunst die Kunst ausmacht; der künstlichste in diesem Verstande ist hier der schlechteste, und der wildeste der beste.

Als Kritikus dürfte unser Verfasser ganz anders sprechen. Was er hier so sinnreich aufstützen zu wollen scheinet, würde er ohne Zweifel als eine Mißgeburt des barbarischen Geschmacks verdammen, wenigstens als die ersten Versuche der unter ungeschlachten Völkern wiederauflebenden Kunst vorstellen, an deren Form irgend ein Zusammenfluß gewisser äußerlichen Ursachen oder das Ohngefähr den meisten, Vernunft und Ueberlegung aber den wenigsten, auch wohl ganz und gar keinen Anteil hatte. Er würde schwerlich sagen, daß die ersten Erfinder des Mischspiels (da das Wort einmal da ist, warum soll ich es nicht brauchen?) „die Natur eben so getreu nachahmen wollen, als die Griechen sich angelegen sein lassen, sie zu verschönern".

Die Worte „getreu" und „verschönert", von der Nachahmung und der Natur, als dem Gegenstande der Nachahmung, gebraucht, sind vielen Mißdeutungen unterworfen. Es gibt Leute, die von keiner Natur wissen wollen, welche man zu getreu nachahmen könne; selbst was uns in der Natur mißfalle, gefalle in der getreuen Nachahmung vermöge der Nachahmung. Es gibt andere, welche die Verschönerung der Natur für eine Grille halten; eine Natur, die schöner sein wolle als die Natur, sei eben darum nicht Natur. Beide erklären sich für Verehrer der einzigen Natur, so wie sie ist; jene finden in ihr nichts zu vermeiden, diese nichts hinzuzusetzen. Jenen also müßte notwendig das gotische Mischspiel gefallen; so wie diese Mühe haben würden, an den Meisterstücken der Alten Geschmack zu finden.

Wann dieses nun aber nicht erfolgte? Wann jene, so große Bewunderer sie auch von der gemeinsten und alltäglichsten Natur sind, sich dennoch wider die Vermischung des Possenhaften und Interessanten erklärten? Wann diese, so ungeheuer sie auch alles finden, was besser und schöner sein will als die Natur, dennoch das ganze griechische Theater ohne den geringsten Anstoß von dieser Seite durchwandelten? Wie wollten wir diesen Widerspruch erklären?

Wir würden notwendig zurückkommen und das, was wir von beiden Gattungen erst behauptet, widerrufen müssen. Aber wie müßten wir widerrufen, ohne uns in neue Schwierigkeiten zu verwickeln? Die Vergleichung einer solchen Haupt- und Staatsaktion, über deren Güte wir streiten, mit dem menschlichen Leben, mit dem gemeinen Laufe der Welt, ist doch so richtig!

Ich will einige Gedanken herwerfen, die, wenn sie nicht gründlich genug sind, doch gründlichere veranlassen können. — Der Hauptgedanke ist dieser: es ist wahr, und auch nicht wahr, daß die komische Tragödie gotischer Erfindung die Natur getreu nachahmet; sie ahmet sie nur in einer Hälfte getreu nach und vernachlässiget die andere Hälfte gänzlich; sie ahmet die Natur der

Erscheinungen nach, ohne im geringsten auf die Natur unserer Empfindungen und Seelenkräfte dabei zu achten.

In der Natur ist alles mit allem verbunden; alles durchkreuzt sich, alles wechselt mit allem, alles verändert sich eines in das andere. Aber nach dieser unendlichen Mannigfaltigkeit ist sie nur ein Schauspiel für einen unendlichen Geist. Um endliche Geister an dem Genusse desselben Anteil nehmen zu lassen, mußten diese das Vermögen erhalten, ihr Schranken zu geben, die sie nicht hat; das Vermögen, abzusondern und ihre Aufmerksamkeit nach Gutdünken lenken zu können.

Dieses Vermögen üben wir in allen Augenblicken des Lebens; ohne dasselbe würde es für uns gar kein Leben geben; wir würden von allzu verschiedenen Empfindungen nichts empfinden; wir würden ein beständiger Raub des gegenwärtigen Eindruckes sein; wir würden träumen, ohne zu wissen, was wir träumten.

Die Bestimmung der Kunst ist, uns in dem Reiche des Schönen dieser Absonderung zu überheben, uns die Fixierung unserer Aufmerksamkeit zu erleichtern. Alles, was wir in der Natur von einem Gegenstande oder einer Verbindung verschiedener Gegenstände, es sei der Zeit oder dem Raume nach, in unsern Gedanken absondern oder absondern zu können wünschen, sondert sie wirklich ab und gewährt uns diesen Gegenstand oder diese Verbindung verschiedener Gegenstände so lauter und bündig, als es nur immer die Empfindung, die sie erregen sollen, verstattet.

Wenn wir Zeugen von einer wichtigen und rührenden Begebenheit sind, und eine andere von nichtigem Belange läuft quer ein: so suchen wir der Zerstreuung, die diese uns drohet, möglichst auszuweichen. Wir abstrahieren von ihr; und es muß uns notwendig ekeln, in der Kunst das wiederzufinden, was wir aus der Natur wegwünschten.

Nur wenn eben dieselbe Begebenheit in ihrem Fortgange alle Schattierungen des Interesse annimmt und eine nicht bloß auf die andere folgt, sondern so notwendig aus der andern entspringt; wenn der Ernst das Lachen, die Traurigkeit die Freude, oder umgekehrt, so unmittelbar erzeugt, daß uns die Abstraktion des einen oder des andern unmöglich fällt: nur alsdenn verlangen wir sie auch in der Kunst nicht, und die Kunst weiß aus dieser Unmöglichkeit selbst Vorteil zu ziehen. —

Aber genug hiervon; man sieht schon, wo ich hinaus will. —

Den fünfundvierzigsten Abend (Freitags, den 17. Julius), wurden Die Brüder des Herrn Romanus und Das Orakel vom Saint-Foix gespielt.

Das erstere Stück kann für ein deutsches Original gelten,

ob es schon größtenteils aus den „Brüdern" des Terenz genommen ist. Man hat gesagt, daß auch Molière aus dieser Quelle geschöpft habe, und zwar seine „Männerschule". Der Herr von Voltaire macht seine Anmerkungen über dieses Vorgeben, und ich führe Anmerkungen von dem Herrn von Voltaire so gern an! Aus seinen geringsten ist noch immer etwas zu lernen, wenn schon nicht allezeit das, was er darin sagt, wenigstens das, was er hätte sagen sollen. Primus sapientiae gradus est, falsa intelligere (wo dieses Sprüchelchen steht, will mir nicht gleich beifallen; und ich wüßte keinen Schriftsteller in der Welt, an dem man es so gut versuchen könnte, ob man auf dieser ersten Stufe der Weisheit stehe, als an dem Herrn von Voltaire, aber daher auch keinen, der uns, die zweite zu ersteigen, weniger behilflich sein könnte; secundus, vera cognoscere. Ein kritischer Schriftsteller, dünkt mich, richtet seine Methode auch am besten nach diesem Sprüchelchen ein. Er suche sich nur erst jemanden, mit dem er streiten kann, so kömmt er nach und nach in die Materie, und das übrige findet sich. Hierzu habe ich mir in diesem Werke, ich bekenne es aufrichtig, nun einmal die französischen Skribenten vornehmlich erwählet, und unter diesen besonders den Herrn von Voltaire. Also auch itzt, nach einer kleinen Verbeugung, nur darauf zu! Wem diese Methode aber etwan mehr mutwillig als gründlich scheinen wollte: der soll wissen, daß selbst der gründliche Aristoteles sich ihrer fast immer bedient hat. Solet Aristoteles, sagt einer von seinen Auslegern, der mir eben zur Hand liegt, quaerere pugnam in suis libris. Atque hoc facit non temere et casu, sed certa ratione atque consilio: nam labefactatis aliorum opinionibus, u. s. w. O des Pedanten! würde der Herr von Voltaire rufen. — Ich bin es bloß aus Mißtrauen in mich selbst.

„Die Brüder des Terenz," sagt der Herr von Voltaire, „können höchstens die Idee zu der ‚Männerschule' gegeben haben. In den ‚Brüdern' sind zwei Alte von verschiedner Gemütsart, die ihre Söhne ganz verschieden erziehen; eben so sind in der ‚Männerschule' zwei Vormünder, ein sehr strenger und ein sehr nachsehender; das ist die ganze Aehnlichkeit. In den ‚Brüdern' ist fast ganz und gar keine Intrigue; die Intrigue in der ‚Männerschule' hingegen ist fein und unterhaltend und komisch. Eine von den Frauenzimmern des Terenz, welche eigentlich die interessanteste Rolle spielen müßte, erscheinet bloß auf dem Theater, um niederzukommen. Die Isabelle des Molière ist fast immer auf der Szene und zeigt sich immer witzig und reizend und verbindet sogar die Streiche, die sie ihrem Vormunde spielt, noch mit Anstand. Die Entwicklung in den ‚Brüdern' ist ganz unwahrscheinlich; es ist wider die Natur, daß ein Alter, der sechzig Jahre ärgerlich und streng und geizig gewesen, auf einmal lustig und höflich und freigebig werden sollte. Die Entwicklung in der ‚Männerschule' aber ist die beste von allen Entwicklungen des Molière; wahrscheinlich, natürlich, aus der Intrigue selbst hergenommen und, was ohnstreitig nicht das Schlechteste daran ist, äußerst komisch."

Einundsiebzigstes Stück.

Den 5. Januar 1768.

Es scheinet nicht, daß der Herr von Voltaire, seitdem er aus der Klasse bei den Jesuiten gekommen, den Terenz viel wieder gelesen habe. Er spricht ganz so davon als von einem alten Traume; es schwebt ihm nur noch so was davon im Gedächtnisse, und das schreibt er auf gut Glück so hin, unbekümmert, ob es gehauen oder gestochen ist. Ich will ihn nicht aufmutzen, was er von der Pamphila des Stücks sagt, „daß sie bloß auf dem Theater erscheine, um niederzukommen". Sie erscheinet gar nicht auf dem Theater; sie kömmt nicht auf dem Theater nieder; man vernimmt bloß ihre Stimme aus dem Hause; und warum sie eigentlich die interessanteste Rolle spielen müßte, das läßt sich auch gar nicht absehen. Den Griechen und Römern war nicht alles interessant, was es den Franzosen ist. Ein gutes Mädchen, das mit ihrem Liebhaber zu tief in das Wasser gegangen und Gefahr läuft, von ihm verlassen zu werden, war zu einer Hauptrolle ehedem sehr ungeschickt. —

Der eigentliche und grobe Fehler, den der Herr von Voltaire macht, betrifft die Entwicklung und den Charakter des Demea. Demea ist der mürrische strenge Vater, und dieser soll seinen Charakter auf einmal völlig verändern. Das ist, mit Erlaubnis des Herrn von Voltaire, nicht wahr. Demea behauptet seinen Charakter bis ans Ende. Donatus sagt: Servatur autem per totam fabulam mitis Micio, saevus Demea, Leno avarus u. s. w. Was geht mich Donatus an? dürfte der Herr von Voltaire sagen. Nach Belieben; wenn wir Deutsche nur glauben dürfen, daß Donatus den Terenz fleißiger gelesen und besser verstanden als Voltaire. Doch es ist ja von keinem verlornen Stücke die Rede; es ist noch da; man lese selbst.

Nachdem Micio den Demea durch die triftigsten Vorstellungen zu besänftigen gesucht, bittet er ihn, wenigstens auf heute sich seines Aergernisses zu entschlagen, wenigstens heute lustig zu sein. Endlich bringt er ihn auch so weit; heute will Demea alles gut sein lassen; aber morgen, bei früher Tageszeit, muß der Sohn wieder mit ihm aufs Land; da will er ihn nicht gelinder halten, da will er es wieder mit ihm anfangen, wo er es heute gelassen hat; die Sängerin, die diesem der Vetter gekauft, will er zwar mitnehmen, denn es ist doch immer eine Sklavin mehr, und eine, die ihm nichts kostet; aber zu singen wird sie nicht viel bekommen, sie soll kochen und backen. In der darauf folgenden vierten Szene des fünften Akts, wo Demea allein ist, scheint es zwar, wenn man seine Worte nur so obenhin nimmt, als ob er völlig von seiner alten Denkungsart abgehen und nach den Grundsätzen des Micio zu handeln anfangen wolle.*) Doch die Folge zeigt es, daß man alles das nur von dem heutigen Zwange, den er sich anthun soll, verstehen muß. Denn auch diesen Zwang weiß er hernach so zu nutzen, daß er zu der förmlichsten hämischsten Verspottung seines gefälligen Bruders ausschlägt. Er stellt sich lustig, um die andern wahre Ausschweifungen und Tollheiten begehen zu lassen; er macht in dem verbindlichsten Tone die bittersten Vorwürfe; er wird nicht freigebig, sondern er spielt den Verschwender; und wohl zu merken, weder von dem Seinigen, noch in einer andern Absicht, als um alles, was er Verschwenden nennt, lächerlich zu machen. Dieses erhellet unwidersprechlich aus dem, was er dem Micio antwortet, der sich durch den Anschein betrügen läßt und ihn wirklich verändert glaubt.**) Hic ostendit Terentius, sagt Donatus, magis Demeam simulasse mutatos mores, quam mutavisse.

Ich will aber nicht hoffen, daß der Herr von Voltaire meinet, selbst diese Verstellung laufe wider den Charakter des Demea, der vorher nichts als geschmält und gepoltert habe; denn eine solche Verstellung erfodere mehr Gelassenheit und Kälte, als man dem Demea zutrauen dürfe. Auch hierin ist Terenz ohne Tadel, und er hat alles so vortrefflich motiviert, bei jedem Schritte Natur und Wahrheit so genau beobachtet, bei dem geringsten Uebergange so feine Schattierungen in acht genommen, daß man nicht aufhören kann, ihn zu bewundern.

Nur ist öfters, um hinter alle Feinheiten des Terenz zu kommen, die Gabe sehr nötig, sich das Spiel des Acteurs dabei zu denken; denn dieses schrieben die alten Dichter nicht bei. Die

---

*) — Nam ego vitam duram, quam vixi usque adhuc,
Prope jam excurso spatio mitto —

**) *Mi.* Quid istuc? quae res tam repente mores mutavit tuos?
Quod prolubium, quae istaec subita est largitas? *De.* Dicam tibi:
Ut id ostenderem, quod te isti facilem et festivum putant,
Id non fieri ex vera vita, neque adeo ex aequo et bono,
Sed ex assentando, indulgendo et largiendo, Micio.
Nunc adeo, si ob eam rem vobis mea vita invisa est, Aeschine,
Quia non justa injusta prorsus omnia, omnino obsequor;
Missa facio; effundite, emite, facite quod vobis lubet!

Deklamation hatte ihren eigenen Künstler, und in dem übrigen konnten sie sich ohne Zweifel auf die Einsicht der Spieler verlassen, die aus ihrem Geschäfte ein sehr ernstliches Studium machten. Nicht selten befanden sich unter diesen die Dichter selbst; sie sagten, wie sie es haben wollten; und da sie ihre Stücke überhaupt nicht eher bekannt werden ließen, als bis sie gespielt waren, als bis man sie gesehen und gehört hatte: so konnten sie es um so mehr überhoben sein, den geschriebenen Dialog durch Einschiebsel zu unterbrechen, in welchen sich der beschreibende Dichter gewissermaßen mit unter die handelnden Personen zu mischen scheinet. Wenn man sich aber einbildet, daß die alten Dichter, um sich diese Einschiebsel zu ersparen, in den Reden selbst jede Bewegung, jede Gebärde, jede Miene, jede besondere Abänderung der Stimme, die dabei zu beobachten, mit anzudeuten gesucht, so irret man sich. In dem Terenz allein kommen unzählige Stellen vor, in welchen von einer solchen Andeutung sich nicht die geringste Spur zeiget, und wo gleichwohl der wahre Verstand nur durch die Erratung der wahren Aktion kann getroffen werden; ja, in vielen scheinen die Worte gerade das Gegenteil von dem zu sagen, was der Schauspieler durch jene ausdrücken muß.

Selbst in der Szene, in welcher die vermeinte Sinnesänderung des Demea vorgeht, finden sich dergleichen Stellen, die ich anführen will, weil auf ihnen gewissermaßen die Mißdeutung beruhet, die ich bestreite. — Demea weiß nunmehr alles; er hat es mit seinen eignen Augen gesehen, daß es sein ehrbarer frommer Sohn ist, für den die Sängerin entführet worden, und stürzt mit dem unbändigsten Geschrei heraus. Er klagt es dem Himmel und der Erde und dem Meere: und eben bekömmt er den Micio zu Gesicht.

Demea. Ha! da ist er, der mir sie beide verdirbt — meine Söhne, mir sie beide zu Grunde richtet! —

Micio. O, so mäßige dich und komm wieder zu dir!

Demea. Gut, ich mäßige mich, ich bin bei mir, es soll mir kein hartes Wort entfahren. Laß uns bloß bei der Sache bleiben! Sind wir nicht eins geworden, warest du es nicht selbst, der es zuerst auf die Bahn brachte, daß sich ein jeder nur um den seinen bekümmern sollte? Antworte!*) u. s. w.

Wer sich hier nur an die Worte hält und kein so richtiger

---

*) — — — *De.* Eccum adest
Communis corruptela nostrum liberum.
Mi. Tandem reprime iracundiam, atque ad te redi.
De. Repressi, redii, mitto maledicta omnia.
Rem ipsam putemus. Dictum hoc inter nos fuit,
Et ex te adeo est ortum, ne te curares meum,
Neve ego tuum? responde! —

Beobachter ist, als es der Dichter war, kann leicht glauben, daß Demea viel zu geschwind austobe, viel zu geschwind diesen gelassenern Ton anstimme. Nach einiger Ueberlegung wird ihm zwar vielleicht beifallen, daß jeder Affekt, wenn er aufs Aeußerste gekommen, notwendig wieder sinken müsse, daß Demea auf den Verweis seines Bruders sich des ungestümen Jachzorns nicht anders als schämen könne; das alles ist auch ganz gut, aber es ist doch noch nicht das Rechte. Dieses lasse er sich also vom Donatus lehren, der hier zwei vortreffliche Anmerkungen hat. Videtur, sagt er, paulo citius destomachatus, quam res etiam incertae poscebant. Sed et hoc morale: nam juste irati, omissa saevitia ad ratiocinationes saepe festinant. Wenn der Zornige ganz offenbar recht zu haben glaubt, wenn er sich einbildet, daß sich gegen seine Beschwerden durchaus nichts einwenden lasse: so wird er sich bei dem Schelten gerade am wenigsten aufhalten, sondern zu den Beweisen eilen, um seinen Gegner durch eine so sonnenklare Ueberzeugung zu demütigen. Doch da er über die Wallungen seines kochenden Geblüts nicht so unmittelbar gebieten kann, da der Zorn, der überführen will, doch noch immer Zorn bleibt, so macht Donatus die zweite Anmerkung: non quod dicatur, sed quo gestu dicatur, specta: et videbis neque adhuc repressisse iracundiam, neque ad se rediisse Demeam. Demea sagt zwar: „Ich mäßige mich, ich bin wieder bei mir;" aber Gesicht und Gebärde und Stimme verraten genugsam, daß er sich noch nicht gemäßiget hat, daß er noch nicht wieder bei sich ist. Er bestürmt den Micio mit einer Frage über die andere, und Micio hat alle seine Kälte und gute Laune nötig, um nur zum Worte zu kommen.

Zweiundsiebzigstes Stück.

Den 8. Januar 1768.

Als er endlich dazu kömmt, wird Demea zwar eingetrieben, aber im geringsten nicht überzeugt. Aller Vorwand, über die Lebensart seiner Kinder unwillig zu sein, ist ihm benommen, und doch fängt er wieder von vorne an, zu nergeln. Micio muß auch nur abbrechen und sich begnügen, daß ihm die mürrische Laune, die er nicht ändern kann, wenigstens auf heute Frieden lassen will. Die Wendungen, die ihn Terenz dabei nehmen läßt, sind meisterhaft.*)

---

*) — — — *De.* Ne nimium modo
Bonae tuae istae nos rationes, Micio,

Demea. Nun gib nur acht, Micio, wie wir mit diesen schönen Grundsätzen, mit dieser deiner lieben Nachsicht am Ende fahren werden.

Micio. Schweig doch! Besser, als du glaubest. — Und nun genug davon! Heute schenke dich mir! Komm, kläre dich auf!

Demea. Mag's doch nur heute sein! Was ich muß, das muß ich. — Aber morgen, sobald es Tag wird, geh' ich wieder aufs Dorf, und der Bursche geht mit. —

Micio. Lieber, noch ehe es Tag wird, dächte ich. Sei nur heute lustig!

Demea. Auch das Mensch von einer Sängerin muß mit heraus.

Micio. Vortrefflich! So wird sich der Sohn gewiß nicht wegwünschen. Nur halte sie auch gut!

Demea. Da laß mich vor sorgen! Sie soll in der Mühle und vor dem Ofenloche Mehlstaubs und Kohlstaubs und Rauchs genug kriegen. Dazu soll sie mir am heißen Mittage stoppeln gehn, bis sie so trocken, so schwarz geworden, als ein Löschbrand.

Micio. Das gefällt mir! Nun bist du auf dem rechten Wege! — Und alsdenn, wenn ich wie du wäre, müßte mir der Sohn bei ihr schlafen, er möchte wollen oder nicht.

Demea. Lachst du mich aus? — Bei so einer Gemütsart freilich kannst du wohl glücklich sein. Ich fühl' es, leider —

Micio. Du fängst doch wieder an?

Demea. Nu, nu; ich höre ja auch schon wieder auf.

Bei dem „Lachst du mich aus?“ des Demea merkt Donatus an: Hoc verbum vultu Demeae sic profertur, ut subrisisse videatur invitus. Sed rursus *ego sentio* amare severeque dicit. Unvergleichlich! Demea, dessen voller Ernst es war, daß

Et tuus iste animus aequus subvertat. *Mi.* Tace;
Non fiet. Mitte jam istaec; da te hodie mihi:
Exporge frontem. *De.* Scilicet ita tempus fert,
Faciendum est: ceterum rus cras cum filio
Cum primo lucu ibo hinc. *Mi.* De nocte censeo:
Hodie modo hilarum fac te. *De.* Et istam psaltriam
Una illuc mecum hinc abstraham. *Mi.* Pugnaveris.
Eo pacto prorsum illic alligaris filium.
Modo facito, ut illam serves. *De.* Ego istuc videro,
Atque ibi favillae plena, fumi, ac pollinis,
Coquendo sit faxo et molendo; praeter haec
Meridie ipso faciam ut stipulam colligat:
Tam excoctam reddam atque atram, quam carbo est. *Mi.* Placet.
Nunc mihi videre sapere. Atque equidem filium,
Tum etiam si nolit, cogam, ut cum illa una cubet.
De. Derides? fortunatus, qui istoc animo sies:
Ego sentio. *Mi.* Ah pergisne? *De.* Jam jam desino.

er die Sängerin nicht als Sängerin, sondern als eine gemeine Sklavin halten und nutzen wollte, muß über den Einfall des Micio lachen. Micio selbst braucht nicht zu lachen; je ernsthafter er sich stellt, desto besser. Demea kann darum doch sagen: „Lachst du mich aus?" und muß sich zwingen wollen, sein eignes Lachen zu verbeißen. Er verbeißt es auch bald, denn das „Ich fühl' es, leider —" sagt er wieder in einem ärgerlichen und bittern Tone. Aber so ungern, so kurz das Lachen auch ist, so große Wirkung hat es gleichwohl. Denn einen Mann wie Demea hat man wirklich vors erste gewonnen, wenn man ihn nur zu lachen machen kann. Je seltner ihm diese wohlthätige Erschütterung ist, desto länger hält sie innerlich an; nachdem er längst alle Spur derselben auf seinem Gesichte vertilgt, dauert sie noch fort, ohne daß er es selbst weiß, und hat auf sein nächstfolgendes Betragen einen gewissen Einfluß. —

Aber wer hätte wohl bei einem Grammatiker so feine Kenntnisse gesucht? Die alten Grammatiker waren nicht das, was wir jetzt bei dem Namen denken. Es waren Leute von vieler Einsicht; das ganze weite Feld der Kritik war ihr Gebiet. Was von ihren Auslegungen klassischer Schriften auf uns gekommen, verdient daher nicht bloß wegen der Sprache studiert zu werden. Nur muß man die neuern Interpolationen zu unterscheiden wissen. Daß aber dieser Donatus (Aelius) so vorzüglich reich an Bemerkungen ist, die unsern Geschmack bilden können, daß er die versteckteſten Schönheiten seines Autors mehr als irgend ein anderer zu enthüllen weiß, das kömmt vielleicht weniger von seinen größern Gaben als von der Beschaffenheit seines Autors selbst. Das römische Theater war zur Zeit des Donatus noch nicht gänzlich verfallen; die Stücke des Terenz wurden noch gespielt, und ohne Zweifel noch mit vielen von den Ueberlieferungen gespielt, die sich aus den bessern Zeiten des römischen Geschmacks herschrieben; er durfte also nur anmerken, was er sahe und hörte; er brauchte also nur Aufmerksamkeit und Treue, um sich das Verdienst zu machen, daß ihm die Nachwelt Feinheiten zu verdanken hat, die er selbst schwerlich dürfte ausgegrübelt haben. Ich wüßte daher auch kein Werk, aus welchem ein angehender Schauspieler mehr lernen könnte, als diesen Kommentar des Donatus über den Terenz; und bis das Latein unter unsern Schauspielern üblicher wird, wünschte ich sehr, daß man ihnen eine gute Uebersetzung davon in die Hände geben wollte. Es versteht sich, daß der Dichter dabei sein und aus dem Kommentar alles wegbleiben müßte, was die bloße Worterklärung betrifft. Die Dacier hat in dieser Absicht den Donatus nur schlecht genutzt, und ihre Uebersetzung des Textes ist wäßrig und steif. Eine neuere deutsche, die wir haben, hat das Verdienst der Richtigkeit so so, aber das Verdienst der komischen Sprache fehlt ihr gänzlich;*) und Donatus ist auch nicht weiter gebraucht, als ihn die Dacier zu brauchen für gut befunden. Es wäre also keine gethane Arbeit, was ich vorschlage; aber wer soll sie thun? Die nichts Bessers thun könnten, können auch dieses nicht; und die etwas Bessers thun könnten, werden sich bedanken.

Doch endlich vom Terenz auf unsern Nachahmer zu kommen — Es ist doch sonderbar, daß auch Herr Romanus den falschen Gedanken des Voltaire gehabt zu haben scheint. Auch er hat geglaubt, daß am Ende mit dem Charakter des Demea eine gänzliche Veränderung vorgehe; wenigstens läßt er sie mit dem Charakter seines Lysimons vorgehen. „Je, Kinder," läßt er ihn rufen, „schweigt doch! Ihr überhäuft mich ja mit Liebkosungen. Sohn, Bruder, Vetter, Diener, alles schmeichelt mir, bloß weil ich einmal ein bißchen freundlich aussehe. Bin ich's denn, oder bin ich's nicht? Ich werde wieder recht jung, Bruder. Es ist doch hübsch, wenn man geliebt wird. Ich will auch gewiß so bleiben. Ich wüßte nicht, wenn ich so eine vergnügte Stunde gehabt hätte." Und Frontin sagt: „Nun, unser Alter stirbt ge-

---

*) Halle 1753. Wunders halben erlaube man mir, die Stelle daraus anzuführen, die ich eben itzt übersetzt habe. Was mir hier aus der Feder geflossen, ist weit entfernt, so zu sein, wie es sein sollte; aber man wird doch ungefähr daraus sehen können, worin das Verdienst besteht, das ich dieser Uebersetzung absprechen muß.

Demea. Aber, mein lieber Bruder, daß uns nur nicht deine schönen Gründe und dein gleichgültiges Gemüt sie ganz und gar ins Verderben stürzen!

Micio. Ach, schweig doch nur, das wird nicht geschehen. Laß das immer sein. Ueberlaß dich heute einmal mir! Weg mit den Runzeln von der Stirne!

Demea. Ja, ja, die Zeit bringt es so mit sich, ich muß es wohl thun. Aber mit anbrechendem Tage gehe ich wieder mit meinem Sohne aufs Land.

Micio. Ich werde dich nicht aufhalten, und wenn du die Nacht wieder gehn willst; so sei doch heute nur einmal fröhlich!

Demea. Die Sängerin will ich zugleich mit herausschleppen.

Micio. Da thust du wohl; dadurch wirst du machen, daß dein Sohn ohne sie nicht wird leben können. Aber sorge auch, daß du sie gut verhältst.

Demea. Dafür werde ich schon sorgen. Sie soll mir kochen, und Rauch, Asche und Mehl sollen sie schon kenntlich machen. Außerdem soll sie mir in der größten Mittagshitze gehen und Aehren lesen, und dann will ich sie ihm so verbrannt und so schwarz wie eine Kohle überliefern.

Micio. Das gefällt mir; nun seh' ich recht ein, daß du weislich handelst; aber dann kannst du auch deinen Sohn mit Gewalt zwingen, daß er sie mit zu Bette nimmt.

Demea. Lachst du mich etwa aus? Du bist glücklich, daß du ein solches Gemüt hast; aber ich fühle.

Micio. Ach! hältst du noch nicht inne?

Demea. Ich schweige schon.

wiß bald.*) Die Veränderung ist gar zu plötzlich." Ja wohl; aber das Sprichwort und der gemeine Glaube von den unvermuteten Veränderungen, die einen nahen Tod vorbedeuten, soll doch wohl nicht im Ernste hier etwas rechtfertigen?

Dreiundsiebzigstes Stück.

Den 12. Januar 1768.

Die Schlußrede des Demea bei dem Terenz geht aus einem ganz andern Tone. „Wenn euch nur das gefällt, nun, so macht, was ihr wollt, ich will mich um nichts mehr bekümmern!" Er ist es ganz und gar nicht, der sich nach der Weise der andern, sondern die andern sind es, die sich nach seiner Weise künftig zu bequemen versprechen. — Aber wie kömmt es, dürfte man fragen, daß die letzten Szenen mit dem Lysimon in unsern deutschen Brüdern bei der Vorstellung gleichwohl immer so wohl aufgenommen werden? Der beständige Rückfall des Lysimon in seinen alten Charakter macht sie komisch; aber bei diesem hätte es auch bleiben müssen. — Ich verspare das Weitere bis zu einer zweiten Vorstellung des Stücks.

Das Orakel vom Saint-Foix, welches diesen Abend den Beschluß machte, ist allgemein bekannt und allgemein beliebt.

Den sechsundvierzigsten Abend (Montags, den 20. Julius) ward Miß Sara und den siebenundvierzigsten, Tages darauf, Nanine wiederholt. Auf die Nanine folgte: Der unvermutete Ausgang, vom Marivaux, in einem Akte.

Oder, wie es wörtlicher und besser heißen würde: die unvermutete Entwicklung. Denn es ist einer von den Titeln, die nicht sowohl den Inhalt anzeigen, als vielmehr gleich anfangs gewissen Einwendungen vorbauen sollen, die der Dichter gegen seinen Stoff oder dessen Behandlung vorhersieht. Ein Vater will seine Tochter an einen jungen Menschen verheiraten, den sie nie gesehen hat. Sie ist mit einem andern schon halb richtig, aber dieses auch schon seit so langer Zeit, daß es fast gar nicht mehr richtig ist. Unterdessen möchte sie ihn doch noch lieber, als einen ganz Unbekannten, und spielt sogar auf sein Angeben die Rolle einer Wahnwitzigen, um den neuen Freier abzuschrecken. Dieser kömmt; aber zum Glücke ist es ein so schöner, liebenswürdiger Mann, daß sie gar bald ihre Verstellung vergißt und

---

*) So soll es ohne Zweifel heißen, und nicht: stirbt ohnmöglich bald. Für viele von unsern Schauspielern ist es nötig, auch solche Druckfehler anzumerken.

in aller Geschwindigkeit mit ihm einig wird. Man gebe dem Stücke einen andern Titel, und alle Leser und Zuschauer werden ausrufen: das ist auch sehr unerwartet! Einen Knoten, den man in zehn Szenen so mühsam geschürzt hat, in einer einzigen nicht zu lösen, sondern mit eins zu zerhauen! Nun aber ist dieser Fehler in dem Titel selbst angekündiget und durch diese Ankündigung gewissermaßen gerechtfertiget. Denn wenn es nun wirklich einmal so einen Fall gegeben hat, warum soll er nicht auch vorgestellt werden können? Er sahe ja in der Wirklichkeit einer Komödie so ähnlich; und sollte er denn eben deswegen um so unschicklicher zur Komödie sein? — Nach der Strenge, allerdings; denn alle Begebenheiten, die man im gemeinen Leben wahre Komödien nennet, findet man in der Komödie wahren Begebenheiten nicht sehr gleich; und darauf käme es doch eigentlich an.

Aber Ausgang und Entwicklung, laufen beide Worte nicht auf eins hinaus? Nicht völlig. Der Ausgang ist, daß Jungfer Argante den Erast und nicht den Dorante heiratet, und dieser ist hinlänglich vorbereitet. Denn ihre Liebe gegen Doranten ist so lau, so wetterläunisch; sie liebt ihn, weil sie seit vier Jahren niemanden gesehen hat als ihn; manchmal liebt sie ihn mehr, manchmal weniger, manchmal gar nicht, so wie es kömmt; hat sie ihn lange nicht gesehen, so kömmt er ihr liebenswürdig genug vor; sieht sie ihn alle Tage, so macht er ihr Langeweile; besonders stoßen ihr dann und wann Gesichter auf, gegen welche sie Dorantens Gesicht so kahl, so unschmackhaft, so ekel findet! Was brauchte es also weiter, um sie ganz von ihm abzubringen, als daß Erast, den ihr ihr Vater bestimmte, ein solches Gesicht ist? Daß sie diesen also nimmt, ist so wenig unerwartet, daß es vielmehr sehr unerwartet sein würde, wenn sie bei jenem bliebe. Entwicklung hingegen ist ein mehr relatives Wort; und eine unerwartete Entwicklung involvieret eine Verwicklung, die ohne Folgen bleibt, von der der Dichter auf einmal abspringt, ohne sich um die Verlegenheit zu bekümmern, in der er einen Teil seiner Personen läßt. Und so ist es hier: Peter wird es mit Doranten schon ausmachen; der Dichter empfiehlt sich ihm.

Den achtundvierzigsten Abend (Mittwochs, den 22. Julius) ward das Trauerspiel des Herrn Weiße: Richard III., aufgeführt, zum Beschlusse: Herzog Michel.

Dieses Stück ist ohnstreitig eines von unsern beträchtlichsten Originalen; reich an großen Schönheiten, die genugsam zeigen, daß die Fehler, mit welchen sie verwebt sind, zu vermeiden, im geringsten nicht über die Kräfte des Dichters gewesen wäre, wenn er sich diese Kräfte nur selbst hätte zutrauen wollen.

Schon Shakespeare hatte das Leben und den Tod des dritten Richards auf die Bühne gebracht; aber Herr Weiße erinnerte sich dessen nicht eher, als bis sein Werk bereits fertig war. „Sollte ich also," sagt er, „bei der Vergleichung schon viel verlieren, so wird man doch wenigstens finden, daß ich kein Plagium begangen habe; — aber vielleicht wäre es ein Verdienst gewesen, an dem Shakespeare ein Plagium zu begehen."

Vorausgesetzt, daß man eines an ihm begehen kann. Aber was man von dem Homer gesagt hat: es lasse sich dem Herkules eher seine Keule, als ihm ein Vers abringen — das läßt sich vollkommen auch vom Shakespeare sagen. Auf die geringste von seinen Schönheiten ist ein Stempel gedruckt, welcher gleich der ganzen Welt zuruft: ich bin Shakespeares! Und wehe der fremden Schönheit, die das Herz hat, sich neben ihr zu stellen!

Shakespeare will studiert, nicht geplündert sein. Haben wir Genie, so muß uns Shakespeare das sein, was dem Landschaftsmaler die Camera obscura ist: er sehe fleißig hinein, um zu lernen, wie sich die Natur in allen Fällen auf eine Fläche projektieret; aber er borge nichts daraus.

Ich wüßte auch wirklich in dem ganzen Stücke des Shakespeares keine einzige Szene, sogar keine einzige Tirade, die Herr Weiße so hätte brauchen können, wie sie dort ist. Alle, auch die kleinsten Teile beim Shakespeare, sind nach den großen Maßen des historischen Schauspiels zugeschnitten, und dieses verhält sich zu der Tragödie französischen Geschmacks ungefähr wie ein weitläuftiges Freskogemälde gegen ein Miniaturbildchen für einen Ring. Was kann man zu diesem aus jenem nehmen, als etwa ein Gesicht, eine einzelne Figur, höchstens eine kleine Gruppe, die man sodann als ein eigenes Ganze ausführen muß? Eben so würden aus einzeln Gedanken beim Shakespeare ganze Szenen, und aus einzeln Szenen ganze Aufzüge werden müssen. Denn wenn man den Aermel aus dem Kleide eines Riesen für einen Zwerg recht nutzen will, so muß man ihm nicht wieder einen Aermel, sondern einen ganzen Rock daraus machen.

Thut man aber auch dieses, so kann man wegen der Beschuldigung des Plagiums ganz ruhig sein. Die meisten werden in dem Faden die Flocke nicht erkennen, woraus er gesponnen ist. Die wenigen, welche die Kunst verstehen, verraten den Meister nicht und wissen, daß ein Goldkorn so künstlich kann getrieben sein, daß der Wert der Form den Wert der Materie bei weitem übersteiget.

Ich für mein Teil bedauere es also wirklich, daß unserm Dichter Shakespeares Richard so spät beigefallen. Er hätte ihn können gekannt haben und doch eben so original geblieben sein, als er itzt ist; er hätte ihn können genutzt haben, ohne daß eine einzige übergetragene Gedanke davon gezeugt hätte.

Wäre mir indes eben das begegnet, so würde ich Shakespeares

Werk wenigstens nachher als einen Spiegel genutzt haben, um meinem Werke alle die Flecken abzuwischen, die mein Auge unmittelbar darin zu erkennen nicht vermögend gewesen wäre. — Aber woher weiß ich, daß Herr Weiße dieses nicht gethan? Und warum sollte er es nicht gethan haben?

Kann es nicht eben so wohl sein, daß er das, was ich für dergleichen Flecken halte, für keine hält? Und ist es nicht sehr wahrscheinlich, daß er mehr Recht hat als ich? Ich bin überzeugt, daß das Auge des Künstlers größtenteils viel scharfsichtiger ist als das scharfsichtigste seiner Betrachter. Unter zwanzig Einwürfen, die ihm diese machen, wird er sich von neunzehn erinnern, sie während der Arbeit sich selbst gemacht und sie auch schon sich selbst beantwortet zu haben.

Gleichwohl wird er nicht ungehalten sein, sie auch von andern machen zu hören: denn er hat es gern, daß man über sein Werk urteilt; schal oder gründlich, links oder rechts, gutartig oder hämisch, alles gilt ihm gleich; und auch das schalste, linkste, hämischste Urteil ist ihm lieber als kalte Bewunderung. Jenes wird er auf die eine oder die andre Art in seinen Nutzen zu verwenden wissen: aber was fängt er mit dieser an? Verachten möchte er die guten ehrlichen Leute nicht gern, die ihn für so etwas Außerordentliches halten; und doch muß er die Achseln über sie zucken. Er ist nicht eitel, aber er ist gemeiniglich stolz; und aus Stolz möchte er zehnmal lieber einen unverdienten Tadel als ein unverdientes Lob auf sich sitzen lassen. —

Man wird glauben, welche Kritik ich hiermit vorbereiten will. — Wenigstens nicht bei dem Verfasser, — höchstens nur bei einem oder dem andern Mitsprecher. Ich weiß nicht, wo ich es jüngst gedruckt lesen mußte, daß ich die „Amalia" meines Freundes auf Unkosten seiner übrigen Lustspiele gelobt hätte.*) — Auf Unkosten? aber doch wenigstens der frühern? Ich gönne es Ihnen, mein Herr, daß man niemals Ihre ältern Werke so möge tadeln können. Der Himmel bewahre Sie vor dem tückischen Lobe: daß Ihr letztes immer Ihr bestes ist! —

Vierundsiebzigstes Stück.

Den 15. Januar 1768.

Zur Sache. — Es ist vornehmlich der Charakter des Richards, worüber ich mir die Erklärung des Dichters wünschte.

*) Eben erinnere ich mich noch: in des Herrn Schmids Zusätzen zu seiner „Theorie der Poesie", S. 15.

Aristoteles würde ihn schlechterdings verworfen haben; zwar mit dem Ansehen des Aristoteles wollte ich bald fertig werden, wenn ich es nur auch mit seinen Gründen zu werden wüßte.

Die Tragödie, nimmt er an, soll Mitleid und Schrecken erregen: und daraus folgert er, daß der Held derselben weder ein ganz tugendhafter Mann, noch ein völliger Bösewicht sein müsse. Denn weder mit des einen noch mit des andern Unglücke lasse sich jener Zweck erreichen.

Räume ich dieses ein, so ist Richard III. eine Tragödie, die ihres Zweckes verfehlt. Räume ich es nicht ein, so weiß ich gar nicht mehr, was eine Tragödie ist.

Denn Richard III., so wie ihn Herr Weiße geschildert hat, ist unstreitig das größte, abscheulichste Ungeheuer, das jemals die Bühne getragen. Ich sage: die Bühne; daß es die Erde wirklich getragen habe, daran zweifle ich.

Was für Mitleid kann der Untergang dieses Ungeheuers erwecken? Doch das soll er auch nicht; der Dichter hat es darauf nicht angelegt, und es sind ganz andere Personen in seinem Werke, die er zu Gegenständen unsers Mitleids gemacht hat.

Aber Schrecken? — Sollte dieser Bösewicht, der die Kluft, die sich zwischen ihm und dem Throne befunden, mit lauter Leichen gefüllet, mit den Leichen derer, die ihm das Liebste in der Welt hätten sein müssen; sollte dieser blutdürstige, seines Blutdurstes sich rühmende, über seine Verbrechen sich kitzelnde Teufel nicht Schrecken in vollem Maße erwecken?

Wohl erweckt er Schrecken: wenn unter Schrecken das Erstaunen über unbegreifliche Missethaten, das Entsetzen über Bosheiten, die unsern Begriff übersteigen, wenn darunter der Schauder zu verstehen ist, der uns bei Erblickung vorsätzlicher Greuel, die mit Lust begangen werden, überfällt. Von diesem Schrecken hat mich Richard III. mein gutes Teil empfinden lassen.

Aber dieses Schrecken ist so wenig eine von den Absichten des Trauerspiels, daß es vielmehr die alten Dichter auf alle Weise zu mindern suchten, wenn ihre Personen irgend ein großes Verbrechen begehen mußten. Sie schoben öfters lieber die Schuld auf das Schicksal, machten das Verbrechen lieber zu einem Verhängnisse einer rächenden Gottheit, verwandelten lieber den freien Menschen in eine Maschine: ehe sie uns bei der gräßlichen Idee wollten verweilen lassen, daß der Mensch von Natur einer solchen Verderbnis fähig sei.

Bei den Franzosen führt Crebillon den Beinamen des Schrecklichen. Ich fürchte sehr, mehr von diesem Schrecken, welches in der Tragödie nicht sein sollte, als von dem echten, das der Philosoph zu dem Wesen der Tragödie rechnet.

Und dieses — hätte man gar nicht Schrecken nennen sollen.

Das Wort, welches Aristoteles braucht, heißt Furcht: Mitleid und Furcht, sagt er, soll die Tragödie erregen; nicht, Mitleid und Schrecken. Es ist wahr, das Schrecken ist eine Gattung der Furcht; es ist eine plötzliche, überraschende Furcht. Aber eben dieses Plötzliche, dieses Ueberraschende, welches die Idee desselben einschließt, zeiget deutlich, daß die, von welchen sich hier die Einführung des Wortes „Schrecken" anstatt des Wortes „Furcht" herschreibt, nicht eingesehen haben, was für eine Furcht Aristoteles meine. — Ich möchte dieses Weges sobald nicht wiederkommen; man erlaube mir also einen kleinen Ausschweif.

„Das Mitleid," sagt Aristoteles, „verlangt einen, der unverdient leidet, und die Furcht einen unsersgleichen. Der Bösewicht ist weder dieses, noch jenes: folglich kann auch sein Unglück weder das erste, noch das andere erregen." *)

Die Furcht, sage ich, nennen die neuern Ausleger und Uebersetzer Schrecken, und es gelingt ihnen mit Hilfe dieses Worttausches, dem Philosophen die seltsamsten Händel von der Welt zu machen.

„Man hat sich," sagt einer aus der Menge,**) „über die Erklärung des Schreckens nicht vereinigen können; und in der That enthält sie in jeder Betrachtung ein Glied zu viel, welches sie an ihrer Allgemeinheit hindert und sie allzu sehr einschränkt. Wenn Aristoteles durch den Zusatz ‚Unsersgleichen' nur bloß die Aehnlichkeit der Menschheit verstanden hat, weil nämlich der Zuschauer und die handelnde Person beide Menschen sind, gesetzt auch, daß sich unter ihrem Charakter, ihrer Würde und ihrem Range ein unendlicher Abstand befände: so war dieser Zusatz überflüssig; denn er verstand sich von selbst. Wenn er aber die Meinung hatte, daß nur tugendhafte Personen oder solche, die einen vergeblichen Fehler an sich hätten, Schrecken erregen könnten: so hatte er unrecht; denn die Vernunft und die Erfahrung ist ihm sodann entgegen. Das Schrecken entspringt ohnstreitig aus einem Gefühl der Menschlichkeit; denn jeder Mensch ist ihm unterworfen, und jeder Mensch erschüttert sich vermöge dieses Gefühls bei dem widrigen Zufalle eines andern Menschen. Es ist wohl möglich, daß irgend jemand einfallen könnte, dieses von sich zu leugnen; allein dieses würde allemal eine Verleugnung seiner natürlichen Empfindungen, und also eine bloße Prahlerei aus verderbten Grundsätzen und kein Einwurf sein. — Wenn nun auch einer lasterhaften Person, auf die wir eben unsere Aufmerksamkeit wenden, unvermutet ein widriger Zufall zustößt, so verlieren wir den Lasterhaften aus dem Gesichte und sehen bloß

*) Im 13. Kapitel der „Dichtkunst".

**) Hr. S. in der Vorrede zu s. „komischen Theater", S. 35.

den Menschen. Der Anblick des menschlichen Elendes überhaupt macht uns traurig, und die plötzliche traurige Empfindung, die wir sodann haben, ist das Schrecken."

Ganz recht, aber nur nicht an der rechten Stelle! Denn was sagt das wider den Aristoteles? Nichts. Aristoteles denkt an dieses Schrecken nicht, wenn er von der Furcht redet, in die uns nur das Unglück unsersgleichen setzen könne. Dieses Schrecken, welches uns bei der plötzlichen Erblickung eines Leidens befällt, das einem andern bevorstehet, ist ein mitleidiges Schrecken, und also schon unter dem Mitleide begriffen. Aristoteles würde nicht sagen „Mitleiden und Furcht", wenn er unter der Furcht weiter nichts als eine bloße Modifikation des Mitleids verstünde.

„Das Mitleid," sagt der Verfasser der Briefe über die Empfindungen,*) „ist eine vermischte Empfindung, die aus der Liebe zu einem Gegenstande und aus der Unlust über dessen Unglück zusammengesetzt ist. Die Bewegungen, durch welche sich das Mitleid zu erkennen gibt, sind von den einfachen Symptomen der Liebe sowohl als der Unlust unterschieden; denn das Mitleid ist eine Erscheinung. Aber wie vielerlei kann diese Erscheinung werden! Man ändre nur in dem bedauerten Unglück die einzige Bestimmung der Zeit, so wird sich das Mitleiden durch ganz andere Kennzeichen zu erkennen geben. Mit der Elektra, die über die Urne ihres Bruders weinet, empfinden wir ein mitleidiges Trauern; denn sie hält das Unglück für geschehen und bejammert ihren gehabten Verlust. Was wir bei den Schmerzen des Philoktets fühlen, ist gleichfalls Mitleiden, aber von einer etwas andern Natur; denn die Qual, die dieser Tugendhafte auszustehen hat, ist gegenwärtig und überfällt ihn vor unsern Augen. Wenn aber Oedip sich entsetzt, indem das große Geheimnis sich plötzlich entwickelt; wenn Monime erschrickt, als sie den eifersüchtigen Mithridates sich entfärben sieht; wenn die tugendhafte Desdemona sich fürchtet, da sie ihren sonst zärtlichen Othello so drohend mit ihr reden höret: was empfinden wir da? Immer noch Mitleiden! Aber mitleidiges Entsetzen, mitleidige Furcht, mitleidiges Schrecken. Die Bewegungen sind verschieden; allein das Wesen der Empfindungen ist in allen diesen Fällen einerlei. Denn da jede Liebe mit der Bereitwilligkeit verbunden ist, uns an die Stelle des Geliebten zu setzen, so müssen wir alle Arten von Leiden mit der geliebten Person teilen, welches man sehr nachdrücklich Mitleiden nennet. Warum sollten also nicht auch Furcht, Schrecken, Zorn, Eifersucht, Rachbegier und überhaupt alle Arten von unangenehmen Empfindungen, sogar den Neid

---

*) Philosophische Schriften des Herrn Moses Mendelssohn, zweiter Teil, S. 4.

nicht ausgenommen, aus Mitleiden entstehen können? — Man sieht hieraus, wie gar ungeschickt der größte Teil der Kunstrichter die tragischen Leidenschaften in Schrecken und Mitleiden einteilet. Schrecken und Mitleiden! Ist denn das theatralische Schrecken kein Mitleiden? Für wen erschrickt der Zuschauer, wenn Merope auf ihren eignen Sohn den Dolch ziehet? Gewiß nicht für sich, sondern für den Aegisth, dessen Erhaltung man so sehr wünschet, und für die betrogne Königin, die ihn für den Mörder ihres Sohnes ansiehet. Wollen wir aber nur die Unlust über das gegenwärtige Uebel eines andern Mitleiden nennen: so müssen wir nicht nur das Schrecken, sondern alle übrige Leidenschaften, die uns von einem andern mitgeteilt werden, von dem eigentlichen Mitleiden unterscheiden.“ —

Fünfundsiebzigstes Stück.

Den 19. Januar 1768.

Diese Gedanken sind so richtig, so klar, so einleuchtend, daß uns dünkt, ein jeder hätte sie haben können und haben müssen. Gleichwohl will ich die scharfsinnigen Bemerkungen des neuen Philosophen dem alten nicht unterschieben; ich kenne jenes Verdienste um die Lehre von den vermischten Empfindungen zu wohl; die wahre Theorie derselben haben wir nur ihm zu danken. Aber was er so vortrefflich auseinandergesetzt hat, das kann doch Aristoteles im ganzen ungefähr empfunden haben; wenigstens ist es unleugbar, daß Aristoteles entweder muß geglaubt haben, die Tragödie könne und solle nichts als das eigentliche Mitleid, nichts als die Unlust über das gegenwärtige Uebel eines andern erwecken, welches ihm schwerlich zuzutrauen; oder er hat alle Leidenschaften überhaupt, die uns von einem andern mitgeteilet werden, unter dem Worte Mitleid begriffen.

Denn er, Aristoteles, ist es gewiß nicht, der die mit Recht getadelte Einteilung der tragischen Leidenschaften in Mitleid und Schrecken gemacht hat. Man hat ihn falsch verstanden, falsch übersetzt. Er spricht von Mitleid und Furcht, nicht von Mitleid und Schrecken; und seine Furcht ist durchaus nicht die Furcht, welche uns das bevorstehende Uebel eines andern für diesen andern erweckt, sondern es ist die Furcht, welche aus unserer Aehnlichkeit mit der leidenden Person für uns selbst entspringt; es ist die Furcht, daß die Unglücksfälle, die wir über diese verhänget sehen, uns selbst treffen können; es ist die Furcht, daß wir der bemitleidete Gegenstand selbst werden können. Mit einem Worte: diese Furcht ist das auf uns selbst bezogene Mitleid.

Aristoteles will überall aus sich selbst erklärt werden. Wer uns einen neuen Kommentar über seine Dichtkunst liefern will, welcher den Dacierschen weit hinter sich läßt, dem rate ich, vor allen Dingen die Werke des Philosophen vom Anfange bis zum Ende zu lesen. Er wird Aufschlüsse für die Dichtkunst finden, wo er sich deren am wenigsten vermutet; besonders muß er die Bücher der Rhetorik und Moral studieren. Man sollte zwar denken, diese Aufschlüsse müßten die Scholastiker, welche die Schriften des Aristoteles an den Fingern wußten, längst gefunden haben. Doch die Dichtkunst war gerade diejenige von seinen Schriften, um die sie sich am wenigsten bekümmerten. Dabei fehlten ihnen andere Kenntnisse, ohne welche jene Aufschlüsse wenigstens nicht fruchtbar werden konnten; sie kannten das Theater und die Meisterstücke desselben nicht.

Die authentische Erklärung dieser Furcht, welche Aristoteles dem tragischen Mitleid beifüget, findet sich in dem fünften und achten Kapitel des zweiten Buchs seiner Rhetorik. Es war gar nicht schwer, sich dieser Kapitel zu erinnern; gleichwohl hat sich vielleicht keiner seiner Ausleger ihrer erinnert, wenigstens hat keiner den Gebrauch davon gemacht, der sich davon machen läßt. Denn auch die, welche ohne sie einsahen, daß diese Furcht nicht das mitleidige Schrecken sei, hätten noch ein wichtiges Stück aus ihnen zu lernen gehabt: die Ursache nämlich, warum der Stagirit dem Mitleid hier die Furcht, und warum nur die Furcht, warum keine andere Leidenschaft, und warum nicht mehrere Leidenschaften beigesellet habe. Von dieser Ursache wissen sie nichts, und ich möchte wohl hören, was sie aus ihrem Kopfe antworten würden, wenn man sie fragte: warum z. E. die Tragödie nicht eben so wohl Mitleid und Bewunderung, als Mitleid und Furcht erregen könne und dürfe?

Es beruhet aber alles auf dem Begriffe, den sich Aristoteles von dem Mitleiden gemacht hat. Er glaubte nämlich, daß das Uebel, welches der Gegenstand unsers Mitleidens werden solle, notwendig von der Beschaffenheit sein müsse, daß wir es auch für uns selbst oder für eines von den Unsrigen zu befürchten hätten. Wo diese Furcht nicht sei, könne auch kein Mitleiden stattfinden. Denn weder der, den das Unglück so tief herabgedrückt habe, daß er weiter nichts für sich zu fürchten sähe, noch der, welcher sich so vollkommen glücklich glaube, daß er gar nicht begreife, woher ihm ein Unglück zustoßen könne, weder der Verzweifelnde noch der Uebermütige pflege mit andern Mitleid zu haben. Er erkläret daher auch das Fürchterliche und das Mitleidswürdige, eines durch das andere. Alles das, sagt er, ist uns fürchterlich, was, wenn es einem andern begegnet wäre oder begegnen sollte, unser Mitleid erwecken würde,*) und alles das finden wir mitleidswürdig, was wir fürchten würden, wenn es uns selbst bevorstünde. Nicht genug also, daß der Unglückliche, mit dem wir Mitleiden haben sollen, sein Unglück nicht verdiene, ob er es sich schon durch irgend eine Schwachheit zugezogen: seine gequälte Unschuld, oder vielmehr seine zu hart heimgesuchte Schuld sei für uns verloren, sei nicht vermögend, unser Mitleid zu erregen, wenn wir keine Möglichkeit sähen, daß uns sein Leiden auch treffen könne. Diese Möglichkeit aber finde sich alsdenn und könne zu einer großen Wahrscheinlichkeit erwachsen, wenn ihn der Dichter nicht schlimmer mache, als wir gemeiniglich zu sein pflegen, wenn er ihn vollkommen so denken und handeln lasse, als wir in seinen Umständen würden gedacht und gehandelt haben, oder wenigstens glauben, daß wir hätten denken und handeln müssen: kurz, wenn er ihn mit uns von gleichem Schrot und Korne schildere. Aus dieser Gleichheit entstehe die Furcht, daß unser Schicksal gar leicht dem seinigen eben so ähnlich werden könne, als wir ihm zu sein uns selbst fühlen; und diese Furcht sei es, welche das Mitleid gleichsam zur Reife bringe.

So dachte Aristoteles von dem Mitleiden, und nur hieraus wird die wahre Ursache begreiflich, warum er in der Erklärung der Tragödie nächst dem Mitleiden nur die einzige Furcht nannte. Nicht als ob diese Furcht hier eine besondere, von dem Mitleiden unabhängige Leidenschaft sei, welche bald mit, bald ohne dem Mitleid, so wie das Mitleid bald mit, bald ohne ihr, erregt werden könne, welches die Mißdeutung des Corneille war: sondern weil, nach seiner Erklärung des Mitleids, dieses die Furcht notwendig einschließt; weil nichts unser Mitleid erregt, als was zugleich unsere Furcht erwecken kann.

Corneille hatte seine Stücke schon alle geschrieben, als er sich hinsetzte, über die „Dichtkunst“ des Aristoteles zu kommentieren.**) Er hatte funfzig Jahre für das Theater gearbeitet, und nach dieser Erfahrung würde er uns unstreitig vortreffliche Dinge

---

*) Ὡς δ' ἁπλως ειπειν, φοβερα ἐστιν, ὁσα ἐφ' ἑτερων γιγνομενα, ἡ μελλοντα, ἐλεεινα ἐστιν. Ich weiß nicht, was dem Aemilius Portus (in seiner Ausgabe der Rhetorik, Spirae 1598) eingekommen ist, dieses zu übersetzen: Denique ut simpliciter loquar, formidabilia sunt, quaecunque simulac in aliorum potestatem venerunt, vel ventura sunt, miseranda sunt. Es muß schlechtweg heißen: quaecunque simulac aliis evenerunt, vel eventura sunt.

**) Je hazarderai quelque chose sur cinquante ans de travail pour la scène, sagt er in seiner Abhandlung über das Drama. Sein erstes Stück, Melite, war von 1625, und sein letztes, Surena, von 1675; welches gerade die funfzig Jahr ausmacht, so daß es gewiß ist, daß er bei den Auslegungen des Aristoteles auf alle seine Stücke ein Auge haben konnte und hatte.

über den alten dramatischen Kodex haben sagen können, wenn er ihn nur auch während der Zeit seiner Arbeit fleißiger zu Rate gezogen hätte. Allein dieses scheinet er höchstens nur in Absicht auf die mechanischen Regeln der Kunst gethan zu haben. In den wesentlichern ließ er sich um ihn unbekümmert, und als er am Ende fand, daß er wider ihn verstoßen, gleichwohl nicht wider ihn verstoßen haben wollte: so suchte er sich durch Auslegungen zu helfen und ließ seinen vorgeblichen Lehrmeister Dinge sagen, an die er offenbar nie gedacht hatte.

Corneille hatte Märtyrer auf die Bühne gebracht und sie als die vollkommensten, untadelhaftesten Personen geschildert; er hatte die abscheulichsten Ungeheuer in dem Prusias, in dem Phokas, in der Kleopatra aufgeführt; und von beiden Gattungen behauptet Aristoteles, daß sie zur Tragödie unschicklich wären, weil beide weder Mitleid noch Furcht erwecken könnten. Was antwortet Corneille hierauf? Wie fängt er es an, damit bei diesem Widerspruche weder sein Ansehen, noch das Ansehen des Aristoteles leiden möge? „O," sagt er, „mit dem Aristoteles können wir uns hier leicht vergleichen.*) Wir dürfen nur annehmen, er habe eben nicht behaupten wollen, daß beide Mittel zugleich, sowohl Furcht als Mitleid, nötig wären, um die Reinigung der Leidenschaften zu bewirken, die er zu dem letzten Endzwecke der Tragödie macht, sondern nach seiner Meinung sei auch eines zureichend. — Wir können diese Erklärung," fährt er fort, „aus ihm selbst bekräftigen, wenn wir die Gründe recht erwägen, welche er von der Ausschliessung derjenigen Begebenheiten, die er in den Trauerspielen mißbilliget, gibt. Er sagt niemals: dieses oder jenes schickt sich in die Tragödie nicht, weil es bloß Mitleiden und keine Furcht erweckt; oder dieses ist daselbst unerträglich, weil es bloß die Furcht erweckt, ohne das Mitleid zu erregen. Nein; sondern er verwirft sie deswegen, weil sie, wie er sagt, weder Mitleid noch Furcht zuwegebringen, und gibt uns dadurch zu erkennen, daß sie ihm deswegen nicht gefallen, weil ihnen sowohl das eine als das andere fehlet, und daß er ihnen seinen Beifall nicht versagen würde, wenn sie nur eines von beiden wirkten."

Sechsundsiebzigstes Stück.

Den 22. Januar 1768.

Aber das ist grundfalsch! — ich kann mich nicht genug wundern, wie Dacier, der doch sonst auf die Verdrehungen ziemlich

---

*) Il est aisé de nous accommoder avec Aristote etc.

aufmerksam war, welche Corneille von dem Texte des Aristoteles zu seinem Besten zu machen suchte, diese größte von allen übersehen konnen. Zwar, wie konnte er sie nicht übersehen, da es ihm nie einkam, des Philosophen Erklärung vom Mitleid zu Rate zu ziehen? — Wie gesagt, es ist grundfalsch, was sich Corneille einbildet. Aristoteles kann das nicht gemeint haben, oder man müßte glauben, daß er seine eigene Erklärungen vergessen konnen, man müßte glauben, daß er sich auf die handgreiflichste Weise widersprechen können. Wenn, nach seiner Lehre, kein Uebel eines andern unser Mitleid erreget, was wir nicht für uns selbst fürchten: so konnte er mit keiner Handlung in der Tragödie zufrieden sein, welche nur Mitleid und keine Furcht erreget; denn er hielt die Sache selbst für unmöglich; dergleichen Handlungen existierten ihm nicht; sondern sobald sie unser Mitleid zu erwecken fähig wären, glaubte er, müßten sie auch Furcht für uns erwecken; oder vielmehr, nur durch diese Furcht erweckten sie Mitleid. Noch weniger konnte er sich die Handlung einer Tragödie vorstellen, welche Furcht für uns erregen könne, ohne zugleich unser Mitleid zu erwecken; denn er war überzeugt, daß alles, was uns Furcht für uns selbst errege, auch unser Mitleid erwecken müsse, sobald wir andere damit bedrohet oder betroffen erblickten; und das ist eben der Fall der Tragödie, wo wir alle das Uebel, welches wir fürchten, nicht uns, sondern anderen begegnen sehen.

Es ist wahr, wenn Aristoteles von den Handlungen spricht, die sich in die Tragödie nicht schicken, so bedient er sich mehrmalen des Ausdrucks von ihnen, daß sie weder Mitleid noch Furcht erwecken. Aber desto schlimmer, wenn sich Corneille durch dieses weder — noch verführen lassen. Diese disjunktive Partikeln involvieren nicht immer, was er sie involvieren läßt. Denn wenn wir zwei oder mehrere Dinge von einer Sache durch sie verneinen, so kömmt es darauf an, ob sich diese Dinge eben so wohl in der Natur von einander trennen lassen, als wir sie in der Abstraktion und durch den symbolischen Ausdruck trennen können, wenn die Sache dem ohngeachtet noch bestehen soll, ob ihr schon das eine oder das andere von diesen Dingen fehlt. Wenn wir z. E. von einem Frauenzimmer sagen, sie sei weder schön noch witzig, so wollen wir allerdings sagen, wir würden zufrieden sein, wenn sie auch nur eines von beiden wäre; denn Witz und Schönheit lassen sich nicht bloß in Gedanken trennen, sondern sie sind wirklich getrennet. Aber wenn wir sagen: „dieser Mensch glaubt weder Himmel noch Hölle," wollen wir damit auch sagen, daß wir zufrieden sein würden, wenn er nur eines von beiden glaubte, wenn er nur den Himmel und keine Hölle, oder nur die Hölle und keinen Himmel glaubte? Gewiß nicht:

denn wer das eine glaubt, muß notwendig auch das andere glauben; Himmel und Hölle, Strafe und Belohnung sind relativ; wenn das eine ist, ist auch das andere. Oder, um mein Exempel aus einer verwandten Kunst zu nehmen, wenn wir sagen: „dieses Gemälde taugt nichts; denn es hat weder Zeichnung noch Kolorit," wollen wir damit sagen, daß ein gutes Gemälde sich mit einem von beiden begnügen könne? — Das ist so klar!

Allein wie, wenn die Erklärung, welche Aristoteles von dem Mitleiden gibt, falsch wäre? Wie, wenn wir auch mit Uebeln und Unglücksfällen Mitleid fühlen könnten, die wir für uns selbst auf keine Weise zu besorgen haben?

Es ist wahr, es braucht unserer Furcht nicht, um Unlust über das physikalische Uebel eines Gegenstandes zu empfinden, den wir lieben. Diese Unlust entstehet bloß aus der Vorstellung der Unvollkommenheit, so wie unsere Liebe aus der Vorstellung der Vollkommenheiten desselben; und aus dem Zusammenflusse dieser Lust und Unlust entspringet die vermischte Empfindung, welche wir Mitleid nennen.

Jedoch auch sonach glaube ich nicht, die Sache des Aristoteles notwendig aufgeben zu müssen.

Denn wenn wir auch schon ohne Furcht für uns selbst Mitleid für andere empfinden können, so ist es doch unstreitig, daß unser Mitleid, wenn jene Furcht dazu kömmt, weit lebhafter und stärker und anzüglicher wird, als es ohne sie sein kann. Und was hindert uns, anzunehmen, daß die vermischte Empfindung über das physikalische Uebel eines geliebten Gegenstandes nur allein durch die dazukommende Furcht für uns zu dem Grade erwächst, in welchem sie Affekt genannt zu werden verdienet?

Aristoteles hat es wirklich angenommen. Er betrachtet das Mitleid nicht nach seinen primitiven Regungen, er betrachtet es bloß als Affekt. Ohne jene zu verkennen, verweigert er nur dem Funken den Namen der Flamme. Mitleidige Regungen ohne Furcht für uns selbst nennt er Philanthropie: und nur den stärkern Regungen dieser Art, welche mit Furcht für uns selbst verknüpft sind, gibt er den Namen des Mitleids. Also behauptet er zwar, daß das Unglück eines Bösewichts weder unser Mitleid noch unsere Furcht errege; aber er spricht ihm darum nicht alle Rührung ab. Auch der Bösewicht ist noch Mensch, ist noch ein Wesen, das bei allen seinen moralischen Unvollkommenheiten Vollkommenheiten genug behält, um sein Verderben, seine Zernichtung lieber nicht zu wollen, um bei dieser etwas Mitleidähnliches, die Elemente des Mitleids gleichsam, zu empfinden. Aber, wie schon gesagt, diese mitleidähnliche Empfindung nennt er nicht Mitleid, sondern Philanthropie. „Man muß," sagt er, „keinen Bösewicht aus unglücklichen in glückliche Umstände gelangen lassen; denn das ist das Untragischste, was nur sein kann; es hat nichts von allem, was es haben sollte; es erweckt weder Philanthropie, noch Mitleid, noch Furcht. Auch muß es kein völliger Bösewicht sein, der aus glücklichen Umständen in unglückliche verfällt; denn eine dergleichen Begebenheit kann zwar Philanthropie, aber weder Mitleid noch Furcht erwecken." Ich kenne nichts Kahleres und Abgeschmackteres als die gewöhnlichen Uebersetzungen dieses Wortes Philanthropie. Sie geben nämlich das Adjektivum davon im Lateinischen durch hominibus gratum, im Französischen durch ce que peut faire quelque plaisir, und im Deutschen durch „was Vergnügen machen kann". Der einzige Goulston, so viel ich finde, scheinet den Sinn des Philosophen nicht verfehlt zu haben, indem er das φιλανθρωπον durch quod humanitatis sensu tangat übersetzt. Denn allerdings ist unter dieser Philanthropie, auf welche das Unglück auch eines Bösewichts Anspruch macht, nicht die Freude über seine verdiente Bestrafung, sondern das sympathetische Gefühl der Menschlichkeit zu verstehen, welches trotz der Vorstellung, daß sein Leiden nichts als Verdienst sei, dennoch in dem Augenblicke des Leidens in uns sich für ihn reget. Herr Curtius will zwar diese mitleidige Regungen für einen unglücklichen Bösewicht nur auf eine gewisse Gattung der ihn treffenden Uebel einschränken. „Solche Zufälle des Lasterhaften," sagt er, „die weder Schrecken noch Mitleid in uns wirken, müssen Folgen seines Lasters sein; denn treffen sie ihn zufällig oder wohl gar unschuldig, so behält er in dem Herzen der Zuschauer die Vorrechte der Menschlichkeit, als welche auch einem unschuldig leidenden Gottlosen ihr Mitleid nicht versagt." Aber er scheinet dieses nicht genug überlegt zu haben. Denn auch dann noch, wenn das Unglück, welches den Bösewicht befällt, eine unmittelbare Folge seines Verbrechens ist, können wir uns nicht entwehren, bei dem Anblicke dieses Unglücks mit ihm zu leiden.

„Seht jene Menge," sagt der Verfasser der Briefe über die Empfindungen, „die sich um einen Verurteilten in dichte Haufen dränget! Sie haben alle Greuel vernommen, die der Lasterhafte begangen; sie haben seinen Wandel und vielleicht ihn selbst verabscheuet. Itzt schleppt man ihn entstellt und ohnmächtig auf das entsetzliche Schaugerüste. Man arbeitet sich durch das Gewühl, man stellt sich auf die Zehen, man klettert die Dächer hinan, um die Züge des Todes sein Gesicht entstellen zu sehen. Sein Urteil ist gesprochen; sein Henker naht sich ihm; ein Augenblick wird sein Schicksal entscheiden. Wie sehnlich wünschen itzt aller Herzen, daß ihm verziehen würde! Ihm? dem Gegenstande ihres Abscheues, den sie einen Augenblick vorher selbst zum Tode verurteilet haben würden? Wodurch wird itzt ein Strahl der Menschenliebe wiederum bei ihnen rege? Ist es nicht die Annäherung der Strafe, der Anblick der entsetzlichsten physikalischen Uebel, die uns sogar mit einem Ruchlosen gleichsam aussöhnen und ihm unsere Liebe erwerben? Ohne Liebe könnten wir unmöglich mitleidig mit seinem Schicksale sein."

Und eben diese Liebe, sage ich, die wir gegen unsern Nebenmenschen unter keinerlei Umständen ganz verlieren können, die unter der Asche, mit welcher sie andere stärkere Empfindungen überdecken, unverlöschlich fortglimmet und gleichsam nur einen günstigen Windstoß von Unglück und Schmerz und Verderben erwartet, um in die Flamme des Mitleids auszubrechen, eben diese Liebe ist es, welche Aristoteles unter dem Namen der Philanthropie verstehet. Wir haben recht, wenn wir sie mit unter dem Namen des Mitleids begreifen. Aber Aristoteles hatte auch nicht unrecht, wenn er ihr einen eigenen Namen gab, um sie, wie gesagt, von dem höchsten Grade der mitleidigen Empfindungen, in welchem sie durch die Dazukunft einer wahrscheinlichen Furcht für uns selbst Affekt werden, zu unterscheiden.

Siebenundsiebzigstes Stück.

Den 26. Januar 1768.

Einem Einwurfe ist hier noch vorzukommen. Wenn Aristoteles diesen Begriff von dem Affekte des Mitleids hatte, daß er notwendig mit der Furcht für uns selbst verknüpft sein müsse: was war es nötig, der Furcht noch insbesondere zu erwähnen? Das Wort Mitleid schloß sie schon in sich, und es wäre genug gewesen, wenn er bloß gesagt hätte: die Tragödie soll durch Erregung des Mitleids die Reinigung unserer Leidenschaft bewirken. Denn der Zusatz der Furcht sagt nichts mehr und macht das, was er sagen soll, noch dazu schwankend und ungewiß.

Ich antworte: wenn Aristoteles uns bloß hätte lehren wollen, welche Leidenschaften die Tragödie erregen könne und solle, so würde er sich den Zusatz der Furcht allerdings haben ersparen können und ohne Zweifel sich wirklich ersparet haben; denn nie war ein Philosoph ein größerer Wortsparer als er. Aber er wollte uns zugleich lehren, welche Leidenschaften durch die in der Tragödie erregten in uns gereiniget werden sollten; und in dieser Absicht mußte er der Furcht insbesondere gedenken. Denn obschon nach ihm der Affekt des Mitleids weder in noch außer dem Theater ohne Furcht für uns selbst sein kann; ob sie schon ein notwendiges Ingredienz des Mitleids ist: so gilt dieses doch nicht auch umgekehrt, und das Mitleid für andere ist kein Ingredienz der Furcht für uns selbst. Sobald die Tragödie aus ist, höret unser Mitleid auf, und nichts bleibt von allen den empfundenen Regungen in uns zurück, als die wahrscheinliche Furcht, die uns das bemitleidete Uebel für uns selbst schöpfen lassen. Diese nehmen wir mit; und so wie sie, als Ingredienz des Mitleids, das Mitleid reinigen helfen, so hilft sie nun auch, als eine vor sich fortdauernde Leidenschaft, sich selbst reinigen. Folglich, um anzuzeigen, daß sie dieses thun könne und wirklich thue, fand es Aristoteles für nötig, ihrer insbesondere zu gedenken.

Es ist unstreitig, daß Aristoteles überhaupt keine strenge logische Definition von der Tragödie geben wollen. Denn ohne sich auf die bloß wesentlichen Eigenschaften derselben einzuschränken, hat er verschiedene zufällige hineingezogen, weil sie der damalige Gebrauch notwendig gemacht hatte. Diese indes abgerechnet und die übrigen Merkmale in einander reduziert, bleibt eine vollkommen genaue Erklärung übrig: die nämlich, daß die Tragödie, mit einem Worte, ein Gedicht ist, welches Mitleid erreget. Ihrem Geschlechte nach ist sie die Nachahmung einer Handlung, so wie die Epopöe und die Komödie; ihrer Gattung aber nach die Nachahmung einer mitleidswürdigen Handlung. Aus diesen beiden Begriffen lassen sich vollkommen alle ihre Regeln herleiten, und sogar ihre dramatische Form ist daraus zu bestimmen.

An dem letztern dürfte man vielleicht zweifeln. Wenigstens wüßte ich keinen Kunstrichter zu nennen, dem es nur eingekommen wäre, es zu versuchen. Sie nehmen alle die dramatische Form der Tragödie als etwas Hergebrachtes an, das nun so ist, weil es einmal so ist, und das man so läßt, weil man es gut findet. Der einzige Aristoteles hat die Ursache ergründet, aber sie bei seiner Erklärung mehr vorausgesetzt, als deutlich angegeben. „Die Tragödie," sagt er, „ist die Nachahmung einer Handlung, — die nicht vermittelst der Erzählung, sondern vermittelst des Mitleids und der Furcht die Reinigung dieser und dergleichen Leidenschaften bewirket." So drückt er sich von Wort zu Wort aus. Wem sollte hier nicht der sonderbare Gegensatz: „nicht vermittelst der Erzählung, sondern vermittelst des Mitleids und der Furcht", befremden? Mitleid und Furcht sind die Mittel, welche die Tragödie braucht, um ihre Absicht zu erreichen, und die Erzählung kann sich nur auf die Art und Weise beziehen, sich dieser Mittel zu bedienen, oder nicht zu bedienen. Scheinet hier also Aristoteles nicht einen Sprung zu machen? Scheinet hier nicht offenbar der eigentliche Gegensatz der Erzählung, welches die dramatische Form ist, zu fehlen? Was thun aber die Uebersetzer bei dieser Lücke? Der eine umgeht sie ganz behutsam, und der andere füllt sie, aber nur mit Worten. Alle finden weiter nichts darin als eine vernachlässigte Wortfügung, an die sie sich nicht halten zu dürfen glauben, wenn sie nur den Sinn des Philosophen liefern. Dacier übersetzt: d'une action — qui, sans le secours de la narration, par le moyen de la compassion et de la terreur u. s. w.; und Curtius: „einer Handlung, welche nicht durch die Erzählung des Dichters, sondern (durch Vorstellung der Handlung selbst) uns vermittelst des Schreckens und Mitleids von den Fehlern der vorgestellten Leidenschaften reinigt.“ O, sehr recht! Beide sagen, was Aristoteles sagen will, nur daß sie es nicht so sagen, wie er es sagt. Gleichwohl ist auch an diesem Wie gelegen; denn es ist wirklich keine bloß vernachlässigte Wortfügung. Kurz, die Sache ist diese: Aristoteles bemerkte, daß das Mitleid notwendig ein vorhandenes Uebel erfodere; daß wir längst vergangene oder fern in der Zukunft bevorstehende Uebel entweder gar nicht oder doch bei weitem nicht so stark bemitleiden können als ein anwesendes; daß es folglich notwendig sei, die Handlung, durch welche wir Mitleid erregen wollen, nicht als vergangen, das ist, nicht in der erzählenden Form, sondern als gegenwärtig, das ist, in der dramatischen Form nachzuahmen. Und nur dieses, daß unser Mitleid durch die Erzählung wenig oder gar nicht, sondern fast einzig und allein durch die gegenwärtige Anschauung erreget wird, nur dieses berechtigte ihn, in der Erklärung anstatt der Form der Sache die Sache gleich selbst zu setzen, weil diese Sache nur dieser einzigen Form fähig ist. Hätte er es für möglich gehalten, daß unser Mitleid auch durch die Erzählung erreget werden könne, so würde es allerdings ein sehr fehlerhafter Sprung gewesen sein, wenn er gesagt hätte: „nicht durch die Erzählung, sondern durch Mitleid und Furcht.“ Da er aber überzeugt war, daß Mitleid und Furcht in der Nachahmung nur durch die einzige dramatische Form zu erregen sei, so konnte er sich diesen Sprung der Kürze wegen erlauben. — Ich verweise desfalls auf das nämliche neunte Kapitel des zweiten Buchs seiner Rhetorik.*)

Was endlich den moralischen Endzweck anbelangt, welchen Aristoteles der Tragödie gibt und den er mit in die Erklärung derselben bringen zu müssen glaubte, so ist bekannt, wie sehr, besonders in den neuern Zeiten, darüber gestritten worden. Ich getraue mich aber, zu erweisen, daß alle, die sich dawider erklärt, den Aristoteles nicht verstanden haben. Sie haben ihm alle ihre eigene Gedanken untergeschoben, ehe sie gewiß wußten, welches

---

*) Επει δ' ἐγγυς φαινομενα τα παθη, ἐλεεινα εἰσι, τα δε μυριοστον ἐτος γενομενα, ἠ ἐσομενα, οὐτ' ἐλπιζοντες, οὐτε μεμνημενοι, ἠ ὁλως οὐκ ἐλεουσιν, ἠ οὐχ ὁμοιως, ἀναγκη τους συναπεργαζομενους σχημασι και φωναις, και ἐσθητι, και ὁλως τῃ ὑποκρισει, ἐλεεινοτερους εἰναι.

seine wären. Sie bestreiten Grillen, die sie selbst gefangen, und bilden sich ein, wie unwidersprechlich sie den Philosophen widerlegen, indem sie ihr eigenes Hirngespinste zu Schanden machen. Ich kann mich in die nähere Erörterung dieser Sache hier nicht einlassen. Damit ich jedoch nicht ganz ohne Beweis zu sprechen scheine, will ich zwei Anmerkungen machen.

1. Sie lassen den Aristoteles sagen, „die Tragödie solle uns vermittelst des Schreckens und Mitleids von den Fehlern der vorgestellten Leidenschaften reinigen". Der vorgestellten? Also wenn der Held durch Neugierde oder Ehrgeiz oder Liebe oder Zorn unglücklich wird: so ist es unsere Neugierde, unser Ehrgeiz, unsere Liebe, unser Zorn, welchen die Tragödie reinigen soll? Das ist dem Aristoteles nie in den Sinn gekommen. Und so haben die Herren gut streiten; ihre Einbildung verwandelt Windmühlen in Riesen; sie jagen in der gewissen Hoffnung des Sieges darauf los und kehren sich an keinen Sancho, der weiter nichts als gesunden Menschenverstand hat und ihnen auf seinem bedächtlichern Pferde hintennachruft, sich nicht zu übereilen und doch nur erst die Augen recht aufzusperren. *Των τοιουτων παθηματων*, sagt Aristoteles, und das heißt nicht „der vorgestellten Leidenschaften"; das hätten sie übersetzen müssen durch dieser und dergleichen" oder „der erweckten Leidenschaften". Das *τοιουτων* bezieht sich lediglich auf das vorhergehende „Mitleid und Furcht"; die Tragödie soll unser Mitleid und unsere Furcht erregen, bloß um diese und dergleichen Leidenschaften, nicht aber alle Leidenschaften ohne Unterschied zu reinigen. Er sagt aber *τοιουτων* und nicht *τουτων;* er sagt „dieser und dergleichen", und nicht bloß „dieser", um anzuzeigen, daß er unter dem Mitleid nicht bloß das eigentlich sogenannte Mitleid, sondern überhaupt alle philanthropische Empfindungen, so wie unter der Furcht nicht bloß die Unlust über ein uns bevorstehendes Uebel, sondern auch jede damit verwandte Unlust, auch die Unlust über ein gegenwärtiges, auch die Unlust über ein vergangenes Uebel, Betrübnis und Gram, verstehe. In diesem ganzen Umfange soll das Mitleid und die Furcht, welche die Tragödie erweckt, unser Mitleid und unsere Furcht reinigen, aber auch nur diese reinigen, und keine andere Leidenschaften. Zwar können sich in der Tragödie auch zur Reinigung der andern Leidenschaften nützliche Lehren und Beispiele finden; doch sind diese nicht ihre Absicht; diese hat sie mit der Epopöe und Komödie gemein, insofern sie ein Gedicht, die Nachahmung einer Handlung überhaupt ist, nicht aber insofern sie Tragödie, die Nachahmung einer mitleidswürdigen Handlung insbesondere ist. Bessern sollen uns alle Gattungen der Poesie; es ist kläglich, wenn man dieses erst beweisen muß; noch kläglicher ist es, wenn es Dichter gibt, die selbst daran

zweifeln. Aber alle Gattungen können nicht alles bessern, wenigstens nicht jedes so vollkommen wie das andere; was aber jede am vollkommensten bessern kann, worin es ihr keine andere Gattung gleich zu thun vermag, das allein ist ihre eigentliche Bestimmung.

Achtundsiebzigstes Stück.

Den 29. Januar 1768.

2. Da die Gegner des Aristoteles nicht in acht nahmen, was für Leidenschaften er eigentlich durch das Mitleid und die Furcht der Tragödie in uns gereiniget haben wollte: so war es natürlich, daß sie sich auch mit der Reinigung selbst irren mußten. Aristoteles verspricht am Ende seiner Politik, wo er von der Reinigung der Leidenschaften durch die Musik redet, von dieser Reinigung in seiner Dichtkunst weitläuftiger zu handeln. „Weil man aber," sagt Corneille, „ganz und gar nichts von dieser Materie darin findet, so ist der größte Teil seiner Ausleger auf die Gedanken geraten, daß sie nicht ganz auf uns gekommen sei." Gar nichts? Ich meinesteils glaube, auch schon in dem, was uns von seiner Dichtkunst noch übrig, es mag viel oder wenig sein, alles zu finden, was er einem, der mit seiner Philosophie sonst nicht ganz unbekannt ist, über diese Sache zu sagen für nötig halten konnte. Corneille selbst bemerkte eine Stelle, die uns nach seiner Meinung Licht genug geben könne, die Art und Weise zu entdecken, auf welche die Reinigung der Leidenschaften in der Tragödie geschehe: nämlich die, wo Aristoteles sagt, „das Mitleid verlange einen, der unverdient leide, und die Furcht einen unsersgleichen". Diese Stelle ist auch wirklich sehr wichtig, nur daß Corneille einen falschen Gebrauch davon machte und nicht wohl anders als machen konnte, weil er einmal die Reinigung der Leidenschaften überhaupt im Kopfe hatte. „Das Mitleid mit dem Unglücke," sagt er, „von welchem wir unsersgleichen befallen sehen, erweckt in uns die Furcht, daß uns ein ähnliches Unglück treffen könne; diese Furcht erweckt die Begierde, ihm auszuweichen, und diese Begierde ein Bestreben, die Leidenschaft, durch welche die Person, die wir bedauern, sich ihr Unglück vor unsern Augen zuziehet, zu reinigen, zu mäßigen, zu bessern, ja gar auszurotten; indem einem jeden die Vernunft sagt, daß man die Ursache abschneiden müsse, wenn man die Wirkung vermeiden wolle." Aber dieses Raisonnement, welches die Furcht bloß zum Werkzeuge macht, durch welches das Mitleid die Reinigung der Leidenschaften bewirkt, ist falsch und kann unmöglich die Meinung des Aristoteles sein; weil sonach die

Tragödie gerade alle Leidenschaften reinigen konnte, nur nicht die zwei, die Aristoteles ausdrücklich durch sie gereiniget wissen will. Sie könnte unsern Zorn, unsere Neugierde, unsern Neid, unsern Ehrgeiz, unsern Haß und unsere Liebe reinigen, so wie es die eine oder die andere Leidenschaft ist, durch die sich die bemitleidete Person ihr Unglück zugezogen. Nur unser Mitleid und unsere Furcht müßte sie ungereiniget lassen. Denn Mitleid und Furcht sind die Leidenschaften, die in der Tragödie wir, nicht aber die handelnden Personen empfinden; sind die Leidenschaften, durch welche die handelnden Personen uns rühren, nicht aber die, durch welche sie sich selbst ihre Unfälle zuziehen. Es kann ein Stück geben, in welchem sie beides sind; das weiß ich wohl. Aber noch kenne ich kein solches Stück, ein Stück nämlich, in welchem sich die bemitleidete Person durch ein übelverstandenes Mitleid oder durch eine übelverstandene Furcht ins Unglück stürze. Gleichwohl würde dieses Stück das einzige sein, in welchem, so wie es Corneille versteht, das geschähe, was Aristoteles will, daß es in allen Tragödien geschehen soll; und auch in diesem einzigen würde es nicht auf die Art geschehen, auf die es dieser verlangt. Dieses einzige Stück würde gleichsam der Punkt sein, in welchem zwei gegen einander sich neigende gerade Linien zusammentreffen, um sich in alle Unendlichkeit nicht wieder zu begegnen. — So gar sehr konnte Dacier den Sinn des Aristoteles nicht verfehlen. Er war verbunden, auf die Worte seines Autors aufmerksamer zu sein, und diese besagen es zu positiv, daß unser Mitleid und unsere Furcht durch das Mitleid und die Furcht der Tragödie gereinigt werden sollen. Weil er aber ohne Zweifel glaubte, daß der Nutzen der Tragödie sehr gering sein würde, wenn er bloß hierauf eingeschränkt wäre: so ließ er sich verleiten, nach der Erklärung des Corneille, ihr die ebenmäßige Reinigung auch aller übrigen Leidenschaften beizulegen. Wie nun Corneille diese für sein Teil leugnete und in Beispielen zeigte, daß sie mehr ein schöner Gedanke als eine Sache sei, die gewöhnlicherweise zur Wirklichkeit gelange, so mußte er sich mit ihm in diese Beispiele selbst einlassen, wo er sich denn so in der Enge fand, daß er die gewaltsamsten Drehungen und Wendungen machen mußte, um seinen Aristoteles mit sich durchzubringen. Ich sage, seinen Aristoteles; denn der rechte ist weit entfernt, solcher Drehungen und Wendungen zu bedürfen. Dieser, um es abermals und abermals zu sagen, hat an keine andere Leidenschaften gedacht, welche das Mitleid und die Furcht der Tragödie reinigen solle, als an unser Mitleid und unsere Furcht selbst; und es ist ihm sehr gleichgültig, ob die Tragödie zur Reinigung der übrigen Leidenschaften viel oder wenig beiträgt. An jene Reinigung hätte sich Dacier allein halten sollen; aber freilich hätte er sodann auch einen vollständigern Begriff damit verbinden müssen. „Wie die Tragödie," sagt er, „Mitleid und Furcht errege, um Mitleid und Furcht zu reinigen, das ist nicht schwer zu erklären. Sie erregt sie, indem sie uns das Unglück vor Augen stellet, in das unsersgleichen durch nicht vorsätzliche Fehler gefallen sind; und sie reiniget sie, indem sie uns mit diesem nämlichen Unglücke bekannt macht und uns dadurch lehret, es weder allzu sehr zu fürchten, noch allzu sehr davon gerührt zu werden, wann es uns wirklich selbst treffen sollte. — Sie bereitet die Menschen, die allerwidrigsten Zufälle mutig zu ertragen, und macht die Allerelendesten geneigt, sich für glücklich zu halten, indem sie ihre Unglücksfälle mit weit größern vergleichen, die ihnen die Tragödie vorstellet. Denn in welchen Umständen kann sich wohl ein Mensch finden, der bei Erblickung eines Oedips, eines Philoktets, eines Orests nicht erkennen müßte, daß alle Uebel, die er zu erdulden, gegen die, welche diese Männer erdulden müssen, gar nicht in Vergleichung kommen?" Nun, das ist wahr; diese Erklärung kann dem Dacier nicht viel Kopfbrechens gemacht haben. Er fand sie fast mit den nämlichen Worten bei einem Stoiker, der immer ein Auge auf die Apathie hatte. Ohne ihm indes einzuwenden, daß das Gefühl unsers eigenen Elendes nicht viel Mitleid neben sich duldet, daß folglich bei dem Elenden, dessen Mitleid nicht zu erregen ist, die Reinigung oder Linderung seiner Betrübnis durch das Mitleid nicht erfolgen kann: will ich ihm alles, so wie er es sagt, gelten lassen. Nur fragen muß ich: wie viel er nun damit gesagt? Ob er im geringsten mehr damit gesagt, als daß das Mitleid unsere Furcht reinige? Gewiß nicht; und das wäre doch nur kaum der vierte Teil der Foderung des Aristoteles. Denn wenn Aristoteles behauptet, daß die Tragödie Mitleid und Furcht errege, um Mitleid und Furcht zu reinigen, wer sieht nicht, daß dieses weit mehr sagt, als Dacier zu erklären für gut befunden? Denn nach den verschiedenen Kombinationen der hier vorkommenden Begriffe muß der, welcher den Sinn des Aristoteles ganz erschöpfen will, stückweise zeigen, 1. wie das tragische Mitleid unser Mitleid, 2. wie die tragische Furcht unsere Furcht, 3. wie das tragische Mitleid unsere Furcht, und 4. wie die tragische Furcht unser Mitleid reinigen könne und wirklich reinige. Dacier aber hat sich nur an den dritten Punkt gehalten und auch diesen nur sehr schlecht, und auch diesen nur zur Hälfte erläutert. Denn wer sich um einen richtigen und vollständigen Begriff von der Aristotelischen Reinigung der Leidenschaften bemüht hat, wird finden, daß jeder von jenen vier Punkten einen doppelten Fall in sich schließt. Da nämlich, es kurz zu sagen, diese Reinigung in nichts anders beruht als in der Verwandlung der Leidenschaften in tugendhafte Fertigkeiten, bei jeder Tugend aber nach unserm Philosophen sich diesseits und jenseits ein Extremum findet, zwischen welchem sie inne stehet, so muß die Tragödie, wenn sie unser Mitleid in Tugend verwandeln soll, uns von beiden Extremis des Mitleids zu reinigen vermögend sein; welches auch von der Furcht zu verstehen. Das tragische Mitleid muß nicht allein in Ansehung des Mitleids die Seele desjenigen reinigen, welcher zu viel Mitleid fühlet, sondern auch desjenigen, welcher zu wenig empfindet. Die tragische Furcht muß nicht allein in Ansehung der Furcht die Seele desjenigen reinigen, welcher sich ganz und gar keines Unglücks befürchtet, sondern auch desjenigen, den ein jedes Unglück, auch das entfernteste, auch das unwahrscheinlichste, in Angst setzet. Gleichfalls muß das tragische Mitleid in Ansehung der Furcht dem, was zu viel, und dem, was zu wenig, steuern, so wie hinwiederum die tragische Furcht in Ansehung des Mitleids. Dacier aber, wie gesagt, hat nur gezeigt, wie das tragische Mitleid unsere allzu große Furcht mäßige; und noch nicht einmal, wie es dem gänzlichen Mangel derselben abhelfe, oder sie in dem, welcher allzu wenig von ihr empfindet, zu einem heilsamern Grade erhöhe; geschweige, daß er auch das übrige sollte gezeigt haben. Die nach ihm gekommen, haben, was er unterlassen, auch im geringsten nicht ergänzt, aber wohl sonst, um nach ihrer Meinung den Nutzen der Tragödie völlig außer Streit zu setzen, Dinge dahin gezogen, die dem Gedichte überhaupt, aber keinesweges der Tragödie als Tragödie insbesondere zukommen; z. E. daß sie die Triebe der Menschlichkeit nähren und stärken, daß sie Liebe zur Tugend und Haß gegen das Laster wirken solle u. s. w.*) Lieber! welches Gedicht sollte das nicht? Soll es aber ein jedes, so kann es nicht das unterscheidende Kennzeichen der Tragödie sein; so kann es nicht das sein, was wir suchten.

Neunundsiebzigstes Stück.

Den 2. Februar 1768.

Und nun wieder auf unsern Richard zu kommen. — Richard also erweckt ebenso wenig Schrecken als Mitleid: weder Schrecken in dem gemißbrauchten Verstande, für die plötzliche Ueberraschung des Mitleids, noch in dem eigentlichen Verstande des Aristoteles, für heilsame Furcht, daß uns ein ähnliches Unglück treffen könne. Denn wenn er diese erregte, würde er auch Mitleid erregen; so

*) Hr. Curtius in seiner „Abhandlung von der Absicht des Trauerspiels", hinter der Aristotelischen „Dichtkunst".

gewiß er hinwiederum Furcht erregen würde, wenn wir ihn unsers Mitleids nur im geringsten würdig fänden. Aber er ist so ein abscheulicher Kerl, so ein eingefleischter Teufel, in dem wir so völlig keinen einzigen ähnlichen Zug mit uns selbst finden, daß ich glaube, wir könnten ihn vor unsern Augen den Martern der Hölle übergeben sehen, ohne das Geringste für ihn zu empfinden, ohne im geringsten zu fürchten, daß, wenn solche Strafe nur auf solche Verbrechen folge, sie auch unsrer erwarte. Und was ist endlich das Unglück, die Strafe, die ihn trifft? Nach so vielen Missethaten, die wir mit ansehen müssen, hören wir, daß er mit dem Degen in der Faust gestorben. Als der Königin dieses erzählt wird, läßt sie der Dichter sagen:

„Dies ist etwas!“ —

Ich habe mich nie enthalten können, bei mir nachzusprechen: Nein, das ist gar nichts! Wie mancher gute König ist so geblieben, indem er seine Krone wider einen mächtigen Rebellen behaupten wollen? Richard stirbt doch, als ein Mann, auf dem Bette der Ehre. Und so ein Tod sollte mich für den Unwillen schadlos halten, den ich das ganze Stück durch über den Triumph seiner Bosheiten empfunden? (Ich glaube, die griechische Sprache ist die einzige, welche ein eigenes Wort hat, diesen Unwillen über das Glück eines Bösewichts auszudrücken: νεμεσις, νεμεσαν.*) Sein Tod selbst, welcher wenigstens meine Gerechtigkeitsliebe befriedigen sollte, unterhält noch meine Nemesis. Du bist wohlfeil weggekommen, denke ich; aber gut, daß es noch eine andere Gerechtigkeit gibt als die poetische!

Man wird vielleicht sagen: Nun wohl! wir wollen den Richard aufgeben; das Stück heißt zwar nach ihm, aber er ist darum nicht der Held desselben, nicht die Person, durch welche die Absicht der Tragödie erreicht wird; er hat nur das Mittel sein sollen, unser Mitleid für andere zu erregen. Die Königin, Elisabeth, die Prinzen, erregen diese nicht Mitleid? —

Um allem Wortstreite auszuweichen: ja. Aber was ist es für eine fremde, herbe Empfindung, die sich in mein Mitleid für diese Personen mischt? die da macht, daß ich mir dieses Mitleid ersparen zu können wünschte? Das wünsche ich mir bei dem tragischen Mitleid doch sonst nicht, ich verweile gern dabei und danke dem Dichter für eine so süße Qual.

Aristoteles hat es wohl gesagt, und das wird es ganz gewiß sein! Er spricht von einem μιαρον, von einem Gräßlichen, das sich bei dem Unglücke ganz guter, ganz unschuldiger Personen finde. Und sind nicht die Königin, Elisabeth, die Prinzen vollkommen solche Personen? Was haben sie gethan? wodurch haben

*) Arist. Rhet., lib. II. cap. 9.

sie es sich zugezogen, daß sie in den Klauen dieser Bestie sind? Ist es ihre Schuld, daß sie ein näheres Recht auf den Thron haben als er? Besonders die kleinen wimmernden Schlachtopfer, die noch kaum rechts und links unterscheiden können! Wer wird leugnen, daß sie unsern ganzen Jammer verdienen? Aber ist dieser Jammer, der mich mit Schaudern an die Schicksale der Menschen denken läßt, dem Murren wider die Vorsehung sich zugesellet und Verzweiflung von weiten nachschleicht, ist dieser Jammer — ich will nicht fragen, Mitleid? — Er heiße, wie er wolle — Aber ist er das, was eine nachahmende Kunst erwecken sollte?

Man sage nicht: erweckt ihn doch die Geschichte, gründet er sich doch auf etwas, das wirklich geschehen ist. — Das wirklich geschehen ist? Es sei; so wird es seinen guten Grund in dem ewigen unendlichen Zusammenhange aller Dinge haben. In diesem ist Weisheit und Güte, was uns in den wenigen Gliedern, die der Dichter herausnimmt, blindes Geschick und Grausamkeit scheinet. Aus diesen wenigen Gliedern sollte er ein Ganzes machen, das völlig sich rundet, wo eines aus dem andern sich völlig erkläret, wo keine Schwierigkeit aufstößt, derenwegen wir die Befriedigung nicht in seinem Plane finden, sondern sie außer ihm in dem allgemeinen Plane der Dinge suchen müssen; das Ganze dieses sterblichen Schöpfers sollte ein Schattenriß von dem Ganzen des ewigen Schöpfers sein; sollte uns an den Gedanken gewöhnen, wie sich in ihm alles zum besten auflöse, werde es auch in jenem geschehen: und er vergißt diese seine edelste Bestimmung so sehr, daß er die unbegreiflichen Wege der Vorsicht mit in seinen kleinen Zirkel flicht und geflissentlich unsern Schauder darüber erregt? — O, verschonet uns damit, ihr, die ihr unser Herz in eurer Gewalt habt! Wozu diese traurige Empfindung? Uns Unterwerfung zu lehren? Diese kann uns nur die kalte Vernunft lehren; und wenn die Lehre der Vernunft in uns bekleiben soll, wenn wir bei unserer Unterwerfung noch Vertrauen und fröhlichen Mut behalten sollen: so ist es höchst nötig, daß wir an die verwirrenden Beispiele solcher unverdienten schrecklichen Verhängnisse so wenig als möglich erinnert werden. Weg mit ihnen von der Bühne! Weg, wenn es sein könnte, aus allen Büchern mit ihnen! —

Wenn nun aber der Personen des Richards keine einzige die erforderlichen Eigenschaften hat, die sie haben müßten, falls er wirklich das sein sollte, was er heißt: wodurch ist er gleichwohl ein so interessantes Stück geworden, wofür ihn unser Publikum hält? Wenn er nicht Mitleid und Furcht erregt, was ist denn seine Wirkung? Wirkung muß er doch haben, und hat sie. Und wenn er Wirkung hat, ist es nicht gleichviel, ob er diese oder ob er jene hat? Wenn er die Zuschauer beschäftiget, wenn er sie vergnügt, was will man denn mehr? Müssen sie denn notwendig nur nach den Regeln des Aristoteles beschäftiget und vergnügt werden?

Das klingt so unrecht nicht; aber es ist darauf zu antworten. Ueberhaupt: wenn Richard schon keine Tragödie wäre, so bleibt er doch ein dramatisches Gedicht; wenn ihm schon die Schönheiten der Tragödie mangelten, so könnte er doch sonst Schönheiten haben: Poesie des Ausdrucks, Bilder, Tiraden, kühne Gesinnungen, einen feurigen hinreißenden Dialog, glückliche Veranlassungen für den Acteur, den ganzen Umfang seiner Stimme mit den mannigfaltigsten Abwechselungen zu durchlaufen, seine ganze Stärke in der Pantomime zu zeigen u. s. w.

Von diesen Schönheiten hat Richard viele und hat auch noch andere, die den eigentlichen Schönheiten der Tragödie näher kommen.

Richard ist ein abscheulicher Bösewicht; aber auch die Beschäftigung unsers Abscheues ist nicht ganz ohne Vergnügen, besonders in der Nachahmung.

Auch das Ungeheuere in den Verbrechen partizipieret von den Empfindungen, welche Größe und Kühnheit in uns erwecken.

Alles, was Richard thut, ist Greuel; aber alle diese Greuel geschehen in Absicht auf etwas; Richard hat einen Plan; und überall, wo wir einen Plan wahrnehmen, wird unsere Neugierde rege; wir warten gern mit ab, ob er ausgeführt wird werden, und wie er es wird werden; wir lieben das Zweckmäßige so sehr, daß es uns, auch unabhängig von der Moralität des Zweckes, Vergnügen gewährt.

Wir wollten, daß Richard seinen Zweck erreichte, und wir wollten, daß er ihn auch nicht erreichte. Das Erreichen erspart uns das Mißvergnügen über ganz vergebens angewandte Mittel; wenn er ihn nicht erreicht, so ist so viel Blut völlig umsonst vergossen worden; da es einmal vergossen ist, möchten wir es nicht gern auch noch bloß vor Langerweile vergossen finden. Hinwiederum wäre dieses Erreichen das Frohlocken der Bosheit; nichts hören wir ungerner; die Absicht interessierte uns als zu erreichende Absicht; wenn sie aber nun erreicht wäre, würden wir nichts als das Abscheuliche derselben erblicken, würden wir wünschen, daß sie nicht erreicht wäre; diesen Wunsch sehen wir voraus, und uns schaudert vor der Erreichung.

Die guten Personen des Stücks lieben wir; eine so zärtliche, feurige Mutter, Geschwister, die so ganz eines in dem andern leben; diese Gegenstände gefallen immer, erregen immer die süßesten sympathetischen Empfindungen, wir mögen sie finden, wo wir wollen. Sie ganz ohne Schuld leiden zu sehen, ist zwar herbe, ist zwar für unsere Ruhe, zu unserer Besserung kein sehr ersprießliches Gefühl: aber es ist doch immer Gefühl.

Und sonach beschäftiget uns das Stück durchaus und vergnügt durch diese Beschäftigung unserer Seelenkräfte. Das ist wahr; nur die Folge ist nicht wahr, die man daraus zu ziehen meinet, nämlich daß wir also damit zufrieden sein können.

Ein Dichter kann viel gethan und doch noch nichts damit verthan haben. Nicht genug, daß sein Werk Wirkungen auf uns hat: es muß auch die haben, die ihm vermöge der Gattung zukommen; es muß diese vornehmlich haben, und alle andere können den Mangel derselben auf keine Weise ersetzen; besonders wenn die Gattung von der Wichtigkeit und Schwierigkeit und Kostbarkeit ist, daß alle Mühe und aller Aufwand vergebens wäre, wenn sie weiter nichts als solche Wirkungen hervorbringen wollte, die durch eine leichtere und weniger Anstalten erfordernde Gattung eben so wohl zu erhalten wären. Ein Bund Stroh aufzuheben, muß man keine Maschinen in Bewegung setzen; was ich mit dem Fuße umstoßen kann, muß ich nicht mit einer Mine sprengen wollen; ich muß keinen Scheiterhaufen anzünden, um eine Mücke zu verbrennen.

Achtzigstes Stück.

Den 5. Februar 1768.

Wozu die saure Arbeit der dramatischen Form? wozu ein Theater erbauet, Männer und Weiber verkleidet, Gedächtnisse gemartert, die ganze Stadt auf einen Platz geladen? wenn ich mit meinem Werke und mit der Aufführung desselben weiter nichts hervorbringen will, als einige von den Regungen, die eine gute Erzählung, von jedem zu Hause in seinem Winkel gelesen, ungefähr auch hervorbringen würde?

Die dramatische Form ist die einzige, in welcher sich Mitleid und Furcht erregen läßt; wenigstens können in keiner andern Form diese Leidenschaften auf einen so hohen Grad erreget werden: und gleichwohl will man lieber alle andere darin erregen als diese; gleichwohl will man sie lieber zu allem andern brauchen als zu dem, wozu sie so vorzüglich geschickt ist.

Das Publikum nimmt vorlieb. — Das ist gut, und auch nicht gut. Denn man sehnt sich nicht sehr nach der Tafel, an der man immer vorlieb nehmen muß.

Es ist bekannt, wie erpicht das griechische und römische Volk auf die Schauspiele waren, besonders jenes auf das tragische.

Wie gleichgültig, wie kalt ist dagegen unser Volk für das Theater! Woher diese Verschiedenheit, wenn sie nicht daher kömmt, daß die Griechen vor ihrer Bühne sich mit so starken, so außerordentlichen Empfindungen begeistert fühlten, daß sie den Augenblick nicht erwarten konnten, sie abermals und abermals zu haben; dahingegen wir uns vor unserer Bühne so schwacher Eindrücke bewußt sind, daß wir es selten der Zeit und des Geldes wert halten, sie uns zu verschaffen? Wir gehen, fast alle, fast immer, aus Neugierde, aus Mode, aus Langerweile, aus Gesellschaft, aus Begierde, zu begaffen und begafft zu werden, ins Theater, und nur wenige, und diese wenige nur sparsam, aus anderer Absicht.

Ich sage: wir, unser Volk, unsere Bühne; ich meine aber nicht bloß uns Deutsche. Wir Deutsche bekennen es treuherzig genug, daß wir noch kein Theater haben. Was viele von unsern Kunstrichtern, die in dieses Bekenntnis mit einstimmen und große Verehrer des französischen Theaters sind, dabei denken, das kann ich so eigentlich nicht wissen. Aber ich weiß wohl, was ich dabei denke. Ich denke nämlich dabei, daß nicht allein wir Deutsche, sondern daß auch die, welche sich seit hundert Jahren ein Theater zu haben rühmen, ja, das beste Theater von ganz Europa zu haben prahlen, — daß auch die Franzosen noch kein Theater haben.

Kein tragisches gewiß nicht! Denn auch die Eindrücke, welche die französische Tragödie macht, sind so flach, so kalt! — Man höre einen Franzosen selbst davon sprechen.

„Bei den hervorstechenden Schönheiten unsers Theaters," sagt der Herr von Voltaire, „fand sich ein verborgner Fehler, den man nicht bemerkt hatte, weil das Publikum von selbst keine höhere Ideen haben konnte, als ihm die großen Meister durch ihre Muster beibrachten. Der einzige Saint-Evremont hat diesen Fehler aufgemutzt; er sagt nämlich, daß unsere Stücke nicht Eindruck genug machten, daß das, was Mitleid erwecken solle, aufs höchste Zärtlichkeit errege, daß Rührung die Stelle der Erschütterung, und Erstaunen die Stelle des Schreckens vertrete, kurz, daß unsere Empfindungen nicht tief genug gingen. Es ist nicht zu leugnen, Saint Evremont hat mit dem Finger gerade auf die heimliche Wunde des französischen Theaters getroffen. Man sage immerhin, daß Saint-Evremont der Verfasser der elenden Komödie ‚Sir Politik Wouldbe' und noch einer andern eben so elenden, ‚Die Opern' genannt, ist; daß seine kleinen gesellschaftlichen Gedichte das Kahlste und Gemeinste sind, was wir in dieser Gattung haben, daß er nichts als ein Phrasesdrechsler war: man kann keinen Funken Genie haben und gleichwohl viel Witz und Geschmack besitzen. Sein Geschmack aber war unstreitig sehr fein, da er die Ursache, warum die meisten von unsern

Stücken so matt und kalt sind, so genau traf. Es hat uns immer an einem Grade von Wärme gefehlt; das andere hatten wir alles."

Das ist: wir hatten alles, nur nicht das, was wir haben sollten; unsere Tragödien waren vortrefflich, nur daß es keine Tragödien waren. Und woher kam es, daß sie das nicht waren?

„Diese Kälte aber," fährt er fort, „diese einförmige Mattigkeit entsprang zum Teil von dem kleinen Geiste der Galanterie, der damals unter den Hofleuten und Damen so herrschte und die Tragödie in eine Folge von verliebten Gesprächen verwandelte, nach dem Geschmacke des Cyrus und der Clelie. Was für Stücke sich hiervon noch etwa ausnahmen, die bestanden aus langen politischen Raisonnements, dergleichen den Sertorius so verderben, den Otho so kalt und den Surena und Attila so elend gemacht haben. Noch fand sich aber auch eine andere Ursache, die das hohe Pathetische von unserer Szene zurückhielt und die Handlung wirklich tragisch zu machen verhinderte: und diese war das enge schlechte Theater mit seinen armseligen Verzierungen. — Was ließ sich auf einem paar Dutzend Brettern, die noch dazu mit Zuschauern angefüllt waren, machen? Mit welchem Pomp, mit welchen Zurüstungen konnte man da die Augen der Zuschauer bestechen, fesseln, täuschen? Welche große tragische Aktion ließ sich da aufführen? Welche Freiheit konnte die Einbildungskraft des Dichters da haben? Die Stücke mußten aus langen Erzählungen bestehen, und so wurden sie mehr Gespräche als Spiele. Jeder Acteur wollte in einer langen Monologe glänzen, und ein Stück, das dergleichen nicht hatte, ward verworfen. Bei dieser Form fiel alle theatralische Handlung weg, fielen alle die großen Ausdrücke der Leidenschaften, alle die kräftigen Gemälde der menschlichen Unglücksfälle, alle die schrecklichen, bis in das Innerste der Seele dringende Züge weg; man rührte das Herz nur kaum, anstatt es zu zerreißen."

Mit der ersten Ursache hat es seine gute Richtigkeit. Galanterie und Politik läßt immer kalt; und noch ist es keinem Dichter in der Welt gelungen, die Erregung des Mitleids und der Furcht damit zu verbinden. Jene lassen uns nichts als den Fat oder den Schulmeister hören, und diese fodern, daß wir nichts als den Menschen hören sollen.

Aber die zweite Ursache? Sollte es möglich sein, daß der Mangel eines geräumlichen Theaters und guter Verzierungen einen solchen Einfluß auf das Genie der Dichter gehabt hätte? Ist es wahr, daß jede tragische Handlung Pomp und Zurüstungen erfodert? Oder sollte der Dichter nicht vielmehr sein Stück so einrichten, daß es auch ohne diese Dinge seine völlige Wirkung hervorbrächte?

Nach dem Aristoteles sollte er es allerdings. „Furcht und Mitleid," sagt der Philosoph, „läßt sich zwar durchs Gesicht erregen; es kann aber auch aus der Verknüpfung der Begebenheiten selbst entspringen, welches letztere vorzüglicher und die Weise des bessern Dichters ist. Denn die Fabel muß so eingerichtet sein, daß sie, auch ungesehen, den, der den Verlauf ihrer Begebenheiten bloß anhört, zu Mitleid und Furcht über diese Begebenheiten bringt, so wie die Fabel des Oedips, die man nur anhören darf, um dazu gebracht zu werden. Diese Absicht aber durch das Gesicht erreichen wollen, erfodert weniger Kunst und ist deren Sache, welche die Vorstellung des Stücks übernommen."

Wie entbehrlich überhaupt die theatralischen Verzierungen sind, davon will man mit den Stücken des Shakespeares eine sonderbare Erfahrung gehabt haben. Welche Stücke brauchten, wegen ihrer beständigen Unterbrechung und Veränderung des Orts, des Beistandes der Szenen und der ganzen Kunst des Dekorateurs wohl mehr als eben diese? Gleichwohl war eine Zeit, wo die Bühnen, auf welchen sie gespielt wurden, aus nichts bestanden als aus einem Vorhange von schlechtem groben Zeuge, der, wenn er aufgezogen war, die bloßen blanken, höchstens mit Matten oder Tapeten behangenen Wände zeigte; da war nichts als die Einbildung, was dem Verständnisse des Zuschauers und der Ausführung des Spielers zu Hilfe kommen konnte; und dem ohngeachtet, sagt man, waren damals die Stücke des Shakespeares ohne alle Szenen verständlicher, als sie es hernach mit denselben gewesen sind.*)

Wenn sich also der Dichter um die Verzierung gar nicht zu bekümmern hat; wenn die Verzierung, auch wo sie nötig scheint, ohne besondern Nachteil seines Stücks wegbleiben kann: warum sollte es an dem engen, schlechten Theater gelegen haben, daß uns die französischen Dichter keine rührendere Stücke geliefert? Nicht doch: es lag an ihnen selbst.

Und das beweist die Erfahrung. Denn nun haben ja die

---

*) (Cibber's Lives of the Poets of G. B. and Ir. Vol. II. p. 78. 79.) — Some have insinuated, that fine scenes proved the ruin of acting. — In the reign of Charles I. there was nothing more than a curtain of very coarse stuff, upon the drawing up of which, the stage appeared either with bare walls on the sides, coarsly matted, or covered with tapestry; so that for the place originally represented, and all the successive changes, in which the poets of those times freely indulged themselves, there was nothing to help the spectator's understanding, or to assist the actor's performance, but bare imagination. — The spirit and judgement of the actors supplied all deficiencies, and made as some would insinuate plays more intelligible without scenes, than they afterwards were with them.

Franzosen eine schönere, geräumlichere Bühne; keine Zuschauer werden mehr darauf geduldet; die Kulissen sind leer; der Dekorateur hat freies Feld; er malt und bauet dem Poeten alles, was dieser von ihm verlangt; aber wo sind sie denn, die wärmern Stücke, die sie seitdem erhalten haben? Schmeichelt sich der Herr von Voltaire, daß seine Semiramis ein solches Stück ist? Da ist Pomp und Verzierung genug, ein Gespenst oben darein; und doch kenne ich nichts Kälteres als seine Semiramis.

Einundachtzigstes Stück.

Den 9. Februar 1768.

Will ich denn nun aber damit sagen, daß kein Franzose fähig sei, ein wirklich rührendes tragisches Werk zu machen? daß der volatile Geist der Nation einer solchen Arbeit nicht gewachsen sei? — Ich würde mich schämen, wenn mir das nur eingekommen wäre. Deutschland hat sich noch durch keinen Bouhours lächerlich gemacht. Und ich für mein Teil hätte nun gleich die wenigste Anlage dazu. Denn ich bin sehr überzeugt, daß kein Volk in der Welt irgend eine Gabe des Geistes vorzüglich vor andern Völkern erhalten habe. Man sagt zwar: der tiefsinnige Engländer, der witzige Franzose. Aber wer hat denn die Teilung gemacht? Die Natur gewiß nicht, die alles unter alle gleich verteilt. Es gibt eben so viel witzige Engländer als witzige Franzosen, und eben so viel tiefsinnige Franzosen als tiefsinnige Engländer; der Braß von dem Volke aber ist keins von beiden. —

Was will ich denn? Ich will bloß sagen, was die Franzosen gar wohl haben könnten, daß sie das noch nicht haben: die wahre Tragödie. Und warum noch nicht haben? — Dazu hätte sich der Herr von Voltaire selbst besser kennen müssen, wenn er es hätte treffen wollen.

Ich meine, sie haben es noch nicht, weil sie es schon lange gehabt zu haben glauben. Und in diesem Glauben werden sie nun freilich durch etwas bestärkt, das sie vorzüglich vor allen Völkern haben; aber es ist keine Gabe der Natur: durch ihre Eitelkeit.

Es geht mit den Nationen wie mit einzeln Menschen. — Gottsched (man wird leicht begreifen, wie ich eben hier auf diesen falle) galt in seiner Jugend für einen Dichter, weil man damals den Versmacher von dem Dichter noch nicht zu unterscheiden wußte. Philosophie und Kritik setzten nach und nach diesen Unterschied ins Helle; und wenn Gottsched mit dem Jahrhundert nur hätte fortgehen wollen, wenn sich seine Einsichten und sein Geschmack nur zugleich mit den Einsichten und dem Geschmacke seines Zeitalters hätten verbreiten und läutern wollen, so hätte er vielleicht wirklich aus dem Versmacher ein Dichter werden können. Aber da er sich schon so oft den größten Dichter hatte nennen hören, da ihn seine Eitelkeit überredet hatte, daß er es sei, so unterblieb jenes. Er konnte unmöglich erlangen, was er schon zu besitzen glaubte; und je älter er ward, desto hartnäckiger und unverschämter ward er, sich in diesem träumerischen Besitze zu behaupten.

Gerade so, dünkt mich, ist es den Franzosen ergangen. Kaum riß Corneille ihr Theater ein wenig aus der Barbarei: so glaubten sie es der Vollkommenheit schon ganz nahe. Racine schien ihnen die letzte Hand angelegt zu haben; und hierauf war gar nicht mehr die Frage (die es zwar auch nie gewesen), ob der tragische Dichter nicht noch pathetischer, noch rührender sein könne, als Corneille und Racine, sondern dieses ward für unmöglich angenommen, und alle Beeiferung der nachfolgenden Dichter mußte sich darauf einschränken, dem einen oder dem andern so ähnlich zu werden als möglich. Hundert Jahre haben sie sich selbst, und zum Teil ihre Nachbarn mit, hintergangen; nun komme einer und sage ihnen das und höre, was sie antworten!

Von beiden aber ist es Corneille, welcher den meisten Schaden gestiftet und auf ihre tragischen Dichter den verderblichsten Einfluß gehabt hat. Denn Racine hat nur durch seine Muster verführt, Corneille aber durch seine Muster und Lehren zugleich.

Diese letztern besonders, von der ganzen Nation (bis auf einen oder zwei Pedanten, einen Hedelin, einen Dacier, die aber oft selbst nicht wußten, was sie wollten), als Orakelsprüche angenommen, von allen nachherigen Dichtern befolgt, haben — ich getraue mich, es Stück vor Stück zu beweisen, — nichts anders als das kahlste, wäßrigste, untragischste Zeug hervorbringen können.

Die Regeln des Aristoteles sind alle auf die höchste Wirkung der Tragödie kalkuliert. Was macht aber Corneille damit? Er trägt sie falsch und schielend genug vor; und weil er sie doch noch viel zu strenge findet, so sucht er bei einer nach der andern quelque modération, quelque favorable interprétation, entkräftet und verstümmelt, deutelt und vereitelt eine jede, — und warum? pour n'être pas obligés de condamner beaucoup de poëmes que nous avons vû réussir sur nos théâtres; um nicht viel Gedichte verwerfen zu dürfen, die auf unsern Bühnen Beifall gefunden. Eine schöne Ursache!

Ich will die Hauptpunkte geschwind berühren. Einige davon habe ich schon berührt: ich muß sie aber des Zusammenhanges wegen wiederum mitnehmen.

1. Aristoteles sagt: die Tragödie soll Mitleid und Furcht erregen. — Corneille sagt: o ja, aber wie es kömmt; beides zugleich ist eben nicht immer nötig; wir sind auch mit einem zufrieden; itzt einmal Mitleid ohne Furcht, ein andermal Furcht ohne Mitleid. Denn wo blieb' ich, ich, der große Corneille, sonst mit einem Rodrigue und meiner Chimene? Die guten Kinder erwecken Mitleid, und sehr großes Mitleid, aber Furcht wohl schwerlich. Und wiederum: wo blieb' ich sonst mit meiner Kleopatra, mit meinem Prusias, mit meinem Phokas? Wer kann Mitleid mit diesen Nichtswürdigen haben? Aber Furcht erregen sie doch. — So glaubte Corneille, und die Franzosen glaubten es ihm nach.

2. Aristoteles sagt: die Tragödie soll Mitleid und Furcht erregen; beides, versteht sich, durch eine und eben dieselbe Person. — Corneille sagt: wenn es sich so trifft, recht gut. Aber absolut notwendig ist es eben nicht; und man kann sich gar wohl auch verschiedener Personen bedienen, diese zwei Empfindungen hervorzubringen, so wie ich in meiner Rodogune gethan habe. — Das hat Corneille gethan, und die Franzosen thun es ihm nach.

3. Aristoteles sagt: durch das Mitleid und die Furcht, welche die Tragödie erweckt, soll unser Mitleid und unsere Furcht, und was diesen anhängig, gereiniget werden. — Corneille weiß davon gar nichts und bildet sich ein, Aristoteles habe sagen wollen: die Tragödie erwecke unser Mitleid, um unsere Furcht zu erwecken, um durch diese Furcht die Leidenschaften in uns zu reinigen, durch die sich der bemitleidete Gegenstand sein Unglück zugezogen. Ich will von dem Werte dieser Absicht nicht sprechen; genug, daß es nicht die Aristotelische ist und daß, da Corneille seinen Tragödien eine ganz andere Absicht gab, auch notwendig seine Tragödien selbst ganz andere Werke werden mußten, als die waren, von welchen Aristoteles seine Absicht abstrahiert hatte; es mußten Tragödien werden, welches keine wahre Tragödien waren. Und das sind nicht allein seine, sondern alle französischen Tragödien geworden, weil ihre Verfasser alle nicht die Absicht des Aristoteles, sondern die Absicht des Corneille sich vorsetzten. Ich habe schon gesagt, daß Dacier beide Absichten wollte verbunden wissen; aber auch durch diese bloße Verbindung wird die erstere geschwächt, und die Tragödie muß unter ihrer höchsten Wirkung bleiben. Dazu hatte Dacier, wie ich gezeigt, von der erstern nur einen sehr unvollständigen Begriff, und es war kein Wunder, wenn er sich daher einbildete, daß die französischen Tragödien seiner Zeit noch eher die erste als die zweite Absicht erreichten. „Unsere Tragödie," sagt er, „ist zufolge jener noch so ziemlich glücklich, Mitleid und Furcht zu erwecken und zu

reinigen. Aber diese gelingt ihr nur sehr selten, die doch gleichwohl die wichtigere ist, und sie reiniget die übrigen Leidenschaften nur sehr wenig, oder, da sie gemeiniglich nichts als Liebesintriguen enthält, wenn sie ja eine davon reinigte, so würde es einzig und allein die Liebe sein, woraus denn klar erhellet, daß ihr Nutzen nur sehr klein ist."*) Gerade umgekehrt! Es gibt noch eher französische Tragödien, welche der zweiten, als welche der ersten Absicht ein Genüge leisten. Ich kenne verschiedene französische Stücke, welche die unglücklichen Folgen irgend einer Leidenschaft recht wohl ins Licht setzen, aus denen man viele gute Lehren, diese Leidenschaft betreffend, ziehen kann; aber ich kenne keines, welches mein Mitleid in dem Grade erregte, in welchem die Tragödie es erregen sollte, in welchem ich aus verschiedenen griechischen und englischen Stücken gewiß weiß, daß sie es erregen kann. Verschiedene französische Tragödien sind sehr feine, sehr unterrichtende Werke, die ich alles Lobes wert halte; nur daß es keine Tragödien sind. Die Verfasser derselben konnten nicht anders, als sehr gute Köpfe sein; sie verdienen zum Teil unter den Dichtern keinen geringen Rang: nur daß sie keine tragische Dichter sind; nur daß ihr Corneille und Racine, ihr Crebillon und Voltaire von dem wenig oder gar nichts haben, was den Sophokles zum Sophokles, den Euripides zum Euripides, den Shakespeare zum Shakespeare macht. Diese sind selten mit den wesentlichen Foderungen des Aristoteles im Widerspruch; aber jene desto öfterer. Denn nur weiter —

Zweiundachtzigstes Stück.

Den 12. Februar 1768.

4. Aristoteles sagt: man muß keinen ganz guten Mann ohne alle sein Verschulden in der Tragödie unglücklich werden lassen; denn so was sei gräßlich. — „Ganz recht," sagt Corneille, „ein solcher Ausgang erweckt mehr Unwillen und Haß gegen den, welcher das Leiden verursacht, als Mitleid für den, welchen es trifft. Jene Empfindung also, welche nicht die eigentliche Wirkung der Tragödie sein soll, würde, wenn sie nicht sehr fein

---

*) (Poet. d'Arist. Chap. VI. Rem. 8.) Notre Tragédie peut réussir assez dans la première partie, c'est-à-dire, qu'elle peut exciter et purger la terreur et la compassion. Mais elle parvient rarement à la dernière, qui est pourtant la plus utile, elle purge peu les autres passions, ou comme elle roule ordinairement sur des intrigues d'amour, si elle en purgeoit quelqu'une, ce seroit celle-là seule, et par là il est aisé de voir qu'elle ne fait que peu de fruit.

behandelt wäre, diese ersticken, die doch eigentlich hervorgebracht werden sollte. Der Zuschauer würde mißvergnügt weggehen, weil sich allzu viel Zorn mit dem Mitleiden vermischt, welches ihm gefallen hätte, wenn er es allein mit wegnehmen können." — „Aber," — kömmt Corneille hintennach; denn mit einem Aber muß er nachkommen, — „aber wenn diese Ursache wegfällt, wenn es der Dichter so eingerichtet, daß der Tugendhafte, welcher leidet, mehr Mitleid für sich als Widerwillen gegen den erweckt, der ihn leiden läßt, alsdenn?" — „O, alsdenn," sagt Corneille, „halte ich dafür, darf man sich gar kein Bedenken machen, auch den tugendhaftesten Mann auf dem Theater im Unglücke zu zeigen."*) — Ich begreife nicht, wie man gegen einen Philosophen so in den Tag hineinschwatzen kann; wie man sich das Ansehen geben kann, ihn zu verstehen, indem man ihn Dinge sagen läßt, an die er nie gedacht hat. „Das gänzlich unverschuldete Unglück eines rechtschaffenen Mannes," sagt Aristoteles, „ist kein Stoff für das Trauerspiel; denn es ist gräßlich." Aus diesem Denn, aus dieser Ursache, macht Corneille ein Insofern, eine bloße Bedingung, unter welcher es tragisch zu sein aufhört. Aristoteles sagt: „Es ist durchaus gräßlich und eben daher untragisch." Corneille aber sagt: „Es ist untragisch, insofern es gräßlich ist." Dieses Gräßliche findet Aristoteles in dieser Art des Unglücks selbst; Corneille aber setzt es in den Unwillen, den es gegen den Urheber desselben verursacht. Er sieht nicht oder will nicht sehen, daß jenes Gräßliche ganz etwas anders ist als dieser Unwille; daß, wenn auch dieser ganz wegfällt, jenes doch noch in seinem vollen Maße vorhanden sein kann: genug, daß vors erste mit diesem Quid pro quo verschiedene von seinen Stücken gerechtfertiget scheinen, die er so wenig wider die Regeln des Aristoteles will gemacht haben, daß er vielmehr vermessen genug ist, sich einzubilden, es habe dem Aristoteles bloß an dergleichen Stücken gefehlt, um seine Lehre darnach näher einzuschränken und verschiedene Manieren daraus zu abstrahieren, wie dem ungeachtet das Unglück des ganz rechtschaffenen Mannes ein tragischer Gegenstand werden könne. En voici, sagt er, deux ou trois manières, que peut-être Aristote n'a sû prévoir, parce qu'on n'en voyoit pas d'exemples sur les théâtres de son tems. Und von wem sind diese Exempel? Von wem anders als von ihm selbst? Und welches sind jene zwei oder drei Manieren? Wir wollen geschwind sehen. — „Die erste," sagt er, „ist, wenn ein sehr Tugendhafter durch einen sehr Lasterhaften verfolgt wird, der

*) J'estime qu'il ne faut point faire de difficulté d'exposer sur la scene des hommes très-vertueux.

Gefahr aber entkömmt, und so, daß der Lasterhafte sich selbst darin verstricket, wie es in der Rodogune und im Heraklius geschieht, wo es ganz unerträglich würde gewesen sein, wenn in dem ersten Stücke Antiochus und Rodogune und in dem andern Heraklius, Pulcheria und Martian umgekommen wären, Kleopatra und Phokas aber triumphiert hätten. Das Unglück der erstern erweckt ein Mitleid, welches durch den Abscheu, den wir wider ihre Verfolger haben, nicht erstickt wird, weil man beständig hofft, daß sich irgend ein glücklicher Zufall ereignen werde, der sie nicht unterliegen lasse." Das mag Corneille sonst jemanden weismachen, daß Aristoteles diese Manier nicht gekannt habe! Er hat sie so wohl gekannt, daß er sie, wo nicht gänzlich verworfen, wenigstens mit ausdrücklichen Worten für angemessener der Komödie als Tragödie erklärt hat. Wie war es möglich, daß Corneille dieses vergessen hatte? Aber so geht es allen, die im voraus ihre Sache zu der Sache der Wahrheit machen. Im Grunde gehört diese Manier auch gar nicht zu dem vorhabenden Falle. Denn nach ihr wird der Tugendhafte nicht unglücklich, sondern befindet sich nur auf dem Wege zum Unglücke, welches gar wohl mitleidige Besorgnisse für ihn erregen kann, ohne gräßlich zu sein. — Nun die zweite Manier! „Auch kann es sich zutragen," sagt Corneille, „daß ein sehr tugendhafter Mann verfolgt wird und auf Befehl eines andern umkömmt, der nicht lasterhaft genug ist, unsern Unwillen allzu sehr zu verdienen, indem er in der Verfolgung, die er wider den Tugendhaften betreibt, mehr Schwachheit als Bosheit zeigt. Wenn Felix seinen Eidam Polyeukt umkommen läßt, so ist es nicht aus wütendem Eifer gegen die Christen, der ihn uns verabscheuungswürdig machen würde, sondern bloß aus kriechender Furchtsamkeit, die sich nicht getrauet, ihn in Gegenwart des Severus zu retten, vor dessen Hasse und Rache er in Sorgen stehet. Man fasset also wohl einigen Unwillen gegen ihn und mißbilliget sein Verfahren; doch überwiegt dieser Unwille nicht das Mitleid, welches wir für den Polyeukt empfinden, und verhindert auch nicht, daß ihn seine wunderbare Bekehrung zum Schlusse des Stücks nicht völlig wieder mit den Zuhörern aussöhnen sollte." Tragische Stümper, denke ich, hat es wohl zu allen Zeiten, und selbst in Athen gegeben. Warum sollte es also dem Aristoteles an einem Stücke von ähnlicher Einrichtung gefehlt haben, um daraus eben so erleuchtet zu werden als Corneille? Possen! Die furchtsamen, schwanken, unentschlossenen Charaktere, wie Felix, sind in dergleichen Stücken ein Fehler mehr und machen sie noch obendarein ihrerseits kalt und ekel, ohne sie auf der andern Seite im geringsten weniger gräßlich zu machen. Denn, wie gesagt, das Gräßliche liegt nicht in dem

Unwillen oder Abscheu, den sie erwecken, sondern in dem Unglücke selbst, das jene unverschuldet trifft: das sie einmal so unverschuldet trifft als das andere, ihre Verfolger mögen böse oder schwach sein, mögen mit oder ohne Vorsatz ihnen so hart fallen. Der Gedanke ist an und für sich selbst gräßlich, daß es Menschen geben kann, die ohne alle ihr Verschulden unglücklich sind. Die Heiden hätten diesen gräßlichen Gedanken so weit von sich zu entfernen gesucht als möglich, und wir wollten ihn nähren? wir wollten uns an Schauspielen vergnügen, die ihn bestätigen? wir, die Religion und Vernunft überzeuget haben sollte, daß er eben so unrichtig als gotteslästerlich ist? — Das nämliche würde sicherlich auch gegen die dritte Manier gelten, wenn sie Corneille nicht selbst näher anzugeben vergessen hätte.

5. Auch gegen das, was Aristoteles von der Unschicklichkeit eines ganz Lasterhaften zum tragischen Helden sagt, als dessen Unglück weder Mitleid noch Furcht erregen könne, bringt Corneille seine Läuterungen bei. Mitleid zwar, gesteht er zu, könne er nicht erregen, aber Furcht allerdings. Denn ob sich schon keiner von den Zuschauern der Laster desselben fähig glaube und folglich auch desselben ganzes Unglück nicht zu befürchten habe: so könne doch ein jeder irgend eine jenen Lastern ähnliche Unvollkommenheit bei sich hegen und durch die Furcht vor den zwar proportionierten, aber doch noch immer unglücklichen Folgen derselben gegen sie auf seiner Hut zu sein lernen. Doch dieses gründet sich auf den falschen Begriff, welchen Corneille von der Furcht und von der Reinigung der in der Tragödie zu erweckenden Leidenschaften hatte, und widerspricht sich selbst. Denn ich habe schon gezeigt, daß die Erregung des Mitleids von der Erregung der Furcht unzertrennlich ist, und daß der Bösewicht, wenn es möglich wäre, daß er unsere Furcht erregen könne, auch notwendig unser Mitleid erregen müßte. Da er aber dieses, wie Corneille selbst zugesteht, nicht kann, so kann er auch jenes nicht und bleibt gänzlich ungeschickt, die Absicht der Tragödie erreichen zu helfen. Ja, Aristoteles hält ihn hierzu noch für ungeschickter als den ganz tugendhaften Mann; denn er will ausdrücklich, falls man den Held aus der mittlern Gattung nicht haben könne, daß man ihn eher besser als schlimmer wählen solle. Die Ursache ist klar; ein Mensch kann sehr gut sein, und doch noch mehr als eine Schwachheit haben, mehr als einen Fehler begehen, wodurch er sich in ein unabsehliches Unglück stürzt, das uns mit Mitleid und Wehmut erfüllet, ohne im geringsten gräßlich zu sein, weil es die natürliche Folge seines Fehlers ist. — Was Du Bos*) von dem Gebrauche der lasterhaften Personen

---

*) Reflexions cr. T. I. Sect. XV.

in der Tragödie sagt, ist das nicht, was Corneille will. Du Bos will sie nur zu den Nebenrollen erlauben; bloß zu Werkzeugen, die Hauptpersonen weniger schuldig zu machen; bloß zur Abstechung. Corneille aber will das vornehmste Interesse auf sie beruhen lassen, so wie in der Rodogune; und das ist es eigentlich, was mit der Absicht der Tragödie streitet, und nicht jenes. Du Bos merket dabei auch sehr richtig an, daß das Unglück dieser subalternen Bösewichter keinen Eindruck auf uns mache. „Kaum," sagt er, „daß man den Tod des Narziß im Britannicus bemerkt." Aber also sollte sich der Dichter auch schon deswegen ihrer so viel als möglich enthalten. Denn wenn ihr Unglück die Absicht der Tragödie nicht unmittelbar befördert, wenn sie bloße Hilfsmittel sind, durch die sie der Dichter desto besser mit andern Personen zu erreichen sucht: so ist es unstreitig, daß das Stück noch besser sein würde, wenn es die nämliche Wirkung ohne sie hätte. Je simpler eine Maschine ist, je weniger Federn und Räder und Gewichte sie hat, desto vollkommener ist sie.

Dreiundachtzigstes Stück.

Den 16. Februar 1768.

6. Und endlich, die Mißdeutung der ersten und wesentlichsten Eigenschaft, welche Aristoteles für die Sitten der tragischen Personen fodert! Sie sollen gut sein, die Sitten. — „Gut?" sagt Corneille. „Wenn gut hier so viel als tugendhaft heißen soll, so wird es mit den meisten alten und neuen Tragödien übel aussehen, in welchen schlechte und lasterhafte, wenigstens mit einer Schwachheit, die nächst der Tugend so recht nicht bestehen kann, behaftete Personen genug vorkommen." Besonders ist ihm für seine Kleopatra in der Rodogune bange. Die Güte, welche Aristoteles fodert, will er also durchaus für keine moralische Güte gelten lassen; es muß eine andere Art von Güte sein, die sich mit dem moralisch Bösen eben so wohl verträgt als mit dem moralisch Guten. Gleichwohl meinet Aristoteles schlechterdings eine moralische Güte; nur daß ihm tugendhafte Personen, und Personen, welche in gewissen Umständen tugendhafte Sitten zeigen, nicht einerlei sind. Kurz, Corneille verbindet eine ganz falsche Idee mit dem Worte Sitten, und was die Proäresis ist, durch welche allein nach unserm Weltweisen freie Handlungen zu guten oder bösen Sitten werden, hat er gar nicht verstanden. Ich kann mich itzt nicht in einen weitläuftigen Beweis einlassen; er läßt sich nur durch den Zusammenhang, durch die syllogistische Folge aller Ideen des griechi

schen Kunstrichters einleuchtend genug führen. Ich verspare ihn daher auf eine andere Gelegenheit, da es bei dieser ohnedem nur darauf ankömmt, zu zeigen, was für einen unglücklichen Ausweg Corneille bei Verfehlung des richtigen Weges ergriffen. Dieser Ausweg lief dahin: daß Aristoteles unter der Güte der Sitten den glänzenden und erhabnen Charakter irgend einer tugendhaften oder strafbaren Neigung verstehe, so wie sie der eingeführten Person entweder eigentümlich zukomme oder ihr schicklich beigeleget werden könne: le caractère brillant et élevé d'une habitude vertueuse ou criminelle, selon qu'elle est propre et convenable à la personne qu'on introduit. „Kleopatra in der Rodogune," sagt er, „ist äußerst böse: da ist kein Meuchelmord, vor dem sie sich scheue, wenn er sie nur auf dem Throne zu erhalten vermag, den sie allem in der Welt vorzieht; so heftig ist ihre Herrschsucht. Aber alle ihre Verbrechen sind mit einer gewissen Größe der Seele verbunden, die so etwas Erhabenes hat, daß man, indem man ihre Handlungen verdammet, doch die Quelle, woraus sie entspringen, bewundern muß. Eben dieses getraue ich mir von dem Lügner zu sagen. Das Lügen ist unstreitig eine lasterhafte Angewohnheit; allein Dorant bringt seine Lügen mit einer solchen Gegenwart des Geistes, mit so vieler Lebhaftigkeit vor, daß diese Unvollkommenheit ihm ordentlich wohl läßt und die Zuschauer gestehen müssen, daß die Gabe, so zu lügen, ein Laster sei, dessen kein Dummkopf fähig ist." — Wahrlich, einen verderblichern Einfall hätte Corneille nicht haben können! Befolget ihn in der Ausführung, und es ist um alle Wahrheit, um alle Täuschung, um allen sittlichen Nutzen der Tragödie gethan! Denn die Tugend, die immer bescheiden und einfältig ist, wird durch jenen glänzenden Charakter eitel und romantisch, das Laster aber mit einem Firnis überzogen, der uns überall blendet, wir mögen es aus einem Gesichtspunkte nehmen, aus welchem wir wollen. Thorheit, bloß durch die unglücklichen Folgen von dem Laster abschrecken wollen, indem man die innere Häßlichkeit desselben verbirgt! Die Folgen sind zufällig, und die Erfahrung lehrt, daß sie eben so oft glücklich als unglücklich fallen. Dieses bezieht sich auf die Reinigung der Leidenschaften, wie sie Corneille sich dachte. Wie ich mir sie vorstelle, wie sie Aristoteles gelehrt hat, ist sie vollends nicht mit jenem trügerischen Glanze zu verbinden. Die falsche Folie, die so dem Laster untergelegt wird, macht, daß ich Vollkommenheiten erkenne, wo keine sind; macht, daß ich Mitleiden habe, wo ich keines haben sollte. — Zwar hat schon Dacier dieser Erklärung widersprochen, aber aus untriftigern Gründen; und es fehlt nicht viel, daß die, welche er mit dem Pater Le Bossu dafür annimmt, nicht eben so nachteilig ist, wenigstens den poeti schen Vollkommenheiten des Stücks eben so nachteilig werden kann. Er meint nämlich, „die Sitten sollen gut sein“ heiße nichts mehr als: sie sollen gut ausgedrückt sein, qu'elles soient bien marquées. Das ist allerdings eine Regel, die, richtig verstanden, an ihrer Stelle aller Aufmerksamkeit des dramatischen Dichters würdig ist. Aber wenn es die französischen Muster nur nicht bewiesen, daß man „gut ausdrücken“ für stark ausdrücken genommen hätte. Man hat den Ausdruck überladen, man hat Druck auf Druck gesetzt, bis aus charakterisierten Personen personifizierte Charaktere, aus lasterhaften oder tugendhaften Menschen hagere Gerippe von Lastern und Tugenden geworden sind. —

Hier will ich diese Materie abbrechen. Wer ihr gewachsen ist, mag die Anwendung auf unsern Richard selbst machen.

Vom Herzog Michel, welcher auf den Richard folgte, brauche ich wohl nichts zu sagen. Auf welchem Theater wird er nicht gespielt, und wer hat ihn nicht gesehen oder gelesen? Krüger hat indes das wenigste Verdienst darum; denn er ist ganz aus einer Erzählung in den Bremischen Beiträgen genommen. Die vielen guten satirischen Züge, die er enthält, gehören jenem Dichter so wie der ganze Verfolg der Fabel. Krügern gehört nichts als die dramatische Form. Doch hat wirklich unsere Bühne an Krügern viel verloren. Er hatte Talent zum niedrig Komischen, wie seine Kandidaten beweisen. Wo er aber rührend und edel sein will, ist er frostig und affektiert. Herr Loewen hat seine Schriften gesammelt, unter welchen man jedoch Die Geistlichen auf dem Lande vermißt. Dieses war der erste dramatische Versuch, welchen Krüger wagte, als er noch auf dem Grauen Kloster in Berlin studierte.

Den neunundvierzigsten Abend (Donnerstags, den 23. Julius) ward das Lustspiel des Herrn von Voltaire, Die Frau, die Recht hat, gespielt und zum Beschlusse des L'Affichard: Ist er von Familie? wiederholt.

„Die Frau, die recht hat“, ist eines von den Stücken, welche der Herr von Voltaire für sein Haustheater gemacht hat. Dafür war es nun auch gut genug. Es ist schon 1758 zu Carouge gespielt worden, aber noch nicht zu Paris, so viel ich weiß. Nicht als ob sie da seit der Zeit keine schlechtern Stücke gespielt hätten; denn dafür haben die Marins und Le Brets wohl gesorgt. Sondern weil — ich weiß selbst nicht. Denn ich wenigstens möchte doch noch lieber einen großen Mann in seinem Schlafrocke und seiner Nachtmütze als einen Stümper in seinem Feierkleide sehen.

Charaktere und Interesse hat das Stück nicht, aber verschiedene Situationen, die komisch genug sind. Zwar ist auch das Komische aus dem allergemeinsten Fache, da es sich auf nichts als aufs Inkognito, auf Verkennungen und Mißverständnisse gründet. Doch die Lacher sind nicht ekel, am wenigsten würden es unsre deutschen Lacher sein, wenn ihnen das Fremde der Sitten und die elende Uebersetzung das mot pour rire nur nicht meistens so unverständlich machte.

Den funfzigsten Abend (Freitags, den 24. Julius) ward Gressets Sidney wiederholt. Den Beschluß machte: Der sehende Blinde.

Dieses kleine Stück ist vom Le Grand und auch nicht von ihm. Denn er hat Titel und Intrigue und alles einem alten Stücke des de Brosse abgeborgt. Ein Offizier, schon etwas bei Jahren, will eine junge Witwe heiraten, in die er verliebt ist, als er Ordre bekömmt, sich zur Armee zu verfügen. Er verläßt seine Versprochene mit den wechselseitigen Versicherungen der aufrichtigsten Zärtlichkeit. Kaum aber ist er weg, so nimmt die Witwe die Aufwartungen des Sohnes von diesem Offiziere an. Die Tochter desselben macht sich gleichergestalt die Abwesenheit ihres Vaters zu nutze und nimmt einen jungen Menschen, den sie liebt, im Hause auf. Diese doppelte Intrigue wird dem Vater gemeldet, der, um sich selbst davon zu überzeugen, ihnen schreiben läßt, daß er sein Gesicht verloren habe. Die List gelingt; er kömmt wieder nach Paris, und mit Hilfe eines Bedienten, der um den Betrug weiß, sieht er alles, was in seinem Hause vorgeht. Die Entwicklung läßt sich erraten; da der Offizier an der Unbeständigkeit der Witwe nicht länger zweifeln kann, so erlaubt er seinem Sohne, sie zu heiraten, und der Tochter gibt er die nämliche Erlaubnis, sich mit ihrem Geliebten zu verbinden. Die Szenen zwischen der Witwe und dem Sohn des Offiziers, in Gegenwart des letzten, haben viel Komisches; die Witwe versichert, daß ihr der Zufall des Offiziers sehr nahe gehe, daß sie ihn aber darum nicht weniger liebe, und zugleich gibt sie seinem Sohn, ihrem Liebhaber, einen Wink mit den Augen, oder bezeigt ihm sonst ihre Zärtlichkeit durch Gebärden. Das ist der Inhalt des alten Stücks vom de Brosse*) und ist auch der Inhalt von dem neuen Stücke des Le Grand. Nur daß in diesem die Intrigue mit der Tochter weggeblieben ist, um jene fünf Akte desto leichter in einen zu bringen. Aus dem Vater ist ein Onkel geworden, und was sonst dergleichen kleine Veränderungen mehr sind. Es mag endlich entstanden sein, wie es will: genug, es gefällt sehr. Die Uebersetzung ist in Versen und vielleicht eine von den besten, die wir haben; sie ist wenigstens sehr fließend und hat viele drollige Zeilen.

---

*) Hist. du Th. Fr., Tome VII. p. 226.

Vierundachtzigstes Stück.

Den 19. Februar 1768.

Den einundfunfzigsten Abend (Montags, den 27. Julius) ward Der Hausvater des Herrn Diderot aufgeführt.

Da dieses vortreffliche Stück, welches den Franzosen nur so so gefällt, — wenigstens hat es mit Müh' und Not kaum ein oder zweimal auf dem Pariser Theater erscheinen dürfen, — sich allem Ansehen nach lange, sehr lange — und warum nicht immer? — auf unsern Bühnen erhalten wird, da es auch hier nicht oft genug wird können gespielt werden, so hoffe ich, Raum und Gelegenheit genug zu haben, alles auszukramen, was ich sowohl über das Stück selbst, als über das ganze dramatische System des Verfassers von Zeit zu Zeit angemerkt habe.

Ich hole recht weit aus. — Nicht erst mit dem Natürlichen Sohne in den beigefügten Unterredungen, welche zusammen im Jahre 1757 herauskamen, hat Diderot sein Mißvergnügen mit dem Theater seiner Nation geäußert. Bereits verschiedne Jahre vorher ließ er es sich merken, daß er die hohen Begriffe gar nicht davon habe, mit welchen sich seine Landsleute täuschen und Europa sich von ihnen täuschen lassen. Aber er that es in einem Buche, in welchem man freilich dergleichen Dinge nicht sucht: in einem Buche, in welchem der persiflierende Ton so herrschet, daß den meisten Lesern auch das, was guter gesunder Verstand darin ist, nichts als Posse und Höhnerei zu sein scheinet. Ohne Zweifel hatte Diderot seine Ursachen, warum er mit seiner Herzensmeinung lieber erst in einem solchen Buche hervorkommen wollte; ein kluger Mann sagt öfters erst mit Lachen, was er hernach im Ernste wiederholen will.

Dieses Buch heißt Les Bijoux indiscrets, und Diderot will es itzt durchaus nicht geschrieben haben. Daran thut Diderot auch sehr wohl; aber doch hat er es geschrieben und muß es geschrieben haben, wenn er nicht ein Plagiarius sein will. Auch ist es gewiß, daß nur ein solcher junger Mann dieses Buch schreiben konnte, der sich einmal schämen würde, es geschrieben zu haben.

Es ist eben so gut, wenn die wenigsten von meinen Lesern dieses Buch kennen. Ich will mich auch wohl hüten, es ihnen weiter bekannt zu machen, als es hier in meinen Kram dient.

Ein Kaiser — was weiß ich, wo und welcher? — hatte mit einem gewissen magischen Ringe gewisse Kleinode so viel häßliches Zeug schwatzen lassen, daß seine Favoritin durchaus nichts mehr davon hören wollte. Sie hätte lieber gar mit ihrem ganzen Geschlechte darüber brechen mögen; wenigstens nahm sie sich auf die ersten vierzehn Tage vor, ihren Umgang einzig auf des Sultans Majestät und ein paar witzige Köpfe einzuschränken. Diese waren Selim und Riccaric: Selim, ein Hofmann; und Riccaric, ein Mitglied der kaiserlichen Akademie, ein Mann, der das Altertum studiert hatte und ein großer Verehrer desselben war, doch ohne Pedant zu sein. Mit diesen unterhält sich die Favoritin einsmals, und das Gespräch fällt auf den elenden Ton der akademischen Reden, über den sich niemand mehr ereifert als der Sultan selbst, weil es ihn verdrießt, sich nur immer auf Unkosten seines Vaters und seiner Vorfahren darin loben zu hören, und er wohl voraussieht, daß die Akademie eben so auch seinen Ruhm einmal dem Ruhme seiner Nachfolger aufopfern werde. Selim, als Hofmann, war dem Sultan in allem beigefallen, und so spinnt sich die Unterredung über das Theater an, die ich meinen Lesern hier ganz mitteile.

„Ich glaube, Sie irren sich, mein Herr," antwortete Riccaric dem Selim. „Die Akademie ist noch itzt das Heiligtum des guten Geschmacks, und ihre schönsten Tage haben weder Weltweise noch Dichter aufzuweisen, denen wir nicht andere aus unserer Zeit entgegensetzen könnten. Unser Theater ward für das erste Theater in ganz Afrika gehalten und wird noch dafür gehalten. Welch ein Werk ist nicht der Tamerlan des Turigraphe! Es verbindet das Pathetische des Eurisope mit dem Erhabnen des Azophe. Es ist das klare Altertum!"

„Ich habe," sagte die Favoritin, „die erste Vorstellung des Tamerlans gesehen und gleichfalls den Faden des Stücks sehr richtig geführt, den Dialog sehr zierlich und das Anständige sehr wohl beobachtet gefunden."

„Welcher Unterschied, Madame," unterbrach sie Riccaric, „zwischen einem Verfasser wie Turigraphe, der sich durch Lesung der Alten genähret, und dem größten Teile unsrer Neuern!"

„Aber diese Neuern," sagte Selim, „die Sie hier so wacker über die Klinge springen lassen, sind doch bei weitem so verächtlich nicht, als Sie vorgeben. Oder wie? finden Sie kein Genie, keine Erfindung, kein Feuer, keine Charaktere, keine Schilderungen, keine Tiraden bei ihnen? Was bekümmere ich mich um Regeln, wenn man mir nur Vergnügen macht? Es sind wahrlich nicht die Bemerkungen des weisen Almudir und des gelehrten Abdaldok, noch die Dichtkunst des scharfsinnigen Facardin, die ich alle nicht gelesen habe, welche es machen, daß ich die Stücke des Aboulcazem, des Muhardar, des Albaboukre und so vieler andren Sarazenen bewundre! Gibt es denn auch eine andere Regel als die Nachahmung der Natur? Und haben wir nicht eben die Augen, mit welchen diese sie studierten?"

„Die Natur," antwortete Riccaric, „zeigt sich uns alle Augenblicke in verschiednen Gestalten. Alle sind wahr, aber nicht alle sind gleich schön. Eine gute Wahl darunter zu treffen, das müssen wir aus den Werken lernen, von welchen Sie eben nicht viel zu halten scheinen. Es sind die gesammelten Erfahrungen, welche ihre Verfasser und deren Vorgänger gemacht haben. Man mag ein noch so vortrefflicher Kopf sein, so erlangt man doch nur seine Einsichten eine nach der andern; und ein einzelner Mensch schmeichelt sich vergebens, in dem kurzen Raume seines Lebens alles selbst zu bemerken, was in so vielen Jahrhunderten vor ihm entdeckt worden. Sonst ließe sich behaupten, daß eine Wissenschaft ihren Ursprung, ihren Fortgang und ihre Vollkommenheit einem einzigen Geiste zu verdanken haben könne, welches doch wider alle Erfahrung ist."

„Hieraus, mein Herr," antwortete ihm Selim, „folget weiter nichts, als daß die Neuern, welche sich alle die Schätze zu nutze machen können, die bis auf ihre Zeit gesammelt worden, reicher sein müssen als die Alten; oder, wenn Ihnen diese Vergleichung nicht gefällt, daß sie auf den Schultern dieser Kolossen, auf die sie gestiegen, notwendig müssen weiter sehen können als diese selbst. Was ist auch in der That ihre Naturlehre, ihre Astronomie, ihre Schiffskunst, ihre Mechanik, ihre Rechenlehre in Vergleichung mit unsern? Warum sollten wir ihnen also in der Beredsamkeit und Poesie nicht eben so wohl überlegen sein?"

„Selim," versetzte die Sultane, „der Unterschied ist groß, und Riccaric kann Ihnen die Ursachen davon ein andermal erklären. Er mag Ihnen sagen, warum unsere Tragödien schlechter sind als der Alten ihre; aber daß sie es sind, kann ich leicht selbst auf mich nehmen, Ihnen zu beweisen. Ich will Ihnen nicht schuld geben," fuhr sie fort, „daß Sie die Alten nicht gelesen haben. Sie haben sich um zu viele schöne Kenntnisse beworben, als daß Ihnen das Theater der Alten unbekannt sein sollte. Nun setzen Sie gewisse Ideen, die sich auf ihre Gebräuche, auf ihre Sitten, auf ihre Religion beziehen und die Ihnen nur deswegen anstößig sind, weil sich die Umstände geändert haben, beiseite und sagen Sie mir, ob ihr Stoff nicht immer edel, wohlgewählt und interessant ist? ob sich die Handlung nicht gleichsam von selbst einleitet? ob der simple Dialog dem Natürlichen nicht sehr nahe kömmt? ob die Entwicklungen im geringsten gezwungen sind? ob sich das Interesse wohl teilt und die Handlung mit Episoden überladen ist? Versetzen Sie sich in Gedanken in die Insel Alindala; untersuchen Sie alles, was da vorging, hören Sie alles, was von dem Augenblicke an, als der junge Ibrahim und der verschlagne Forfanti ans Land stiegen, da gesagt ward; nähern Sie sich der Höhle des unglücklichen Polipsile; verlieren Sie kein Wort von seinen Klagen und sagen Sie mir, ob das Geringste vorkommt, was Sie in der Täuschung stören konnte? Nennen Sie mir ein einziges neueres Stück, welches die nämliche Prüfung aushalten, welches auf den nämlichen Grad der Vollkommenheit Anspruch machen kann, und Sie sollen gewonnen haben!"

„Beim Brahma!" rief der Sultan und gähnte: „Madame hat uns da eine vortreffliche akademische Vorlesung gehalten!"

„Ich verstehe die Regeln nicht," fuhr die Favoritin fort, „und noch weniger die gelehrten Worte, in welchen man sie abgefaßt hat. Aber ich weiß, daß nur das Wahre gefällt und rührt. Ich weiß auch, daß die Vollkommenheit eines Schauspiels in der so genauen Nachahmung einer Handlung besteht, daß der ohne Unterbrechung betrogne Zuschauer bei der Handlung selbst gegenwärtig zu sein glaubt. Findet sich aber in den Tragödien, die Sie uns so rühmen, nur das Geringste, was diesem ähnlich sähe?"

Fünfundachtzigstes Stück.

Den 23. Februar 1768.

„Wollen Sie den Verlauf darin loben? Er ist meistens so vielfach und verwickelt, daß es ein Wunder sein würde, wenn wirklich so viel Dinge in so kurzer Zeit geschehen wären. Der Untergang oder die Erhaltung eines Reichs, die Heirat einer Prinzessin, der Fall eines Prinzen, alles das geschieht so geschwind, wie man eine Hand umwendet. Kömmt es auf eine Verschwörung an? Im ersten Akte wird sie entworfen, im zweiten ist sie beisammen, im dritten werden alle Maßregeln genommen, alle Hindernisse gehoben, und die Verschwornen halten sich fertig; mit nächstem wird es einen Aufstand setzen, wird es zum Treffen kommen, wohl gar zu einer förmlichen Schlacht. Und das alles nennen Sie gut geführt, interessant, warm, wahrscheinlich? Ihnen kann ich nun so etwas am wenigsten vergeben, der Sie wissen, wie viel es oft kostet, die allerelendeste Intrigue zu stande zu bringen, und wie viel Zeit bei der kleinsten politischen Angelegenheit auf Einleitungen, auf Besprechungen und Beratschlagungen geht."

„Es ist wahr, Madame," antwortete Selim, „unsere Stücke sind ein wenig überladen; aber das ist ein notwendiges Uebel; ohne Hilfe der Episoden würden wir uns vor Frost nicht zu lassen wissen."

„Das ist: um der Nachahmung einer Handlung Feuer und Geist zu geben, muß man die Handlung weder so vorstellen, wie sie ist, noch so, wie sie sein sollte. Kann etwas Lächerlicheres gedacht werden? Schwerlich wohl; es wäre denn etwa dieses, daß man die Geigen ein lebhaftes Stück, eine muntere Sonate spielen läßt, während daß die Zuhörer um den Prinzen bekümmert sein sollen, der auf dem Punkte ist, seine Geliebte, seinen Thron und sein Leben zu verlieren."

„Madame," sagte Mongogul, „Sie haben vollkommen recht; traurige Arien müßte man indes spielen, und ich will Ihnen gleich einige bestellen gehen." Hiermit stand er auf und ging heraus, und Selim, Riccaric und die Favoritin setzten die Unterredung unter sich fort.

„Wenigstens, Madame," erwiderte Selim, „werden Sie nicht leugnen, daß, wenn die Episoden uns aus der Täuschung herausbringen, der Dialog uns wieder hereinsetzt. Ich wüßte nicht, wer das besser verstünde als unsere tragische Dichter."

„Nun, so versteht es durchaus niemand," antwortete Mirzoza. „Das Gesuchte, das Witzige, das Spielende, das darin herrscht, ist tausend und tausend Meilen von der Natur entfernt. Umsonst sucht sich der Verfasser zu verstecken; er entgeht meinen Augen nicht, und ich erblicke ihn unaufhörlich hinter seinen Personen. Cinna, Sertorius, Maximus, Aemilia sind alle Augenblicke das Sprachrohr des Corneille. So spricht man bei unsern alten Sarazenen nicht mit einander. Herr Riccaric kann Ihnen, wenn Sie wollen, einige Stellen daraus übersetzen, und Sie werden die bloße Natur hören, die sich durch den Mund derselben ausdrückt. Ich möchte gar zu gern zu den Neuern sagen: ‚Meine Herren, anstatt daß ihr euern Personen bei aller Gelegenheit Witz gebt, so sucht sie doch lieber in Umstände zu setzen, die ihnen welchen geben.'"

„Nach dem zu urteilen, was Madame von dem Verlaufe und dem Dialoge unserer dramatischen Stücke gesagt hat, scheint es wohl nicht," sagte Selim, „daß sie den Entwicklungen wird Gnade widerfahren lassen."

„Nein, gewiß nicht," versetzte die Favoritin; „es gibt hundert schlechte für eine gute. Die eine ist nicht vorbereitet; die andere ereignet sich durch ein Wunder. Weiß der Verfasser nicht, was er mit einer Person, die er von Szene zu Szene ganze fünf Akte durchgeschleppt hat, anfangen soll: geschwind fertigt er sie mit einem guten Dolchstoße ab; die ganze Welt fängt an zu weinen, und ich, ich lache, als ob ich toll wäre. Hernach, hat man wohl jemals so gesprochen, wie wir deklamieren? Pflegen die Prinzen und Könige wohl anders zu gehen als sonst ein Mensch, der gut geht? Gestikulieren Sie wohl jemals wie Besessene und Rasende? Und wenn Prinzessinnen sprechen, sprechen sie wohl in so einem heulenden Tone? Man nimmt durchgängig an, daß wir die Tragödie zu einem hohen Grade der Vollkommenheit gebracht haben; und ich meinesteils halte es fast für erwiesen, daß von allen Gattungen der Litteratur, auf die sich die Afrikaner in den letzten Jahrhunderten gelegt haben, gerade diese die unvollkommenste geblieben ist."

Eben hier war die Favoritin mit ihrem Ausfalle gegen unsere theatralische Werke, als Mongogul wieder hereinkam. „Madame," sagte er, „Sie werden mir einen Gefallen erweisen, wenn Sie fortfahren. Sie sehen, ich verstehe mich darauf, eine Dichtkunst abzukürzen, wenn ich sie zu lang finde."

„Lassen Sie uns," fuhr die Favoritin fort, „einmal annehmen, es käme einer ganz frisch aus Angote, der in seinem Leben von keinem Schauspiele etwas gehört hätte; dem es aber weder an Verstande noch an Welt fehle; der ungefähr wisse, was an einem Hofe vorgehe; der mit den Anschlägen der Höflinge, mit der Eifersucht der Minister, mit den Hetzereien der Weiber nicht ganz unbekannt wäre und zu dem ich im Vertrauen sagte: ‚Mein Freund, es äußern sich in dem Seraglio schreckliche Bewegungen. Der Fürst, der mit seinem Sohne mißvergnügt ist, weil er ihn im Verdacht hat, daß er die Manimonbande liebt, ist ein Mann, den ich für fähig halte, an beiden die grausamste Rache zu üben. Diese Sache muß allem Ansehen nach sehr traurige Folgen haben. Wenn Sie wollen, so will ich machen, daß Sie von allem, was vorgeht, Zeuge sein können.' Er nimmt mein Anerbieten an, und ich führe ihn in eine mit Gitterwerk vermachte Loge, aus der er das Theater sieht, welches er für den Palast des Sultans hält. Glauben Sie wohl, daß trotz alles Ernstes, in dem ich mich zu erhalten bemühte, die Täuschung dieses Fremden einen Augenblick dauern könnte? Müssen Sie nicht vielmehr gestehen, daß er bei dem steifen Gange der Acteurs, bei ihrer wunderlichen Tracht, bei ihren ausschweifenden Gebärden, bei dem seltsamen Nachdrucke ihrer gereimten, abgemessenen Sprache, bei tausend andern Ungereimtheiten, die ihm auffallen würden, gleich in der ersten Szene mir ins Gesicht lachen und gerade heraus sagen würde, daß ich ihn entweder zum besten haben wollte, oder daß der Fürst mit samt seinem Hofe nicht wohl bei Sinnen sein müßten?"

„Ich bekenne," sagte Selim, „daß mich dieser angenommene Fall verlegen macht; aber könnte man Ihnen nicht zu bedenken geben, daß wir in das Schauspiel gehen mit der Ueberzeugung, der Nachahmung einer Handlung, nicht aber der Handlung selbst beizuwohnen?"

„Und sollte denn diese Ueberzeugung verwehren," erwiderte Mirzoza, „die Handlung auf die allernatürlichste Art vorzustellen?" — —

Hier kömmt das Gespräch nach und nach auf andere Dinge, die uns nichts angehen. Wir wenden uns also wieder, zu sehen, was wir gelesen haben. Den klaren lautern Diderot! Aber alle diese Wahrheiten waren damals in den Wind gesagt. Sie erregten eher keine Empfindung in dem französischen Publiko, als bis sie mit allem didaktischen Ernste wiederholt und mit Proben begleitet wurden, in welchen sich der Verfasser von einigen der gerügten Mängel zu entfernen und den Weg der Natur und Täuschung besser einzuschlagen bemüht hatte. Nun weckte der Neid die Kritik. Nun war es klar, warum Diderot das Theater seiner Nation auf dem Gipfel der Vollkommenheit nicht sahe, auf dem wir es durchaus glauben sollen; warum er so viel Fehler in den gepriesenen Meisterstücken desselben fand: bloß und allein, um seinen Stücken Platz zu schaffen. Er mußte die Methode seiner Vorgänger verschrien haben, weil er empfand, daß in Befolgung der nämlichen Methode er unendlich unter ihnen bleiben würde. Er mußte ein elender Charlatan sein, der allen fremden Theriak verachtet, damit kein Mensch andern als seinen kaufe. Und so fielen die Palissots über seine Stücke her.

Allerdings hatte er ihnen auch in seinem Natürlichen Sohne manche Blöße gegeben. Dieser erste Versuch ist bei weiten das nicht, was der Hausvater ist. Zu viel Einförmigkeit in den Charakteren, das Romantische in diesen Charakteren selbst, ein steifer kostbarer Dialog, ein pedantisches Geklinge von neumodisch philosophischen Sentenzen, alles das machte den Tadlern leichtes Spiel. Besonders zog die feierliche Theresia (oder Constantia, wie sie in dem Originale heißt), die so philosophisch selbst auf die Freierei geht, die mit einem Manne, der sie nicht mag, so weise von tugendhaften Kindern spricht, die sie mit ihm zu erzielen gedenkt, die Lacher auf ihre Seite. Auch kann man nicht leugnen, daß die Einkleidung, welche Diderot den beigefügten Unterredungen gab, daß der Ton, den er darin annahm, ein wenig eitel und pompös war; daß verschiedene Anmerkungen als ganz neue Entdeckungen darin vorgetragen wurden, die doch nicht neu und dem Verfasser nicht eigen waren; daß andere Anmerkungen die Gründlichkeit nicht hatten, die sie in dem blendenden Vortrage zu haben schienen.

Sechsundachtzigstes Stück.

Den 26. Februar 1768.

J. E. Diderot behauptete,*) daß es in der menschlichen Natur aufs höchste nur ein Dutzend wirklich komische Charaktere gäbe,

*) S. die Unterredungen hinter dem Natürlichen Sohne, S. 321 22 der Uebers.

die großer Züge fähig wären, und daß die kleinen Verschiedenheiten unter den menschlichen Charakteren nicht so glücklich bearbeitet werden könnten als die reinen unvermischten Charaktere. Er schlug daher vor, nicht mehr die Charaktere, sondern die Stände auf die Bühne zu bringen, und wollte die Bearbeitung dieser zu dem besondern Geschäfte der ernsthaften Komödie machen. „Bisher," sagt er, „ist in der Komödie der Charakter das Hauptwerk gewesen, und der Stand war nur etwas Zufälliges; nun aber muß der Stand das Hauptwerk und der Charakter das Zufällige werden. Aus dem Charakter zog man die ganze Intrigue: man suchte durchgängig die Umstände, in welchen er sich am besten äußert, und verband diese Umstände unter einander. Künftig muß der Stand, müssen die Pflichten, die Vorteile, die Unbequemlichkeiten desselben zur Grundlage des Werks dienen. Diese Quelle scheint mir weit ergiebiger, von weit größerm Umfange, von weit größerm Nutzen als die Quelle der Charaktere. War der Charakter nur ein wenig übertrieben, so konnte der Zuschauer zu sich selbst sagen: das bin ich nicht. Das aber kann er unmöglich leugnen, daß der Stand, den man spielt, sein Stand ist; seine Pflichten kann er unmöglich verkennen. Er muß das, was er hört, notwendig auf sich anwenden."

Was Palissot hierwider erinnert,*) ist nicht ohne Grund. Er leugnet es, daß die Natur so arm an ursprünglichen Charakteren sei, daß sie die komischen Dichter bereits sollten erschöpft haben. Molière sahe noch genug neue Charaktere vor sich und glaubte kaum den allerkleinsten Teil von denen behandelt zu haben, die er behandeln könne. Die Stelle, in welcher er verschiedne derselben in der Geschwindigkeit entwirft, ist so merkwürdig als lehrreich, indem sie vermuten läßt, daß der Misanthrop schwerlich sein Non plus ultra in dem hohen Komischen dürfte geblieben sein, wann er länger gelebt hätte.**) Palissot selbst

*) Petites Lettres sur de grands Philosophes, Lettr. II.

**) (Impromptu de Versailles, Sc. 2.) Eh! mon pauvre Marquis, nous lui (à Molière) fournirons toujours assez de matière, et nous ne prenons guères le chemin de nous rendre sages par tout ce qu'il fait et tout ce qu'il dit. Crois-tu qu'il ait épuisé dans ses Comédies tous les ridicules des hommes, et sans sortir de la Cour, n'a-t-il pas encore vingt caractères de gens, où il n'a pas touché? N'a-t-il pas, par exemple, ceux qui se font les plus grandes amitiés du monde, et qui, le dos tourné, font galanterie de se déchirer l'un l'autre? N'a-t-il pas ces adulateurs à outrance, ces flatteurs insipides qui n'assaisonnent d'aucun sel les louanges qu'ils donnent, et dont toutes les flatteries ont une douceur fade qui fait mal au cœur à ceux qui les écoutent? N'a-t-il pas ces lâches courtisans de la faveur, ces perfides adorateurs de la fortune, qui vous encensent dans la prospérité, et vous accablent dans la disgrace?

ist nicht unglücklich, einige neue Charaktere von seiner eignen Bemerkung beizufügen: den dummen Mäcen mit seinen kriechenden Klienten; den Mann an seiner unrechten Stelle; den Arglistigen, dessen ausgekünstelte Anschläge immer gegen die Einfalt eines treuherzigen Biedermanns scheitern; den Scheinphilosophen; den Sonderling, den Destouches verfehlt habe; den Heuchler mit gesellschaftlichen Tugenden, da der Religionsheuchler ziemlich aus der Mode sei. — Das sind wahrlich nicht gemeine Aussichten, die sich einem Auge, das gut in die Ferne trägt, bis ins Unendliche erweitern. Da ist noch Ernte genug für die wenigen Schnitter, die sich daran wagen dürfen!

Und wenn auch, sagt Palissot, der komischen Charaktere wirklich so wenige, und diese wenigen wirklich alle schon bearbeitet wären: würden die Stände denn dieser Verlegenheit abhelfen? Man wähle einmal einen; z. E. den Stand des Richters. Werde ich ihm denn, dem Richter, nicht einen Charakter geben müssen? Wird er nicht traurig oder lustig, ernsthaft oder leichtsinnig, leutselig oder stürmisch sein müssen? Wird es nicht bloß dieser Charakter sein, der ihn aus der Klasse metaphysischer Abstrakte heraushebt und eine wirkliche Person aus ihm macht? Wird nicht folglich die Grundlage der Intrigue und die Moral des Stücks wiederum auf dem Charakter beruhen? Wird nicht folglich wiederum der Stand nur das Zufällige sein?

Zwar könnte Diderot hierauf antworten: Freilich muß die Person, welche ich mit dem Stande bekleide, auch ihren individuellen moralischen Charakter haben; aber ich will, daß es ein solcher sein soll, der mit den Pflichten und Verhältnissen des Standes nicht streitet, sondern aufs beste harmonieret. Also wenn diese Person ein Richter ist, so steht es mir nicht frei, ob ich ihn ernsthaft oder leichtsinnig, leutselig oder stürmisch machen will; er muß notwendig ernsthaft und leutselig sein, und jedesmal es in dem Grade sein, den das vorhabende Geschäft erfodert.

Dieses, sage ich, könnte Diderot antworten; aber zugleich hätte er sich einer andern Klippe genähert, nämlich der Klippe der vollkommnen Charaktere. Die Personen seiner Stände

---

N'a-t-il pas ceux qui sont toujours mécontens de la Cour, ces suivans inutiles, ces incommodes assidus, ces gens, dis-je, qui pour services ne peuvent compter que des importunités, et qui veulent qu'on les récompense d'avoir obsédé le Prince dix ans durant? N'a-t-il pas ceux qui caressent également tout le monde, qui promènent leurs civilités à droite, à gauche, et courent à tous ceux qu'ils voyent avec les mêmes embrassades, et les mêmes protestations d'amitié? — — Va, va, Marquis, Molière aura toujours plus de sujets qu'il n'en voudra, et tout ce qu'il a touché n'est que bagatelle au prix de ce qui reste.

würden nie etwas anders thun, als was sie nach Pflicht und Gewissen thun müßten; sie würden handeln, völlig wie es im Buche steht. Erwarten wir das in der Komödie? Können dergleichen Vorstellungen anziehend genug werden? Wird der Nutzen, den wir davon hoffen dürfen, groß genug sein, daß es sich der Mühe verlohnt, eine neue Gattung dafür festzusetzen und für diese eine eigene Dichtkunst zu schreiben?

Die Klippe der vollkommenen Charaktere scheinet mir Diderot überhaupt nicht genug erkundiget zu haben. In seinen Stücken steuert er ziemlich gerade darauf los, und in seinen kritischen Seekarten findet sich durchaus keine Warnung davor. Vielmehr finden sich Dinge darin, die den Lauf nach ihr hin zu lenken raten. Man erinnere sich nur, was er bei Gelegenheit des Kontrasts unter den Charakteren von den Brüdern des Terenz sagt.*) „Die zwei kontrastierten Väter darin sind mit so gleicher Stärke gezeichnet, daß man dem feinsten Kunstrichter Trotz bieten kann, die Hauptperson zu nennen; ob es Micio oder ob es Demea sein soll? Fällt er sein Urteil vor dem letzten Austritte, so dürfte er leicht mit Erstaunen wahrnehmen, daß der, den er ganzer fünf Aufzüge hindurch für einen verständigen Mann gehalten hat, nichts als ein Narr ist und daß der, den er für einen Narren gehalten hat, wohl gar der verständige Mann sein könnte. Man sollte zu Anfange des fünften Aufzuges dieses Drama fast sagen, der Verfasser sei durch den beschwerlichen Kontrast gezwungen worden, seinen Zweck fahren zu lassen und das ganze Interesse des Stücks umzukehren. Was ist aber daraus geworden? Dieses, daß man gar nicht mehr weiß, für wen man sich interessieren soll. Vom Anfange her ist man für den Micio gegen den Demea gewesen, und am Ende ist man für keinen von beiden. Beinahe sollte man einen dritten Vater verlangen, der das Mittel zwischen diesen zwei Personen hielte und zeigte, worin sie beide fehlten."

Nicht ich! Ich verbitte mir ihn sehr, diesen dritten Vater, es sei in dem nämlichen Stücke oder auch allein. Welcher Vater glaubt nicht zu wissen, wie ein Vater sein soll? Auf dem rechten Wege dünken wir uns alle; wir verlangen nur, dann und wann vor den Abwegen zu beiden Seiten gewarnet zu werden.

Diderot hat recht: es ist besser, wenn die Charaktere bloß verschieden, als wenn sie kontrastiert sind. Kontrastierte Charaktere sind minder natürlich und vermehren den romantischen Anstrich, an dem es den dramatischen Begebenheiten so schon selten fehlt. Für eine Gesellschaft im gemeinen Leben, wo sich der Kontrast der Charaktere so abstechend zeigt, als ihn der komische

*) In der dr. Dichtkunst hinter dem Hausvater, S. 358 d. Uebers.

Dichter verlangt, werden sich immer tausend finden, wo sie weiter nichts als verschieden sind. Sehr richtig! Aber ist ein Charakter, der sich immer genau in dem graden Gleise hält, das ihm Vernunft und Tugend vorschreiben, nicht eine noch seltenere Erscheinung? Von zwanzig Gesellschaften im gemeinen Leben werden eher zehn sein, in welchen man Väter findet, die bei Erziehung ihrer Kinder völlig entgegengesetzte Wege einschlagen, als eine, die den wahren Vater aufweisen könnte. Und dieser wahre Vater ist noch dazu immer der nämliche, ist nur ein einziger, da der Abweichungen von ihm unendlich sind. Folglich werden die Stücke, die den wahren Vater ins Spiel bringen, nicht allein jedes vor sich unnatürlicher, sondern auch unter einander einförmiger sein, als es die sein können, welche Väter von verschiednen Grundsätzen einführen. Auch ist es gewiß, daß die Charaktere, welche in ruhigen Gesellschaften bloß verschieden scheinen, sich von selbst kontrastieren, sobald ein streitendes Interesse sie in Bewegung setzt. Ja, es ist natürlich, daß sie sich sodann beeifern, noch weiter von einander entfernt zu scheinen, als sie wirklich sind. Der Lebhafte wird Feuer und Flamme gegen den, der ihm zu lau sich zu betragen scheint; und der Laue wird kalt wie Eis, um jenem so viel Uebereilungen begehen zu lassen, als ihm nur immer nützlich sein können.

Siebenundachtzigstes und achtundachtzigstes Stück.

Den 4. März 1768.

Und so sind andere Anmerkungen des Palissot mehr, wenn nicht ganz richtig, doch auch nicht ganz falsch. Er sieht den Ring, in den er mit seiner Lanze stoßen will, scharf genug; aber in der Hitze des Ansprengens verrückt die Lanze, und er stößt den Ring gerade vorbei.

So sagt er über den Natürlichen Sohn unter andern: „Welch ein seltsamer Titel! der natürliche Sohn! Warum heißt das Stück so? Welchen Einfluß hat die Geburt des Dorval? Was für einen Vorfall veranlaßt sie? Zu welcher Situation gibt sie Gelegenheit? Welche Lücke füllt sie auch nur? Was kann also die Absicht des Verfassers dabei gewesen sein? Ein paar Betrachtungen über das Vorurteil gegen die uneheliche Geburt aufzuwärmen? Welcher vernünftige Mensch weiß denn nicht von selbst, wie ungerecht ein solches Vorurteil ist?“

Wenn Diderot hierauf antwortete: Dieser Umstand war allerdings zur Verwickelung meiner Fabel nötig; ohne ihm würde es weit unwahrscheinlicher gewesen sein, daß Dorval seine Schwester nicht kennet und seine Schwester von keinem Bruder weiß; es stand mir frei, den Titel davon zu entlehnen, und ich hätte den Titel von noch einem geringern Umstande entlehnen können. — Wenn Diderot dieses antwortete, sag' ich, wäre Palissot nicht ungefähr widerlegt?

Gleichwohl ist der Charakter des natürlichen Sohnes einem ganz andern Einwurfe bloßgestellet, mit welchem Palissot dem Dichter weit schärfer hätte zusetzen können. Diesem nämlich: daß der Umstand der unehelichen Geburt und der daraus erfolgten Verlassenheit und Absonderung, in welcher sich Dorval von allen Menschen so viele Jahre hindurch sahe, ein viel zu eigentümlicher und besonderer Umstand ist, gleichwohl auf die Bildung seines Charakters viel zu viel Einfluß gehabt hat, als daß dieser diejenige Allgemeinheit haben könne, welche nach der eignen Lehre des Diderot ein komischer Charakter notwendig haben muß. — Die Gelegenheit reizt mich zu einer Ausschweifung über diese Lehre, und welchem Reize von der Art brauchte ich in einer solchen Schrift zu widerstehen?

„Die komische Gattung," sagt Diderot,*) „hat Arten, und die tragische hat Individua. Ich will mich erklären. Der Held einer Tragödie ist der und der Mensch, es ist Regulus, oder Brutus, oder Cato, und sonst kein anderer. Die vornehmste Person einer Komödie hingegen muß eine große Anzahl von Menschen vorstellen. Gäbe man ihr von ohngefähr eine so eigene Physiognomie, daß ihr nur ein einziges Individuum ähnlich wäre, so würde die Komödie wieder in ihre Kindheit zurücktreten. — Terenz scheinet mir einmal in diesen Fehler gefallen zu sein. Sein Heautontimorumenos ist ein Vater, der sich über den gewaltsamen Entschluß grämet, zu welchem er seinen Sohn durch übermäßige Strenge gebracht hat, und der sich deswegen nun selbst bestraft, indem er sich in Kleidung und Speise kümmerlich hält, allen Umgang flieht, sein Gesinde abschafft und das Feld mit eigenen Händen bauet. Man kann gar wohl sagen, daß es so einen Vater nicht gibt. Die größte Stadt würde kaum in einem ganzen Jahrhundert ein Beispiel einer so seltsamen Betrübnis aufzuweisen haben."

Zuerst von der Instanz des Heautontimorumenos. Wenn dieser Charakter wirklich zu tadeln ist, so trifft der Tadel nicht sowohl den Terenz als den Menander. Menander war der Schöpfer desselben, der ihn allem Ansehen nach in seinem Stücke noch eine weit ausführlichere Rolle spielen lassen, als er in der Kopie des Terenz spielet, in der sich seine Sphäre wegen der

*) Unterred., S. 292 der Uebers.

verdoppelten Intrigue wohl sehr einziehen müssen.*) Aber daß er von Menandern herrührt, dieses allein schon hätte mich wenigstens abgeschreckt, den Terenz desfalls zu verdammen. Das

*) Falls nämlich die 6. Zeile des Prologs

Duplex quae ex argumento facta est simplici,

von dem Dichter wirklich so geschrieben und nicht anders zu verstehen ist, als die Dacier und nach ihr der neue englische Uebersetzer des Terenz, Colman, sie erklären. Terence only meant to say, that he had doubled the characters; instead of one old man, one young gallant, one mistress, as in Menander, he had two old men etc. He therefore adds very properly: novam esse ostendi, — which certainly could not have been implied, had the characters been the same in the Greek poet. Auch schon Adrian Barlandus, ja selbst die alte Glossa interlinealis des Ascensius, hatte das duplex nicht anders verstanden: propter senes et juvenes, sagt diese; und jener schreibt: nam in hac latina senes duo, adolescentes item duo sunt. Und dennoch will mir diese Auslegung nicht in den Kopf, weil ich gar nicht einsehe, was von dem Stücke übrig bleibt, wenn man die Personen, durch welche Terenz den Alten, den Liebhaber und die Geliebte verdoppelt haben soll, wieder wegnimmt. Mir ist es unbegreiflich, wie Menander diesen Stoff ohne den Chremes und ohne den Clitipho habe behandeln können; beide sind so genau hineingeflochten, daß ich mir weder Verwicklung noch Auflösung ohne sie denken kann. Einer andern Erklärung, durch welche sich Julius Scaliger lächerlich gemacht hat, will ich gar nicht gedenken. Auch die, welche Eugraphius gegeben hat und die vom Faerne angenommen worden, ist ganz unschicklich. In dieser Verlegenheit haben die Kritici bald das duplex, bald das simplici in der Zeile zu verändern gesucht, wozu sie die Handschriften gewissermaßen berechtigten. Einige haben gelesen:

Duplex quae ex argumento facta est duplici.

Andere:

Simplex quae ex argumento facta est duplici.

Was bleibt noch übrig, als daß nun auch einer lieset:

Simplex quae ex argumento facta est simplici?

Und in allem Ernste: so möchte ich am liebsten lesen. Man sehe die Stelle im Zusammenhange und überlege meine Gründe:

Ex integra Graeca integram comoediam
Hodie sum acturus Heautontimorumenon:
Simplex quae ex argumento facta est simplici.

Es ist bekannt, was dem Terenz von seinen neidischen Mitarbeitern am Theater vorgeworfen ward:

Multas contaminasse graecas, dum facit
Paucas latinas —

Er schmelzte nämlich öfters zwei Stücke in eines und machte aus zwei griechischen Komödien eine einzige lateinische. So setzte er seine Andria aus der Andria und Perinthia des Menanders zusammen; seinen Eunuchus aus dem Eunuchus und dem Colax eben dieses Dichters; seine Brüder aus den Brüdern des nämlichen und einem Stücke des Diphilus. Wegen dieses Vorwurfs rechtfertigt er sich nun in dem Prologe des Heautontimorumenos. Die Sache selbst gesteht er ein; aber er will damit nichts anders gethan haben, als was andere gute Dichter vor ihm gethan hätten.

ὦ Μένανδρε καὶ βίε, πότερος ἄρ᾽ ὑμῶν πότερον ἐμιμήσατο; ist zwar frostiger als witzig gesagt: doch würde man es wohl überhaupt von einem Dichter gesagt haben, der Charaktere zu schildern im

---

— — — Id esse factum hic non negat
Neque se pigere, et deinde factum iri autumat.
Habet bonorum exemplum: quo exemplo sibi
Licere id facere, quod illi fecerunt, putat.

Ich habe es gethan, sagt er, und ich denke, daß ich es noch öfter thun werde. Das bezog sich aber auf vorige Stücke und nicht auf das gegenwärtige, den Heautontimorumenos. Denn dieser war nicht aus zwei griechischen Stücken, sondern nur aus einem einzigen gleiches Namens genommen. Und das ist es, glaube ich, was er in der streitigen Zeile sagen will, so wie ich sie zu lesen vorschlage:

Simplex quae ex argumento facta est simplici.

So einfach, will Terenz sagen, als das Stück des Menanders ist, eben so einfach ist auch mein Stück; ich habe durchaus nichts aus andern Stücken eingeschaltet; es ist, so lang es ist, aus dem griechischen Stücke genommen, und das griechische Stück ist ganz in meinem lateinischen; ich gebe also:

Ex integra Graeca integram Comoediam.

Die Bedeutung, die Faerne dem Worte integra in einer alten Glosse gegeben fand, daß es so viel sein sollte als a nullo tacta, ist hier offenbar falsch, weil sie sich nur auf das erste integra, aber keineswegs auf das zweite integram schicken würde. — Und so glaube ich, daß sich meine Vermutung und Auslegung wohl hören läßt! Nur wird man sich an die gleich folgende Zeile stoßen:

Novam esse ostendi, et quae esset —

Man wird sagen: wenn Terenz bekennet, daß er das ganze Stück aus einem einzigen Stücke des Menanders genommen habe, wie kann er eben durch dieses Bekenntnis bewiesen zu haben vorgeben, daß sein Stück neu sei, novam esse? — Doch diese Schwierigkeit kann ich sehr leicht heben, und zwar durch eine Erklärung eben dieser Worte, von welcher ich mich zu behaupten getraue, daß sie schlechterdings die einzige wahre ist, ob sie gleich nur mir zugehört und kein Ausleger, so viel ich weiß, sie nur von weitem vermutet hat. Ich sage nämlich: die Worte

Novam esse ostendi, et quae esset —

beziehen sich keineswegs auf das, was Terenz den Vorredner in dem vorigen sagen lassen; sondern man muß darunter verstehen: apud Aediles; novus aber heißt hier nicht, was aus des Terenz eigenem Kopfe geflossen, sondern bloß, was im Lateinischen noch nicht vorhanden gewesen. Daß mein Stück, will er sagen, ein neues Stück sei, das ist, ein solches Stück, welches noch nie lateinisch erschienen, welches ich selbst aus dem Griechischen übersetzt, das habe ich den Aedilen, die mir es abgekauft, bewiesen. Um mir hierin ohne Bedenken beizufallen, darf man sich nur an den Streit erinnern, welchen er wegen seines Eunuchus vor den Aedilen hatte. Diesen hatte er ihnen als ein neues, von ihm aus dem Griechischen übersetztes Stück verkauft; aber sein Widersacher, Lavinius, wollte den Aedilen überreden, daß er es nicht aus dem Griechischen, sondern aus zwei alten Stücken des Nävius und Plautus genommen habe. Freilich hatte der Eunuchus mit diesen Stücken vieles gemein; aber doch war die Beschuldigung des Lavinius falsch; denn Terenz hatte nur aus eben der griechischen Quelle geschöpft, aus welcher, ihm un-

stande wäre, wovon sich in der größten Stadt kaum in einem ganzen Jahrhunderte ein einziges Beispiel zeiget? Zwar in hundert und mehr Stücken könnte ihm auch wohl ein solcher Charakter entfallen sein. Der fruchtbarste Kopf schreibt sich leer; und wenn die Einbildungskraft sich keiner wirklichen Gegenstände der Nachahmung mehr erinnern kann, so komponiert sie deren selbst, welches denn freilich meistens Karikaturen werden. Dazu will Diderot bemerkt haben, daß schon Horaz, der einen so besonders zärtlichen Geschmack hatte, den Fehler, wovon die Rede ist, eingesehen und im Vorbeigehen, aber fast unmerklich, getadelt habe.

Die Stelle soll die in der zweiten Satire des ersten Buchs sein, wo Horaz zeigen will, „daß die Narren aus einer Uebertreibung in die andere entgegengesetzte zu fallen pflegen. Fusidius, sagt er, fürchtet, für einen Verschwender gehalten zu werden. Wißt ihr, was er thut? Er leihet monatlich für fünf Prozent und macht sich im voraus bezahlt. Je nötiger der andere das Geld braucht, desto mehr fodert er. Er weiß die Namen aller jungen Leute, die von gutem Hause sind und itzt in die Welt treten, dabei aber über harte Väter zu klagen haben. Vielleicht aber glaubt ihr, daß dieser Mensch wieder einen Aufwand mache, der seinen Einkünften entspricht? Weit gefehlt! Er ist sein grausamster Feind, und der Vater in der Komödie, der sich wegen der Entweichung seines Sohnes bestraft, kann sich nicht schlechter quälen: non se pejus cruciaverit." — Dieses schlechter, dieses pejus, will Diderot, soll hier einen doppelten Sinn haben; einmal soll es auf den Fusidius, und einmal auf den Terenz gehen; dergleichen beiläufige Hiebe, meinet er, wären dem Charakter des Horaz auch vollkommen gemäß.

Das letzte kann sein, ohne sich auf die vorhabende Stelle anwenden zu lassen. Denn hier, dünkt mich, würde die beiläufige Anspielung dem Hauptverstande nachteilig werden. Fusidius ist kein so großer Narr, wenn es mehr solche Narren gibt. Wenn sich der Vater des Terenz eben so abgeschmackt peinigte, wenn er eben so wenig Ursache hätte, sich zu peinigen als Fusidius, so teilt er das Lächerliche mit ihm, und Fusidius ist weniger seltsam und abgeschmackt. Nur alsdenn, wenn Fusidius ohne alle Ursache eben so hart und grausam gegen sich selbst ist, als der Vater des Terenz mit Ursache ist, wenn jener aus

---

wissend, schon Nävius und Plautus vor ihm geschöpft hatten. Also, um dergleichen Verleumdungen bei seinem Heautontimorumenos vorzubauen, was war natürlicher, als daß er den Aedilen das griechische Original vorgezeigt und sie wegen des Inhalts unterrichtet hatte? Ja, die Aedilen konnten das leicht selbst von ihm gefodert haben. Und darauf geht das

Novum esse ostendi, et quae esset.

schmutzigem Geize thut, was dieser aus Reu und Betrübnis that, nur alsdenn wird uns jener unendlich lächerlicher und verächtlicher, als mitleidswürdig wir diesen finden.

Und allerdings ist jede große Betrübnis von der Art, wie die Betrübnis dieses Vaters: die sich nicht selbst vergißt, die peiniget sich selbst. Es ist wieder alle Erfahrung, daß kaum alle hundert Jahre sich ein Beispiel einer solchen Betrübnis finde; vielmehr handelt jede ungefähr eben so, nur mehr oder weniger, mit dieser oder jener Veränderung. Cicero hatte auf die Natur der Betrübnis genauer gemerkt; er sahe daher in dem Betragen des Heautontimorumenos nichts mehr, als was alle Betrübte nicht bloß von dem Affekte hingerissen thun, sondern auch bei kälterm Geblüte fortsetzen zu müssen glauben.*) Haec omnia recta, vera, debita putantes, faciunt in dolore: maximeque declaratur, hoc quasi officii judicio fieri, quod si qui forte, cum se in luctu esse vellent, aliquid fecerunt humanius, aut si hilarius locuti essent, revocant se rursus ad moestitiam, peccatique se insimulant, quod dolere intermiserint: pueros vero matres et magistri castigare etiam solent, nec verbis solum, sed etiam verberibus, si quid in domestico luctu hilarius ab iis factum est, aut dictum: plorare cogunt. – Quid ille Terentianus ipse se puniens? u. s. w.

Menedemus aber, so heißt der Selbstpeiniger bei dem Terenz, hält sich nicht allein so hart aus Betrübnis; sondern warum er sich auch jeden geringen Aufwand verweigert, ist die Ursache und Absicht vornehmlich dieses: um desto mehr für den abwesenden Sohn zu sparen und dem einmal ein desto gemächlicheres Leben zu versichern, den er itzt gezwungen, ein so ungemächliches zu ergreifen. Was ist hierin, was nicht hundert Väter thun würden? Meint aber Diderot, daß das Eigene und Seltsame darin bestehe, daß Menedemus selbst hackt, selbst gräbt, selbst ackert: so hat er wohl in der Eil mehr an unsere neuere als an die alten Sitten gedacht. Ein reicher Vater itziger Zeit würde das freilich nicht so leicht thun; denn die wenigsten würden es zu thun verstehen. Aber die wohlhabendsten, vornehmsten Römer und Griechen waren mit allen ländlichen Arbeiten bekannter und schämten sich nicht, selbst Hand anzulegen.

Doch alles sei vollkommen, wie es Diderot sagt! Der Charakter des Selbstpeinigers sei wegen des allzu Eigentümlichen, wegen dieser ihm fast nur allein zukommenden Falte zu einem komischen Charakter so ungeschickt, als er nur will. Wäre Diderot nicht in eben den Fehler gefallen? Denn was kann eigen-

*) Tusc. Quaest., lib. III. c. 27.

tümlicher sein als der Charakter seines Dorval? Welcher Charakter kann mehr eine Falte haben, die ihm nur allein zukömmt, als der Charakter dieses natürlichen Sohnes? „Gleich nach meiner Geburt,“ läßt er ihn von sich selbst sagen, „ward ich an einen Ort verschleudert, der die Grenze zwischen Einöde und Gesellschaft heißen kann; und als ich die Augen aufthat, mich nach den Banden umzusehen, die mich mit den Menschen verknüpften, konnte ich kaum einige Trümmern davon erblicken. Dreißig Jahre lang irrte ich unter ihnen einsam, unbekannt und verabsäumet umher, ohne die Zärtlichkeit irgend eines Menschen empfunden, noch irgend einen Menschen angetroffen zu haben, der die meinige gesucht hätte.“ Daß ein natürliches Kind sich vergebens nach seinen Eltern, vergebens nach Personen umsehen kann, mit welchen es die nähern Bande des Bluts verknüpfen: das ist sehr begreiflich; das kann unter zehnen neunen begegnen. Aber daß es ganze dreißig Jahre in der Welt herumirren könne, ohne die Zärtlichkeit irgend eines Menschen empfunden zu haben, ohne irgend einen Menschen angetroffen zu haben, der die seinige gesucht hätte: das, sollte ich fast sagen, ist schlechterdings unmöglich. Oder, wenn es möglich wäre, welche Menge ganz besonderer Umstände müßten von beiden Seiten, von seiten der Welt und von seiten dieses so lange insulierten Wesens, zusammengekommen sein, diese traurige Möglichkeit wirklich zu machen? Jahrhunderte auf Jahrhunderte werden verfließen, ehe sie wieder einmal wirklich wird. Wolle der Himmel nicht, daß ich mir je das menschliche Geschlecht anders vorstelle! Lieber wünschte ich sonst, ein Bär geboren zu sein, als ein Mensch. Nein, kein Mensch kann unter Menschen so lange verlassen sein! Man schleudere ihn hin, wohin man will: wenn er noch unter Menschen fällt, so fällt er unter Wesen, die, ehe er sich umgesehen, wo er ist, auf allen Seiten bereit stehen, sich an ihn anzuketten. Sind es nicht vornehme, so sind es geringe! Sind es nicht glückliche, so sind es unglückliche Menschen! Menschen sind es doch immer. So wie ein Tropfen nur die Fläche des Wassers berühren darf, um von ihm aufgenommen zu werden und ganz in ihm zu verfließen: das Wasser heiße, wie es will, Lache oder Quelle, Strom oder See, Belt oder Ozean.

Gleichwohl soll diese dreißigjährige Einsamkeit unter den Menschen den Charakter des Dorval gebildet haben. Welcher Charakter kann ihm nun ähnlich sehen? Wer kann sich in ihm erkennen? nur zum kleinsten Teil in ihm erkennen?

Eine Ausflucht, finde ich doch, hat sich Diderot auszusparen gesucht. Er sagt in dem Verfolge der angezogenen Stelle: „In der ernsthaften Gattung werden die Charaktere oft eben so allgemein sein als in der komischen Gattung; sie werden aber allezeit weniger individuell sein als in der tragischen.“ Er würde sonach antworten: Der Charakter des Dorval ist kein komischer Charakter; er ist ein Charakter, wie ihn das ernsthafte Schauspiel erfodert; wie dieses den Raum zwischen Komödie und Tragödie füllen soll, so müssen auch die Charaktere desselben das Mittel zwischen den komischen und tragischen Charakteren halten; sie brauchen nicht so allgemein zu sein als jene, wenn sie nur nicht so völlig individuell sind als diese; und solcher Art dürfte doch wohl der Charakter des Dorval sein.

Also wären wir glücklich wieder an dem Punkte, von welchem wir ausgingen. Wir wollten untersuchen, ob es wahr sei, daß die Tragödie Individua, die Komödie aber Arten habe: das ist, ob es wahr sei, daß die Personen der Komödie eine große Anzahl von Menschen fassen und zugleich vorstellen müßten, dahingegen der Held der Tragödie nur der und der Mensch, nur Regulus, oder Brutus, oder Cato sei und sein solle. Ist es wahr, so hat auch das, was Diderot von den Personen der mittlern Gattung sagt, die er die ernsthafte Komödie nennt, keine Schwierigkeit, und der Charakter seines Dorval wäre so tadelhaft nicht. Ist es aber nicht wahr, so fällt auch dieses von selbst weg, und dem Charakter des natürlichen Sohnes kann aus einer so ungegründeten Einteilung keine Rechtfertigung zufließen.

Neunundachtzigstes Stück.

Den 8. März 1768.

Zuerst muß ich anmerken, daß Diderot seine Assertion ohne allen Beweis gelassen hat. Er muß sie für eine Wahrheit angesehen haben, die kein Mensch in Zweifel ziehen werde, noch könne, die man nur denken dürfe, um ihren Grund zugleich mit zu denken. Und sollte er den wohl gar in den wahren Namen der tragischen Personen gefunden haben? Weil diese Achilles und Alexander und Cato und Augustus heißen und Achilles, Alexander, Cato, Augustus wirklich einzelne Personen gewesen sind: sollte er wohl daraus geschlossen haben, daß sonach alles, was der Dichter in der Tragödie sie sprechen und handeln läßt, auch nur diesen einzelnen so genannten Personen, und keinem in der Welt zugleich mit, müsse zukommen können? Fast scheint es so.

Aber diesen Irrtum hatte Aristoteles schon vor zweitausend Jahren widerlegt, und auf die ihm entgegenstehende Wahrheit den wesentlichen Unterschied zwischen der Geschichte und Poesie, sowie den größern Nutzen der letztern vor der erstern gegründet.

Auch hat er es auf eine so einleuchtende Art gethan, daß ich nur seine Worte anführen darf, um keine geringe Verwunderung zu erwecken, wie in einer so offenbaren Sache ein Diderot nicht gleicher Meinung mit ihm sein könne.

„Aus diesen also," sagt Aristoteles,*) nachdem er die wesentlichen Eigenschaften der poetischen Fabel festgesetzt, „aus diesen also erhellet klar, daß des Dichters Werk nicht ist, zu erzählen, was geschehen, sondern zu erzählen, von welcher Beschaffenheit das Geschehene, und was nach der Wahrscheinlichkeit oder Notwendigkeit dabei möglich gewesen. Denn Geschichtschreiber und Dichter unterscheiden sich nicht durch die gebundene oder ungebundene Rede, indem man die Bücher des Herodotus in gebundene Rede bringen kann, und sie darum doch nichts weniger in gebundener Rede eine Geschichte sein werden, als sie es in ungebundener waren. Sondern darin unterscheiden sie sich, daß jener erzählet, was geschehen, dieser aber, von welcher Beschaffenheit das Geschehene gewesen. Daher ist denn auch die Poesie philosophischer und nützlicher als die Geschichte. Denn die Poesie geht mehr auf das Allgemeine und die Geschichte auf das Besondere. Das Allgemeine aber ist: wie so oder so ein Mann nach der Wahrscheinlichkeit oder Notwendigkeit sprechen und handeln würde; als worauf die Dichtkunst bei Erteilung der Namen sieht. Das Besondere hingegen ist, was Alcibiades gethan oder gelitten hat. Bei der Komödie nun hat sich dieses schon ganz offenbar gezeigt; denn wenn die Fabel nach der Wahrscheinlichkeit abgefaßt ist, legt man die etwanigen Namen sonach bei, und macht es nicht wie die jambischen Dichter, die bei dem Einzeln bleiben. Bei der Tragödie aber hält man sich an die schon vorhandenen Namen, aus Ursache, weil das Mögliche glaubwürdig ist und wir nicht möglich glauben, was nie geschehen, dahingegen, was geschehen, offenbar möglich sein muß, weil es nicht geschehen wäre, wenn es nicht möglich wäre. Und doch sind auch in den Tragödien, in einigen nur ein oder zwei bekannte Namen, und die übrigen sind erdichtet, in einigen auch gar keiner, so wie in der Blume des Agathon. Denn in diesem Stücke sind Handlungen und Namen gleich erdichtet, und doch gefällt es darum nichts weniger."

In dieser Stelle, die ich nach meiner eigenen Uebersetzung anführe, mit welcher ich so genau bei den Worten geblieben bin als möglich, sind verschiedene Dinge, welche von den Auslegern, die ich noch zu Rate ziehen können, entweder gar nicht oder falsch verstanden worden. Was davon hier zur Sache gehört, muß ich mitnehmen.

*) Dichtk., 9. Kapitel.

Das ist unwidersprechlich, daß Aristoteles schlechterdings keinen Unterschied zwischen den Personen der Tragödie und Komödie in Ansehung ihrer Allgemeinheit macht. Die einen sowohl als die andern, und selbst die Personen der Epopöe nicht ausgeschlossen, alle Personen der poetischen Nachahmung ohne Unterschied sollen sprechen und handeln, nicht wie es ihnen einzig und allein zukommen könnte, sondern so wie ein jeder von ihrer Beschaffenheit in den nämlichen Umständen sprechen oder handeln würde und müßte. In diesem *καθολου*, in dieser Allgemeinheit liegt allein der Grund, warum die Poesie philosophischer und folglich lehrreicher ist als die Geschichte; und wenn es wahr ist, daß derjenige komische Dichter, welcher seinen Personen so eigene Physiognomien geben wollte, daß ihnen nur ein einziges Individuum in der Welt ähnlich wäre, die Komödie, wie Diderot sagt, wiederum in ihre Kindheit zurücksetzen und in Satire verkehren würde: so ist es auch eben so wahr, daß derjenige tragische Dichter, welcher nur den und den Menschen, nur den Cäsar, nur den Cato, nach allen den Eigentümlichkeiten, die wir von ihnen wissen, vorstellen wollte, ohne zugleich zu zeigen, wie alle diese Eigentümlichkeiten mit dem Charakter des Cäsar und Cato zusammengehangen, der ihnen mit mehrern kann gemein sein, daß, sage ich, dieser die Tragödie entkräften und zur Geschichte erniedrigen würde.

Aber Aristoteles sagt auch, daß die Poesie auf dieses Allgemeine der Personen mit den Namen, die sie ihnen erteile, ziele (*οὐ στοχαζεται ἡ ποιησις ὀνοματα ἐπιτιθεμενη*); welches sich besonders bei der Komödie deutlich gezeigt habe. Und dieses ist es, was die Ausleger dem Aristoteles nachzusagen sich begnügt, im geringsten aber nicht erläutert haben. Wohl aber haben verschiedene sich so darüber ausgedrückt, daß man klar sieht, sie müssen entweder nichts oder etwas ganz Falsches dabei gedacht haben. Die Frage ist: wie sieht die Poesie, wenn sie ihren Personen Namen erteilt, auf das Allgemeine dieser Personen? und wie ist diese ihre Rücksicht auf das Allgemeine der Person, besonders bei der Komödie, schon längst sichtbar gewesen?

Die Worte: *ἐστι δε καθολου μεν, τῳ ποιῳ τα ποι᾽ ἀττα συμβαινει λεγειν, ἠ πραττειν κατα το εἰκος, ἠ το ἀναγκαιον, οὐ στοχαζεται ἡ ποιησις ὀνοματα ἐπιτιθεμενη*, übersetzt Dacier: une chose générale, c'est ce que tout homme d'un tel ou d'un tel caractère a dû dire, ou faire vraisemblablement ou nécessairement, ce qui est le but de la Poésie lors même qu'elle impose les noms à ses personnages. Vollkommen so übersetzt sie auch Herr Curtius: „Das Allgemeine ist, was einer vermöge eines gewissen Charakters nach der Wahrscheinlichkeit oder Notwendigkeit redet oder thut. Dieses Allgemeine ist der Endzweck der

Dichtkunst, auch wenn sie den Personen besondere Namen beilegt." Auch in ihrer Anmerkung über diese Worte stehen beide für einen Mann; der eine sagt vollkommen eben das, was der andere sagt. Sie erklären beide, was das Allgemeine ist; sie sagen beide, daß dieses Allgemeine die Absicht der Poesie sei; aber wie die Poesie bei Erteilung der Namen auf dieses Allgemeine sieht, davon sagt keiner ein Wort. Vielmehr zeigt der Franzose durch sein lors même, sowie der Deutsche durch sein auch wenn offenbar, daß sie nichts davon zu sagen gewußt, ja, daß sie gar nicht einmal verstanden, was Aristoteles sagen wollen. Denn dieses lors même, dieses auch wenn heißt bei ihnen nichts mehr als obschon; und sie lassen den Aristoteles sonach bloß sagen, daß ungeachtet die Poesie ihren Personen Namen von einzeln Personen beilege, sie dem ohngeachtet nicht auf das Einzelne dieser Personen, sondern auf das Allgemeine derselben gehe. Die Worte des Dacier, die ich in der Note anführen will,*) zeigen dieses deutlich. Nun ist es wahr, daß dieses eigentlich keinen falschen Sinn macht; aber es erschöpft doch auch den Sinn des Aristoteles hier nicht. Nicht genug, daß die Poesie ungeachtet der von einzeln Personen genommenen Namen auf das Allgemeine gehen kann: Aristoteles sagt, daß sie mit diesen Namen selbst auf das Allgemeine ziele, οὐ στοχάζεται. Ich sollte doch wohl meinen, daß beides nicht einerlei wäre. Ist

*) Aristote prévient ici une objection, qu'on pouvoit lui faire, sur la définition qu'il vient de donner d'une chose générale; car les ignorans n'auroient pas manqué de lui dire qu' Homère, par exemple, n'a point en vue d'écrire une action générale et universelle, mais une action particulière, puisqu' il raconte ce qu' ont fait de certains hommes, comme Achille, Agamemnon, Ulysse, etc. et que par conséquent, il n'y a aucune différence entre Homère et un Historien, qui auroit écrit les actions d'Achille. Le Philosophe va au devant de cette objection, en faisant voir que les Poètes, c'est-à-dire, les Auteurs d'une Tragédie ou d'un Poème Epique, lors même, qu'ils imposent les noms à leurs personnages ne pensent en aucune manière à les faire parler véritablement, ce qu'ils seroient obligés de faire, s'ils écrivoient les actions particulières et véritables d'un certain homme, nommé Achille ou Edipe, mais qu'ils se proposent de les faire parler et agir nécessairement ou vraisemblablement; c'est-à-dire, de leur faire dire et faire tout ce que des hommes de ce même caractère devoient faire et dire en cet état, ou par nécessité, ou au moins selon les règles de la vraisemblance; ce qui prouve incontestablement que ce sont des actions générales et universelles. Nichts anders sagt auch Herr Curtius in seiner Anmerkung; nur daß er das Allgemeine und Einzelne noch an Beispielen zeigen wollen, die aber nicht so recht beweisen, daß er auf den Grund der Sache gekommen. Denn ihnen zufolge würden es nur personisierte Charaktere sein, welche der Dichter reden und handeln ließe, da es doch charakterisierte Personen sein sollen

es aber nicht einerlei, so gerät man notwendig auf die Frage: wie zielt sie darauf? Und auf diese Frage antworten die Ausleger nichts.

Neunzigstes Stück.

Den 11. März 1768.

Wie sie darauf ziele, sagt Aristoteles, dieses habe sich schon längst an der Komödie deutlich gezeigt: *Επι μεν οὐν της κωμῳδιας ἠδη τουτο δηλον γεγονεν' συστησαντες γαρ τον μυθον δια των εἰκοτων, οὑτω τα τυχοντα ὀνοματα ἐπιτιθεασι, και οὐχ ὡσπερ οἱ ἰαμβοποιοι περι των καθ' ἑκαστον ποιουσιν.* Ich muß auch hiervon die Uebersetzungen des Dacier und Curtius anführen. Dacier sagt: C'est ce qui est déjà rendu sensible dans la Comédie, car les Poëtes comiques, après avoir dressé leur sujet sur la vraisemblance imposent après cela à leurs personnages tels noms qu'il leur plaît, et n'imitent pas les Poëtes satyriques, qui ne s'attachent qu'aux choses particulières. Und Curtius: „In dem Lustspiele ist dieses schon lange sichtbar gewesen. Denn wenn die Komödienschreiber den Plan der Fabel nach der Wahrscheinlichkeit entworfen haben, legen sie den Personen willkürliche Namen bei und setzen sich nicht, wie die jambischen Dichter, einen besondern Vorwurf zum Ziele." Was findet man in diesen Uebersetzungen von dem, was Aristoteles hier vornehmlich sagen will? Beide lassen ihn weiter nichts sagen, als daß die komischen Dichter es nicht machten, wie die jambischen (das ist, satirischen Dichter), und sich an das Einzelne hielten, sondern auf das Allgemeine mit ihren Personen gingen, denen sie willkürliche Namen, tels noms qu'il leur plaît, beilegten. Gesetzt nun auch, daß *τα τυχοντα ὀνοματα* dergleichen Namen bedeuten könnten: wo haben denn beide Uebersetzer das *οὑτω* gelassen? Schien ihnen denn dieses *οὑτω* gar nichts zu sagen? Und doch sagt es hier alles; denn diesem *οὑτω* zufolge legten die komischen Dichter ihren Personen nicht allein willkürliche Namen bei, sondern sie legten ihnen diese willkürliche Namen so, *οὑτω*, bei. Und wie so? So, daß sie mit diesen Namen selbst auf das Allgemeine zielten! *οὑ στοχαζεται ἡ ποιησις ὀνοματα ἐπιτιθεμενη.* Und wie geschah das? Davon finde man mir ein Wort in den Anmerkungen des Dacier und Curtius!

Ohne weitere Umschweife: es geschah so, wie ich nun sagen will. Die Komödie gab ihren Personen Namen, welche vermöge ihrer grammatischen Ableitung und Zusammensetzung oder auch sonstigen Bedeutung die Beschaffenheit dieser Personen ausdrückten; mit einem Worte, sie gab ihnen redende Namen, Namen, die man nur hören durfte, um sogleich zu wissen, von welcher Art die sein würden, die sie führen. Ich will eine Stelle des Donatus hierüber anziehen. Nomina personarum, sagt er bei Gelegenheit der ersten Zeile in dem ersten Aufzuge der Brüder, in comoediis duntaxat, habere debent rationem et etymologiam. Etenim absurdum est, comicum aperte argumentum confingere: vel nomen personae incongruum dare vel officium quod sit a nomine diversum.*) Hinc servus fidelis Parmeno: infidelis vel Syrus vel Geta: miles Thraso vel Polemon: juvenis Pamphilus: matrona Myrrhina, et puer ab odore Storax: vel a ludo et a gesticulatione Circus: et item similia. In quibus summum Poetae vitium est, si quid e contrario repugnans contrarium diversumque protulerit; nisi per ἀντιφρασιν nomen imposuerit joculariter, ut Misargyrides in Plauto dicitur trapezita. Wer sich durch noch mehr Beispiele hiervon überzeugen will, der darf nur die Namen bei dem Plautus und Terenz untersuchen. Da ihre Stücke alle aus dem Griechischen genommen sind: so sind auch die Namen ihrer Personen griechischen Ursprungs und haben, der Etymologie nach, immer eine Beziehung auf den Stand, auf die Denkungsart oder auf sonst etwas, was diese Personen mit mehrern gemein haben können; wenn wir schon solche Etymologie nicht immer klar und sicher angeben können.

Ich will mich bei einer so bekannten Sache nicht verweilen; aber wundern muß ich mich, wie die Ausleger des Aristoteles sich ihrer gleichwohl da nicht erinnern können, wo Aristoteles so unwidersprechlich auf sie verweiset. Denn was kann nunmehr wahrer, was kann klärer sein, als was der Philosoph von der Rücksicht sagt, welche die Poesie bei Erteilung der Namen auf das Allgemeine nimmt? Was kann unleugbarer sein, als daß ἐπι μεν της κωμῳδιας ἠδη τουτο δηλον γεγονεν, daß sich diese Rück-

*) Diese Periode könnte leicht sehr falsch verstanden werden. Nämlich wenn man sie so verstehen wollte, als ob Donatus auch das für etwas Ungereimtes hielte, Comicum aperte argumentum confingere. Und das ist doch die Meinung des Donatus gar nicht. Sondern er will sagen: es würde ungereimt sein, wenn der komische Dichter, da er seinen Stoff offenbar erfindet, gleichwohl den Personen unschickliche Namen oder Beschäftigungen beilegen wollte, die mit ihren Namen stritten. Denn freilich, da der Stoff ganz von der Erfindung des Dichters ist, so stand es ja einzig und allein bei ihm, was er seinen Personen für Namen beilegen, oder was er mit diesen Namen für einen Stand oder für eine Verrichtung verbinden wollte. Sonach dürfte sich vielleicht Donatus auch selbst so zweideutig nicht ausgedrückt haben; und mit Veränderung einer einzigen Silbe ist dieser Anstoß vermieden. Man lese nämlich entweder: Absurdum est, Comicum aperte argumentum confingentem vel nomen personae etc. Oder auch aperto argumentum confingere et nomen personae u. s. w.

sicht bei der Komödie besonders längst offenbar gezeigt habe? Von ihrem ersten Ursprunge an, das ist, sobald sich die jambischen Dichter von dem Besondern zu dem Allgemeinen erhoben, sobald aus der beleidigenden Satire die unterrichtete Komödie entstand, suchte man jenes Allgemeine durch die Namen selbst anzudeuten. Der großsprecherische feige Soldat hieß nicht wie dieser oder jener Anführer aus diesem oder jenem Stamme: er hieß Pyrgopolinices, Hauptmann Mauerbrecher. Der elende Schmarutzer, der diesem um das Maul ging, hieß nicht wie ein gewisser armer Schlucker in der Stadt: er hieß Artotrogus, Brockenschröter. Der Jüngling, welcher durch seinen Aufwand besonders auf Pferde, den Vater in Schulden setzte, hieß nicht wie der Sohn dieses oder jenes edeln Bürgers: er hieß Phidippides, Junker Sparroß.

Man könnte einwenden, daß dergleichen bedeutende Namen wohl nur eine Erfindung der neuen griechischen Komödie sein dürften, deren Dichtern es ernstlich verboten war, sich wahrer Namen zu bedienen; daß aber Aristoteles diese neuere Komödie nicht gekannt habe und folglich bei seinen Regeln keine Rücksicht auf sie nehmen können. Das letztere behauptet Hurd;*) aber

*) Hurd in seiner Abhandlung über die verschiedenen Gebiete des Drama. From the account of Comedy, here given, it may appear, that the idea of this drama is much enlarged beyond what it was in Aristotle's time; who defines it to be, an imitation of light and trivial actions, provoking ridicule. His notion was taken from the state and practice of the Athenian stage: that is from the old or middle comedy, which answer to this description. The great revolution, which the introduction of the new comedy made in the drama, did not happen till afterwards. Aber dieses nimmt Hurd bloß an, damit seine Erklärung der Komödie mit der Aristotelischen nicht so geradezu zu streiten scheine. Aristoteles hat die Neue Komödie allerdings erlebt, und er gedenkt ihrer namentlich in der Moral an den Nicomachus, wo er von dem anständigen und unanständigen Scherze handelt (Lib IV. cap. 14). *Ἰδοι δ' ἀν τις και ἐκ των κωμῳδιων των παλαιων και των καινων. Τοις μεν γαρ ἠν γελοιον ἡ αἰσχρολογια*, *τοις δε μαλλον ἡ ὑπονοια.* Man könnte zwar sagen, daß unter der neuen Komödie hier die mittlere verstanden werde; denn als noch keine neue gewesen, habe notwendig die mittlere die neue heißen müssen. Man könnte hinzusetzen, daß Aristoteles in eben der Olympiade gestorben, in welcher Menander sein erstes Stück aufführen lassen und zwar noch das Jahr vorher. (Eusebius in Chronico ad Olymp. CXIV. 4.) Allein man hat unrecht, wenn man den Anfang der neuen Komödie von dem Menander rechnet; Menander war der erste Dichter dieser Epoche dem poetischen Werte nach, aber nicht der Zeit nach. Philemon, der dazu gehört, schrieb viel früher, und der Uebergang von der mittlern zur neuen Komödie war so unmerklich, daß es dem Aristoteles unmöglich an Mustern derselben kann gefehlt haben. Aristophanes selbst hatte schon ein solches Muster gegeben; sein Kokalos war so beschaffen, wie ihn Philemon sich mit wenigen Veränderungen zueignen konnte: *Κωκαλον*, heißt es in dem

es ist eben so falsch, als falsch es ist, daß die ältere griechische Komödie sich nur wahrer Namen bedient habe. Selbst in denjenigen Stücken, deren vornehmste einzige Absicht es war, eine gewisse bekannte Person lächerlich und verhaßt zu machen, waren außer dem wahren Namen dieser Person die übrigen fast alle erdichtet, und mit Beziehung auf ihren Stand und Charakter erdichtet.

Einundneunzigstes Stück.

Den 15. März 1768.

Ja, die wahren Namen selbst, kann man sagen, gingen nicht selten mehr auf das Allgemeine als auf das Einzelne. Unter dem Namen Sokrates wollte Aristophanes nicht den einzelnen Sokrates, sondern alle Sophisten, die sich mit Erziehung junger Leute bemengten, lächerlich und verdächtig machen. Der gefährliche Sophist überhaupt war sein Gegenstand, und er nannte diesen nur Sokrates, weil Sokrates als ein solcher verschrieen war. Daher eine Menge Züge, die auf den Sokrates gar nicht paßten, so daß Sokrates in dem Theater getrost aufstehen und sich der Vergleichung preisgeben konnte! Aber wie sehr verkennt man das Wesen der Komödie, wenn man diese nicht treffende Züge für nichts als mutwillige Verleumdungen erklärt und sie durchaus dafür nicht erkennen will, was sie doch sind, für Erweiterungen des einzelnen Charakters, für Erhebungen des Persönlichen zum Allgemeinen!

Hier ließe sich von dem Gebrauche der wahren Namen in der griechischen Komödie überhaupt verschiednes sagen, was von den Gelehrten so genau noch nicht aus einander gesetzt worden, als es wohl verdiente. Es ließe sich anmerken, daß dieser Gebrauch keinesweges in der ältern griechischen Komödie allgemein gewesen,*)

Leben des Aristophanes, *ἐν ᾧ εἰσαγει φθοραν και ἀναγνωρισμον, και τἀλλα παντα ἃ ἐζηλωσε Μενανδρος.* Wie nun also Aristophanes Muster von allen verschiedenen Abänderungen der Komödie gegeben, so konnte auch Aristoteles seine Erklärung der Komödie überhaupt auf sie alle einrichten. Das that er denn; und die Komödie hat nachher keine Erweiterung bekommen, für welche diese Erklärung zu enge geworden wäre. Hurd hätte sie nur recht verstehen dürfen, und er würde gar nicht nötig gehabt haben, um seine an und für sich richtigen Begriffe von der Komödie außer allen Streit mit den Aristotelischen zu setzen, seine Zuflucht zu der vermeintlichen Unerfahrenheit des Aristoteles zu nehmen.

*) Wenn nach dem Aristoteles das Schema der Komödie von dem Margites des Homer, *οὐ ψογον, ἀλλα το γελοιον δραματοποιησαντος*, genommen worden, so wird man, allem Ansehen nach, auch gleich anfangs die erdichteten Namen mit eingeführt haben. Denn Margites war wohl nicht der

daß sich nur der und jener Dichter gelegentlich desselben erkühnet,*) daß er folglich nicht als ein unterscheidendes Merkmal dieser Epoche der Komödie zu betrachten.**) Es ließe sich zeigen,

---

wahre Name einer gewissen Person, indem *Μαγνειτης* wohl eher von *μαγνης* gemacht worden, als daß *μαγνης* von *Μαγνειτης* sollte entstanden sein. Von verschiedenen Dichtern der alten Komödie finden wir es auch ausdrücklich angemerkt, daß sie sich aller Anzüglichkeiten enthalten, welches bei wahren Namen nicht möglich gewesen wäre. Z. E. von dem Pherekrates.

*) Die persönliche und namentliche Satire war so wenig eine wesentliche Eigenschaft der alten Komödie, daß man vielmehr denjenigen ihrer Dichter gar wohl kennet, der sich ihrer zuerst erkühnet. Es war Cratinus, welcher zuerst *τῳ χαριεντι της κωμῳδιας το ὠφελιμον προσεθηκε, τους κακως πραττοντας διαβαλλων, και ὡσπερ δημοσια μαστιγι τῃ κωμῳδια κολαζων.* Und auch dieser wagte sich nur anfangs an gemeine, verworfene Leute, von deren Ahndung er nichts zu befürchten hatte. Aristophanes wollte sich die Ehre nicht nehmen lassen, daß er es sei, welcher sich zuerst an die Großen des Staats gewagt habe: (Ir. v. 750.)

Οὐκ ἰδιωτας ἀνθρωπισκους κωμῳδων, οὐδε γυναικας,
Ἀλλ' Ἡρακλεους ὀργην τιν' ἐχων, τοισι μεγιστοις ἐπιχειρει.

Ja, er hätte lieber gar diese Kühnheit als sein eigenes Privilegium betrachten mögen. Er war höchst eifersüchtig, als er sah, daß ihm so viele andere Dichter, die er verachtete, darin nachfolgten.

**) Welches gleichwohl fast immer geschieht. Ja, man geht noch weiter und will behaupten, daß mit den wahren Namen auch wahre Begebenheiten verbunden gewesen, an welchen die Erfindung des Dichters keinen Teil gehabt. Dacier selbst sagt: Aristote n'a pu vouloir dire qu' Epicharmus et Phormis inventèrent les sujets de leurs pièces, puisque l'un et l'autre ont été des Poëtes de la vieille Comédie, où il n'y avoit rien de feint, et que ces aventures feintes ne commencèrent à être mises sur le théâtre, que du tems d'Alexandre le Grand, c'est-à-dire dans la nouvelle Comédie. (Remarque sur le Chap. V. de la Poét. d'Arist.) Man sollte glauben, wer so etwas sagen könne, müßte nie auch nur einen Blick in den Aristophanes gethan haben. Das Argument, die Fabel der alten griechischen Komödie, war eben so wohl erdichtet, als es die Argumente und Fabeln der neuen nur immer sein konnten. Kein einziges von den übrig gebliebenen Stücken des Aristophanes stellt eine Begebenheit vor, die wirklich geschehen wäre; und wie kann man sagen, daß sie der Dichter deswegen nicht erfunden, weil sie zum Teil auf wirkliche Begebenheiten anspielt? Wenn Aristoteles als ausgemacht annimmt, *ὁτι τον ποιητην μαλλον των μυθων ειναι δει ποιητην, ἢ των μετρων:* würde er nicht schlechterdings die Verfasser der alten griechischen Komödie aus der Klasse der Dichter haben ausschließen müssen, wenn er geglaubt hätte, daß sie die Argumente ihrer Stücke nicht erfunden? Aber so wie es, nach ihm, in der Tragödie gar wohl mit der poetischen Erfindung bestehen kann, daß Namen und Umstände aus der wahren Geschichte entlehnt sind: so muß es, seiner Meinung nach, auch in der Komödie bestehen können. Es kann unmöglich seinen Begriffen gemäß gewesen sein, daß die Komödie dadurch, daß sie wahre Namen brauche und auf wahre Begebenheiten anspiele, wiederum in die jambische Schmähsucht zurückfalle; vielmehr muß er geglaubt haben, daß sich das *καθολου ποιειν λογους ἢ μυθους* gar wohl damit vertrage. Er gesteht dieses den ältesten

daß, als er endlich durch ausdrückliche Gesetze untersagt war, doch noch immer gewisse Personen von dem Schutze dieser Gesetze entweder namentlich ausgeschlossen waren oder doch stillschweigend für ausgeschlossen gehalten wurden. In den Stücken des Menanders selbst wurden noch Leute genug bei ihren wahren Namen genannt und lächerlich gemacht.*) Doch ich muß mich nicht aus einer Ausschweifung in die andere verlieren.

Ich will nur noch die Anwendung auf die wahren Namen der Tragödie machen. So wie der Aristophanische Sokrates nicht den einzelnen Mann dieses Namens vorstellte, noch vorstellen sollte; so wie dieses personifizierte Ideal einer eiteln und gefährlichen Schulweisheit nur darum den Namen Sokrates bekam, weil Sokrates als ein solcher Täuscher und Verführer zum Teil bekannt war, zum Teil noch bekannter werden sollte; so wie bloß der Begriff von Stand und Charakter, den man mit dem Namen Sokrates verband und noch näher verbinden sollte, den Dichter in der Wahl des Namens bestimmte: so ist auch bloß der Begriff des Charakters, den wir mit den Namen Regulus, Cato, Brutus zu verbinden gewohnt sind, die Ursache, warum der tragische Dichter seinen Personen diese Namen erteilet. Er führt einen Regulus, einen Brutus auf, nicht um uns mit den wirklichen Begegnissen dieser Männer bekannt zu machen, nicht um das Gedächtnis derselben zu erneuern: sondern um uns mit solchen Begegnissen zu unterhalten, die Männern von ihrem Charakter überhaupt begegnen können und müssen. Nun ist zwar wahr, daß wir diesen ihren Charakter aus ihren wirklichen Begegnissen abstrahieret haben: es folgt aber doch daraus nicht, daß uns auch ihr Charakter wieder auf ihre Begegnisse zurückführen müsse; er kann uns nicht selten weit kürzer, weit natürlicher auf ganz andere bringen, mit welchen jene wirklichen weiter nichts gemein haben, als daß sie mit ihnen aus einer Quelle, aber auf unzuverfolgenden Umwegen und über Erdstriche hergeflossen sind, welche ihre Lauterheit verdorben

---

komischen Dichtern, dem Epicharmus, dem Phormis und Krates zu und wird es gewiß dem Aristophanes nicht abgesprochen haben, ob er schon wußte, wie sehr er nicht allein den Kleon und Hyperbolus, sondern auch den Perikles und Sokrates namentlich mitgenommen.

*) Mit der Strenge, mit welcher Plato das Verbot, jemand in der Komödie lächerlich zu machen, in seiner Republik einführen wollte (*μητε λογῳ, μητε εἰκονι, μητε θυμῳ, μητε ἀνευ θυμου, μηδαμως μηδενα των πολιτων κωμῳδειν*), ist in der wirklichen Republik niemals darüber gehalten worden. Ich will nicht anführen, daß in den Stücken des Menander noch so mancher cynische Philosoph, noch so manche Buhlerin mit Namen genennt ward; man könnte antworten, daß dieser Abschaum von Menschen nicht zu den Bürgern gehört. Aber Ktesippus, der Sohn des Chabrias, war doch gewiß Atheniensischer Bürger so gut wie einer, und man sehe, was Menander von ihm sagte. (Menandri Fr. p. 137. Edit. Cl.)

halten. In diesem Falle wird der Poet jene erfundene den wirklichen schlechterdings vorziehen, aber den Personen noch immer die wahren Namen lassen. Und zwar aus einer doppelten Ursache: einmal, weil wir schon gewohnt sind, bei diesen Namen einen Charakter zu denken, wie er ihn in seiner Allgemeinheit zeiget; zweitens, weil wirklichen Namen auch wirkliche Begebenheiten anzuhängen scheinen und alles, was einmal geschehen, glaubwürdiger ist, als was nicht geschehen. Die erste dieser Ursachen fließt aus der Verbindung der Aristotelischen Begriffe überhaupt; sie liegt zum Grunde, und Aristoteles hat nicht nötig, sich umständlicher bei ihr zu verweilen, wohl aber bei der zweiten, als einer von anderwärts noch dazu kommenden Ursache. Doch diese liegt itzt außer meinem Wege, und die Ausleger insgesamt haben sie weniger mißverstanden als jene.

Nun also auf die Behauptung des Diderot zurückzukommen. Wenn ich die Lehre des Aristoteles richtig erklärt zu haben glauben darf: so darf ich auch glauben, durch meine Erklärung bewiesen zu haben, daß die Sache selbst unmöglich anders sein kann, als sie Aristoteles lehret. Die Charaktere der Tragödie müssen eben so allgemein sein als die Charaktere der Komödie. Der Unterschied, den Diderot behauptet, ist falsch, oder Diderot muß unter der Allgemeinheit eines Charakters ganz etwas anders verstehen, als Aristoteles darunter verstand.

Zweiundneunzigstes Stück.

Den 18. März 1768.

Und warum könnte das letztere nicht sein? Finde ich doch noch einen andern, nicht minder trefflichen Kunstrichter, der sich fast eben so ausdrückt als Diderot, fast eben so geradezu dem Aristoteles zu widersprechen scheint und gleichwohl im Grunde so wenig widerspricht, daß ich ihn vielmehr unter allen Kunstrichtern für denjenigen erkennen muß, der noch das meiste Licht über diese Materie verbreitet hat.

Es ist dieses der englische Kommentator der Horazischen Dichtkunst, Hurd: ein Schriftsteller aus derjenigen Klasse, die durch Uebersetzungen bei uns immer am spätesten bekannt werden. Ich möchte ihn aber hier nicht gern anpreisen, um diese seine Bekanntmachung zu beschleunigen. Wenn der Deutsche, der ihr gewachsen wäre, sich noch nicht gefunden hat, so dürften vielleicht auch der Leser unter uns noch nicht viele sein, denen daran gelegen wäre. Der fleißige Mann, voll guten Willens, übereile sich also lieber damit nicht und sehe, was ich von einem noch unüberletzten gutem Buche hier sage, ja für keinen Wink an, den ich seiner allezeit fertigen Feder geben wollen.

Hurd hat seinem Kommentar eine Abhandlung über die verschiednen Gebiete des Drama beigefügt. Denn er glaubte bemerkt zu haben, daß bisher nur die allgemeinen Gesetze dieser Dichtungsart in Erwägung gezogen worden, ohne die Grenzen der verschiednen Gattungen derselben festzusetzen. Gleichwohl müsse auch dieses geschehen, um von dem eigenen Verdienste einer jeden Gattung insbesondere ein billiges Urteil zu fällen. Nachdem er also die Absicht des Drama überhaupt und der drei Gattungen desselben, die er vor sich findet, der Tragödie, der Komödie und des Possenspiels, insbesondere festgesetzt: so folgert er aus jener allgemeinen und aus diesen besondern Absichten sowohl diejenigen Eigenschaften, welche sie unter sich gemein haben, als diejenigen, in welchen sie von einander unterschieden sein müssen.

Unter die letztern rechnet er in Ansehung der Komödie und Tragödie auch diese, daß der Tragödie eine wahre, der Komödie hingegen eine erdichtete Begebenheit zuträglicher sei. Hierauf fährt er fort: The same genius in the two dramas is observable, in their draught of characters. Comedy makes all its characters general; Tragedy, particular. The Avare of Molière is not so properly the picture of a covetous man, as of covetousness itself. Racine's Nero on the other hand, is not a picture of cruelty, but of a cruel man. D. i.: „In dem nämlichen Geiste schildern die zwei Gattungen des Drama auch ihre Charaktere. Die Komödie macht alle ihre Charaktere general, die Tragödie partikular. Der Geizige des Molière ist nicht so eigentlich das Gemälde eines geizigen Mannes, als des Geizes selbst. Racinens Nero hingegen ist nicht das Gemälde der Grausamkeit, sondern nur eines grausamen Mannes."

Hurd scheinet so zu schließen: wenn die Tragödie eine wahre Begebenheit erfodert, so müssen auch ihre Charaktere wahr, das ist, so beschaffen sein, wie sie wirklich in den Individuis existieren; wenn hingegen die Komödie sich mit erdichteten Begebenheiten begnügen kann, wenn ihr wahrscheinliche Begebenheiten, in welchen sich die Charaktere nach allen ihrem Umfange zeigen können, lieber sind als wahre, die ihnen einen so weiten Spielraum nicht erlauben, so dürfen und müssen auch ihre Charaktere selbst allgemeiner sein, als sie in der Natur existieren; angesehen dem Allgemeinen selbst in unserer Einbildungskraft eine Art von Existenz zukömmt, die sich gegen die wirkliche Existenz des Einzeln eben wie das Wahrscheinliche zu dem Wahren verhält.

Ich will itzt nicht untersuchen, ob diese Art zu schließen nicht ein bloßer Zirkel ist; ich will die Schlußfolge bloß annehmen, so wie sie da liegt und wie sie der Lehre des Aristoteles schnurstracks zu widersprechen scheint. Doch, wie gesagt, sie scheint es bloß, welches aus der weitern Erklärung des Hurd erhellet.

„Es wird aber," fährt er fort, „hier dienlich sein, einer doppelten Verstoßung vorzubauen, welche der eben angeführte Grundsatz zu begünstigen scheinen könnte.

„Die erste betrifft die Tragödie, von der ich gesagt habe, daß sie partikuläre Charaktere zeige. Ich meine, ihre Charaktere sind partikulärer als die Charaktere der Komödie. Das ist: die Absicht der Tragödie verlangt es nicht und erlaubt es nicht, daß der Dichter von den charakteristischen Umständen, durch welche sich die Sitten schildern, so viele zusammenzieht, als die Komödie. Denn in jener wird von dem Charakter nicht mehr gezeigt, als so viel der Verlauf der Handlung unumgänglich erfodert. In dieser hingegen werden alle Züge, durch die er sich zu unterscheiden pflegt, mit Fleiß aufgesucht und angebracht.

„Es ist fast wie mit dem Porträtmalen. Wenn ein großer Meister ein einzelnes Gesicht abmalen soll, so gibt er ihm alle die Lineamente, die er in ihm findet, und macht es Gesichtern von der nämlichen Art nur so weit ähnlich, als es ohne Verletzung des allergeringsten eigentümlichen Zuges geschehen kann. Soll eben derselbe Künstler hingegen einen Kopf überhaupt malen, so wird er alle die gewöhnlichen Mienen und Züge zusammen anzubringen suchen, von denen er in der gesamten Gattung bemerkt hat, daß sie die Idee am kräftigsten ausdrücken, die er sich itzt in Gedanken gemacht hat und in seinem Gemälde darstellen will.

„Eben so unterscheiden sich die Schildereien der beiden Gattungen des Drama: woraus denn erhellet, daß, wenn ich den tragischen Charakter partikular nenne, ich bloß sagen will, daß er die Art, zu welcher er gehöret, weniger vorstellig macht als der komische; nicht aber, daß das, was man von dem Charakter zu zeigen für gut befindet, es mag nun so wenig sein, als es will, nicht nach dem Allgemeinen entworfen sein sollte, als wovon ich das Gegenteil anderwärts behauptet und umständlich erläutert habe.*)

„Was zweitens die Komödie anbelangt, so habe ich gesagt, daß sie generale Charaktere geben müsse, und habe zum

*) Bei den Versen der Horazischen Dichtkunst: Respicere exemplar vitae morumque jubebo Doctum imitatorem, et veras hinc ducere voces, wo Hurd zeigt, daß die Wahrheit, welche Horaz hier verlangt, einen solchen Ausdruck bedeute, als der allgemeinen Natur der Dinge gemäß ist; Falschheit hingegen das heiße, was zwar dem vorhabenden besondern Falle angemessen, aber nicht mit jener allgemeinen Natur übereinstimmend sei.

Beispiele den Geizigen des Molière angeführt, der mehr der Idee des Geizes als eines wirklichen geizigen Mannes entspricht. Doch auch hier muß man meine Worte nicht in aller ihrer Strenge nehmen. Molière dünkt mich in diesem Beispiele selbst fehlerhaft; ob es schon sonst mit der erforderlichen Erklärung nicht ganz unschicklich sein wird, meine Meinung begreiflich zu machen.

„Da die komische Bühne die Absicht hat, Charaktere zu schildern, so, meine ich, kann diese Absicht am vollkommensten erreicht werden, wenn sie diese Charaktere so allgemein macht als möglich. Denn indem auf diese Weise die in dem Stücke aufgeführte Person gleichsam der Repräsentant aller Charaktere dieser Art wird, so kann unsere Lust an der Wahrheit der Vorstellung so viel Nahrung darin finden als nur möglich. Es muß aber sodann diese Allgemeinheit sich nicht bis auf unsern Begriff von den möglichen Wirkungen des Charakters, im Abstrakto betrachtet, erstrecken, sondern nur bis auf die wirkliche Aeußerung seiner Kräfte, so wie sie von der Erfahrung gerechtfertiget werden und im gemeinen Leben stattfinden können. Hierin haben Molière und vor ihm Plautus gefehlt; statt der Abbildung eines geizigen Mannes haben sie uns eine grillenhafte widrige Schilderung der Leidenschaft des Geizes gegeben. Ich nenne es eine grillenhafte Schilderung, weil sie kein Urbild in der Natur hat. Ich nenne es eine widrige Schilderung; denn da es die Schilderung einer einfachen unvermischten Leidenschaft ist, so fehlen ihr alle die Lichter und Schatten, deren richtige Verbindung allein ihr Kraft und Leben erteilen könnte. Diese Lichter und Schatten sind die Vermischung verschiedener Leidenschaften, welche mit der vornehmsten oder herrschenden Leidenschaft zusammen den menschlichen Charakter ausmachen; und diese Vermischung muß sich in jedem dramatischen Gemälde von Sitten finden, weil es zugestanden ist, daß das Drama vornehmlich das wirkliche Leben abbilden soll. Doch aber muß die Zeichnung der herrschenden Leidenschaft so allgemein entworfen sein, als es ihr Streit mit den andern in der Natur nur immer zulassen will, damit der vorzustellende Charakter sich desto kräftiger ausdrücke.

Dreiundneunzigstes Stück.

Den 22. März 1768.

„Alles dieses läßt sich abermals aus der Malerei sehr wohl erläutern. In charakteristischen Porträten, wie wir diejenigen nennen können, welche eine Abbildung der Sitten geben sollen, wird der Artist, wenn er ein Mann von wirklicher Fähigkeit ist, nicht auf die Möglichkeit einer abstrakten Idee losarbeiten. Alles, was er sich vornimmt zu zeigen, wird dieses sein, daß irgend eine Eigenschaft die herrschende ist; diese drückt er stark und durch solche Zeichen aus, als sich in den Wirkungen der herrschenden Leidenschaft am sichtbarsten äußern. Und wenn er dieses gethan hat, so dürfen wir, nach der gemeinen Art zu reden oder, wenn man will, als ein Kompliment gegen seine Kunst, gar wohl von einem solchen Porträte sagen, daß es uns nicht sowohl den Menschen, als die Leidenschaft zeige; gerade so, wie die Alten von der berühmten Bildsäule des Apollodorus vom Silanion angemerkt haben, daß sie nicht sowohl den zornigen Apollodorus als die Leidenschaft des Zornes vorstelle.*) Dieses aber muß bloß so verstanden werden, daß er die hauptsächlichen Züge der vorgebildeten Leidenschaft gut ausgedrückt habe. Denn im übrigen behandelt er seinen Vorwurf eben so, wie er jeden andern behandeln würde; das ist: er vergißt die mitverbundenen Eigenschaften nicht und nimmt das allgemeine Ebenmaß und Verhältnis, welches man an einer menschlichen Figur erwartet, in acht. Und das heißt denn die Natur schildern, welche uns kein Beispiel von einem Menschen gibt, der ganz und gar in eine einzige Leidenschaft verwandelt wäre. Keine Metamorphosis könnte seltsamer und unglaublicher sein. Gleichwohl sind Porträte, in diesem tadelhaften Geschmacke verfertiget, die Bewunderung gemeiner Gaffer, die, wenn sie in einer Sammlung das Gemälde, z. E. eines Geizigen (denn ein gewöhnlicheres gibt es wohl in dieser Gattung nicht), erblicken und nach dieser Idee jede Muskel, jeden Zug angestrengt, verzerret und überladen finden, sicherlich nicht ermangeln, ihre Billigung und Bewunderung darüber zu äußern. — Nach diesem Begriffe der Vortrefflichkeit würde Le Bruns Buch von den Leidenschaften eine Folge der besten und richtigsten moralischen Porträte enthalten, und die Charaktere des Theophrasts müßten in Absicht auf das Drama den Charakteren des Terenz weit vorzuziehen sein.

„Ueber das erstere dieser Urteile würde jeder Virtuose in den bildenden Künsten unstreitig lachen. Das letztere aber, fürchte ich, dürften wohl nicht alle so seltsam finden, wenigstens nach der Praxis verschiedener unserer besten komischen Schriftsteller und nach dem Beifalle zu urteilen, welchen dergleichen Stücke gemeiniglich gefunden haben. Es ließen sich leicht fast aus allen charakteristischen Komodien Beispiele anführen. Wer aber die Ungereimtheit, dramatische Sitten nach abstrakten Ideen auszuführen, in ihrem völligen Lichte sehen will, der darf nur B. John-

---

*) Non hominem ex aere fecit, sed iracundiam. Plinius, libr. 34. 8.

sons Jedermann aus seinem Humor*) vor sich nehmen; welches ein charakteristisches Stück sein soll, in der That aber nichts als eine unnatürliche und, wie es die Maler nennen würden,

*) Beim B. Johnson sind zwei Komödien, die er vom Humor benennt hat; die eine: Every Man in his Humour, und die andere: Every Man out of his Humour. Das Wort Humor war zu seiner Zeit aufgekommen und wurde auf die lächerlichste Weise mißbraucht. Sowohl diesen Mißbrauch als den eigentlichen Sinn desselben bemerkt er in folgender Stelle selbst:

As when some one peculiar quality
Doth so possess a Man, that it doth draw
All his affects, his spirits, and his powers,
In their constructions, all to run one way,
This may be truly said to be a humour.
But that a rook by wearing a py'd feather,
The cable hatband, or the three-pil'd ruff,
A yard of shoe-tye, or the Switzer's knot
On his French garters, should affect a humour!
O, it is more than most ridiculous.

In der Geschichte des Humors sind beide Stücke des Johnson also sehr wichtige Dokumente, und das letztere noch mehr als das erstere. Der Humor, den wir den Engländern jetzt so vorzüglich zuschreiben, war damals bei ihnen großenteils Affektation; und vornehmlich diese Affektation lächerlich zu machen, schilderte Johnson Humor. Die Sache genau zu nehmen, müßte auch nur der affektierte, und nie der wahre Humor ein Gegenstand der Komödie sein. Denn nur die Begierde, sich von andern auszuzeichnen, sich durch etwas Eigentümliches merkbar zu machen, ist eine allgemeine menschliche Schwachheit, die nach Beschaffenheit der Mittel, welche sie wählt, sehr lächerlich oder auch sehr strafbar werden kann. Das aber, wodurch die Natur selbst oder eine anhaltende zur Natur gewordene Gewohnheit einen einzelnen Menschen von allen andern auszeichnet, ist viel zu speziell, als daß es sich mit der allgemeinen philosophischen Ansicht des Drama vertragen könnte. Der überhäufte Humor in vielen englischen Stücken dürfte sonach auch wohl das Eigene, aber nicht das Bessere derselben sein. Gewiß ist es, daß sich in dem Drama der Alten keine Spur von Humor findet. Die alten dramatischen Dichter wußten das Kunststück, ihre Personen auch ohne Humor zu individualisieren, ja, die alten Dichter überhaupt. Wohl aber zeigen die alten Geschichtschreiber und Redner dann und wann Humor: wenn nämlich die historische Wahrheit oder die Aufklärung eines gewissen Facti diese genaue Schilderung καθ' ἕκαστον erfordert. Ich habe Exempel davon fleißig gesammelt, die ich auch bloß darum in Ordnung bringen zu können wünschte, um gelegentlich einen Fehler wieder gut zu machen, der ziemlich allgemein geworden ist. Wir übersetzen nämlich jetzt fast durchgängig Humor durch Laune; und ich glaube mir bewußt zu sein, daß ich der erste bin, der es so übersetzt hat. Ich habe sehr unrecht daran gethan, und ich wünschte, daß man mir nicht gefolgt wäre. Denn ich glaube es unwidersprechlich beweisen zu können, daß Humor und Laune ganz verschiedene, ja in gewissem Verstande gerade entgegengesetzte Dinge sind. Laune kann zu Humor werden; aber Humor ist, außer diesem einzigen Falle, nie Laune. Ich hätte die Abstammung unsers deutschen Worts und den gewöhnlichen Gebrauch desselben besser untersuchen und genauer erwägen sollen. Ich schloß zu eilig, weil Laune das französische Humeur harte Schilderung einer Gruppe von für sich bestehenden Leidenschaften ist, wovon man das Urbild in dem wirklichen Leben nirgends findet. Dennoch hat diese Komödie immer ihre Bewunderer gehabt; und besonders muß Randolph von ihrer Einrichtung sehr bezaubert gewesen sein, weil er sie in seinem Spiegel der Muse ausdrücklich nachgeahmt zu haben scheint.

„Auch hierin, müssen wir anmerken, ist Shakespeare, so wie in allen andern noch wesentlichern Schönheiten des Drama, ein vollkommenes Muster. Wer seine Komödien in dieser Absicht aufmerksam durchlesen will, wird finden, daß seine auch noch so kräftig gezeichneten Charaktere, den größten Teil ihrer Rollen durch, sich vollkommen wie alle andere ausdrücken und ihre wesentlichen und herrschenden Eigenschaften nur gelegentlich, so wie die Umstände eine ungezwungene Aeußerung veranlassen, an den Tag legen. Diese besondere Vortrefflichkeit seiner Komödien entstand daher, daß er die Natur getreulich kopierte und sein reges und feuriges Genie auf alles aufmerksam war, was ihm in dem Verlaufe der Szenen Dienliches aufstoßen konnte; dahingegen Nachahmung und geringere Fähigkeiten kleine Skribenten verleiten, sich um die Fertigkeit zu beeifern, diesen einen Zweck keinen Augenblick aus dem Gesichte zu lassen, und mit der ängstlichsten Sorgfalt ihre Lieblingscharaktere in beständigem Spiele und ununterbrochener Thätigkeit zu erhalten. Man könnte über diese ungeschickte Anstrengung ihres Witzes sagen, daß sie mit den Personen ihres Stücks nicht anders umgehen als gewisse spaßhafte Leute mit ihren Bekannten, denen sie mit ihren Höflichkeiten so zusetzen, daß sie ihren Anteil an der allgemeinen Unterhaltung gar nicht nehmen können, sondern nur immer zum Vergnügen der Gesellschaft Sprünge und Männerchen machen müssen."

---

ausdrücke, daß es auch das englische Humour ausdrücken könnte; aber die Franzosen selbst konnen Humour nicht durch Humeur übersetzen. Von den genannten zwei Stücken des Johnson hat das erste, Jedermann in seinem Humor, den vom Hurd hier gerügten Fehler weit weniger. Der Humor, den die Personen desselben zeigen, ist weder so individuell, noch so überladen, daß er mit der gewöhnlichen Natur nicht bestehen könnte; sie sind auch alle zu einer gemeinschaftlichen Handlung so ziemlich verbunden. In dem zweiten hingegen, Jedermann aus seinem Humor, ist fast nicht die geringste Fabel; es treten eine Menge der wunderlichsten Narren nach einander auf, man weiß weder wie, noch warum; und ihr Gespräch ist überall durch ein paar Freunde des Verfassers unterbrochen, die unter dem Namen Grex eingeführt sind und Betrachtung über die Charaktere der Personen und über die Kunst des Dichters, sie zu behandeln, anstellen. Das aus seinem Humor, out of his Humour, zeigt an, daß alle die Personen in Umstände geraten, in welchen sie ihres Humors satt und überdrüssig werden.

Vierundneunzigstes Stück.

Den 25. März 1768.

Und so viel von der Allgemeinheit der komischen Charaktere und den Grenzen dieser Allgemeinheit nach der Idee des Hurd! — Doch es wird nötig sein, noch erst die zweite Stelle beizubringen, wo er erklärt zu haben versichert, in wie weit auch den tragischen Charakteren, ob sie schon nur partikular wären, dennoch eine Allgemeinheit zukomme, ehe wir den Schluß überhaupt machen können, ob und wie Hurd mit Diderot und beide mit dem Aristoteles übereinstimmen.

„Wahrheit," sagt er, „heißt in der Poesie ein solcher Ausdruck, als der allgemeinen Natur der Dinge gemäß ist; Falschheit hingegen ein solcher, als sich zwar zu dem vorhabenden besondern Falle schicket, aber nicht mit jener allgemeinen Natur übereinstimmet. Diese Wahrheit des Ausdrucks in der dramatischen Poesie zu erreichen, empfiehlet Horaz*) zwei Dinge: einmal, die Sokratische Philosophie fleißig zu studieren; zweitens, sich um eine genaue Kenntnis des menschlichen Lebens zu bewerben. Jenes, weil es der eigentümliche Vorzug dieser Schule ist, ad veritatem vitae propius accedere;**) dieses, um unserer Nachahmung eine desto allgemeinere Aehnlichkeit erteilen zu können. Sich hiervon zu überzeugen, darf man nur erwägen, daß man sich in Werken der Nachahmung an die Wahrheit zu genau halten kann, und dieses auf doppelte Weise. Denn entweder kann der Künstler, wenn er die Natur nachbilden will, sich zu ängstlich befleißigen, alle und jede Besonderheiten seines Gegenstandes anzudeuten, und so die allgemeine Idee der Gattung auszudrücken verfehlen. Oder er kann, wenn er sich diese allgemeine Idee zu erteilen bemüht, sie aus zu vielen Fällen des wirklichen Lebens nach seinem weitesten Umfange zusammensetzen, da er sie vielmehr von dem lautern Begriffe, der sich bloß in der Vorstellung der Seele findet, hernehmen sollte. Dieses letztere ist der allgemeine Tadel, womit die Schule der niederländischen Maler zu belegen, als die ihre Vorbilder aus der wirklichen Natur, und nicht, wie die italienische, von dem geistigen Ideale der Schönheit entlehnet.***)

*) De arte poet. v. 310. 317. 318.

**) De Orat. I. 51.

***) Nach Maßgebung der Antiken. Nec enim Phidias, cum faceret Jovis formam aut Minervae, contemplabatur aliquem e quo similitudinem duceret; sed ipsius in mente insidebat species pulchritudinis eximia quaedam, quam intuens in eaque defixus ad illius similitudinem artem et manum dirigebat. (Cic. Or. 2.)

Jenes aber entspricht einem andern Fehler, den man gleichfalls den niederländischen Meistern vorwirft und der dieser ist, daß sie lieber die besondere, seltsame und groteske als die allgemeine und reizende Natur sich zum Vorbilde wählen.

„Wir sehen also, daß der Dichter, indem er sich von der eigenen und besondern Wahrheit entfernet, desto getreuer die allgemeine Wahrheit nachahmet. Und hieraus ergibt sich die Antwort auf jenen spitzfindigen Einwurf, den Plato gegen die Poesie ausgegrübelt hatte und nicht ohne Selbstzufriedenheit vorzutragen schien. Nämlich daß die poetische Nachahmung uns die Wahrheit nur sehr von weitem zeigen könne. Denn der poetische Ausdruck, sagt der Philosoph, ist das Abbild von des Dichters eignen Begriffen; die Begriffe des Dichters sind das Abbild der Dinge; und die Dinge das Abbild des Urbildes, welches in dem göttlichen Verstande existieret. Folglich ist der Ausdruck des Dichters nur das Bild von dem Bilde eines Bildes und liefert uns ursprüngliche Wahrheit nur gleichsam aus der dritten Hand.*) Aber alle diese Vernünftelei fällt weg, sobald man die nur gedachte Regel des Dichters gehörig fasset und fleißig in Ausübung bringet. Denn indem der Dichter von den Wesen alles absondert, was allein das Individuum angehet und unterscheidet, überspringt sein Begriff gleichsam alle die zwischen inne liegenden besondern Gegenstände und erhebt sich, so viel möglich, zu dem göttlichen Urbilde, um so das unmittelbare Nachbild der Wahrheit zu werden. Hieraus lernt man denn auch einsehen, was und wie viel jenes ungewöhnliche Lob, welches der große Kunstrichter der Dichtkunst erteilet, sagen wolle, daß sie, gegen die Geschichte genommen, das ernstere und philosophischere Studium sei: *φιλοσοφωτερον και σπουδαιοτερον ποιησις ἱστοριας ἐστιν.* Die Ursache, welche gleich darauf folgt, ist nun gleichfalls sehr begreiflich: *ἡ μεν γαρ ποιησις μαλλον τα καθολου, ἡ δ' ἱστορια τα καθ' ἑκαστον λεγει.***) Ferner wird hieraus ein wesentlicher Unterschied deutlich, der sich, wie man sagt, zwischen den zwei großen Nebenbuhlern der griechischen Bühne soll befunden haben. Wenn man dem Sophokles vorwarf, daß es seinen Charakteren an Wahrheit fehle, so pflegte er sich damit zu verantworten, daß er die Menschen so schildere, wie sie sein sollten, Euripides aber so, wie sie wären. *Σοφοκλης ἐφη, αὐτος μεν οἱους δει ποιειν, Εὐριπιδης δε οἱοι εἰσι.****) Der Sinn hiervon

*) Plato de Repl. L. X.

**) Dichtkunst, Kap. 9.

***) Dichtkunst, Kap. 25.

ist dieser: Sophokles hatte durch seinen ausgebreitetern Umgang mit Menschen die eingeschränkte enge Vorstellung, welche aus der Betrachtung einzelner Charaktere entsteht, in einen vollständigen Begriff des Geschlechts erweitert; der philosophische Euripides hingegen, der seine meiste Zeit in der Akademie zugebracht hatte und von da aus das Leben übersehen wollte, hielt seinen Blick zu sehr auf das Einzelne, auf wirklich existierende Personen geheftet, versenkte das Geschlecht in das Individuum und malte folglich, den vorhabenden Gegenständen nach, seine Charaktere zwar natürlich und wahr, aber auch dann und wann ohne die höhere allgemeine Aehnlichkeit, die zur Vollendung der poetischen Wahrheit erfodert wird.*)

„Ein Einwurf stößt gleichwohl hier auf, den wir nicht unangezeigt lassen müssen. Man könnte sagen, „daß philosophische Spekulationen die Begriffe eines Menschen eher abstrakt und allgemein machen, als sie auf das Individuelle einschränken müßten. Das letztere sei ein Mangel, welcher aus der kleinen Anzahl von Gegenständen entspringe, die den Menschen zu betrachten vorkommen; und diesem Mangel sei nicht allein dadurch abzuhelfen, daß man sich mit mehrern Individuis bekannt mache, als worin die Kenntnis der Welt bestehe; sondern auch dadurch, daß man über die allgemeine Natur der Menschen nachdenke, so wie sie in guten moralischen Büchern gelehrt werde. Denn die Verfasser solcher Bücher hätten ihren allgemeinen Begriff von der menschlichen Natur nicht anders als aus einer ausgebreiteten Erfahrung (es sei nun ihrer eignen oder fremden) haben können, ohne welche ihre Bücher sonst von keinem Werte sein würden." Die Antwort hierauf, dünkt mich, ist diese.

*) Diese Erklärung ist der, welche Dacier von der Stelle des Aristoteles gibt, weit vorzuziehen. Nach den Worten der Uebersetzung scheinet Dacier zwar eben das zu sagen, was Hurd sagt: que Sophocle faisoit ses Héros, comme ils devoient être et qu'Euripide les faisoit comme ils étoient. Aber er verbindet im Grunde einen ganz andern Begriff damit. Hurd verstehet unter dem Wie sie sein sollten die allgemeine abstrakte Idee des Geschlechts, nach welcher der Dichter seine Personen mehr als nach ihren individuellen Verschiedenheiten schildern müsse. Dacier aber denkt sich dabei eine höhere moralische Vollkommenheit, wie sie der Mensch zu erreichen fähig sei, ob er sie gleich nur selten erreiche; und diese, sagt er, habe Sophokles seinen Personen gewöhnlicherweise beigelegt: Sophocle tâchoit de rendre ses imitations parfaites, en suivant toujours bien plus ce qu'une belle Nature étoit capable de faire, que ce qu'elle faisoit. Allein diese höhere moralische Vollkommenheit gehört gerade zu jenem allgemeinen Begriffe nicht; sie stehet dem Individuo zu, aber nicht dem Geschlechte; und der Dichter, der sie seinen Personen beilegt, schildert gerade umgekehrt, mehr in der Manier des Euripides als des Sophokles. Die weitere Ausführung hievon verdienet mehr als eine Note.

Durch Erwägung der allgemeinen Natur des Menschen lernet der Philosoph, wie die Handlung beschaffen sein muß, die aus dem Uebergewichte gewisser Neigungen und Eigenschaften entspringet: das ist, er lernet das Betragen überhaupt, welches der beigelegte Charakter erfodert. Aber deutlich und zuverlässig zu wissen, wie weit und in welchem Grade von Stärke sich dieser oder jener Charakter bei besondern Gelegenheiten wahrscheinlicherweise äußern würde, das ist einzig und allein eine Frucht von unserer Kenntnis der Welt. Daß Beispiele von dem Mangel dieser Kenntnis bei einem Dichter, wie Euripides war, sehr häufig sollten gewesen sein, läßt sich nicht wohl annehmen; auch werden, wo sich dergleichen in seinen übrig gebliebenen Stücken etwa finden sollten, sie schwerlich so offenbar sein, daß sie auch einem gemeinen Leser in die Augen fallen müßten. Es können nur Feinheiten sein, die allein der wahre Kunstrichter zu unterscheiden vermögend ist; und auch diesem kann in einer solchen Entfernung von Zeit aus Unwissenheit der griechischen Sitten wohl etwas als ein Fehler vorkommen, was im Grunde eine Schönheit ist. Es würde also ein sehr gefährliches Unternehmen sein, die Stellen im Euripides anzeigen zu wollen, welche Aristoteles diesem Tadel unterworfen zu sein geglaubt hatte. Aber gleichwohl will ich es wagen, eine anzuführen, die, wenn ich sie auch schon nicht nach aller Gerechtigkeit kritisieren sollte, wenigstens meine Meinung zu erläutern dienen kann.

Fünfundneunzigstes Stück.

Den 29. März 1768.

„Die Geschichte seiner Elektra ist ganz bekannt. Der Dichter hatte in dem Charakter dieser Prinzessin ein tugendhaftes, aber mit Stolz und Groll erfülltes Frauenzimmer zu schildern, welches durch die Härte, mit der man sich gegen sie selbst betrug, erbittert war und durch noch weit stärkere Bewegungsgründe angetrieben ward, den Tod eines Vaters zu rächen. Eine solche heftige Gemütsverfassung, kann der Philosoph in seinem Winkel wohl schließen, muß immer sehr bereit sein, sich zu äußern. Elektra, kann er wohl einsehen, muß bei der geringsten schicklichen Gelegenheit ihren Groll an den Tag legen und die Ausführung ihres Vorhabens beschleunigen zu können wünschen. Aber zu welcher Höhe dieser Groll steigen darf? d. i. wie stark Elektra ihre Rachsucht ausdrücken darf, ohne daß ein Mann, der mit dem menschlichen Geschlechte und mit den Wirkungen der Leidenschaften im ganzen bekannt ist, dabei ausrufen kann: das ist unwahrscheinlich? Dieses auszumachen, wird die abstrakte Theorie von wenig Nutzen sein. Sogar eine nur mäßige Bekanntschaft mit dem wirklichen Leben ist hier nicht hinlänglich, uns zu leiten. Man kann eine Menge Individua bemerkt haben, welche den Poeten, der den Ausdruck eines solchen Grolles bis auf das Aeußerste getrieben hätte, zu rechtfertigen scheinen. Selbst die Geschichte dürfte vielleicht Exempel an die Hand geben, wo eine tugendhafte Erbitterung auch wohl noch weiter getrieben worden, als es der Dichter hier vorgestellet. Welches sind denn nun also die eigentlichen Grenzen derselben, und wodurch sind sie zu bestimmen? Einzig und allein durch Bemerkung so vieler einzelnen Fälle als möglich; einzig und allein vermittelst der ausgebreitetsten Kenntnis, wie viel eine solche Erbitterung über dergleichen Charaktere unter dergleichen Umständen im wirklichen Leben gewöhnlicherweise vermag. So verschieden diese Kenntnis in Ansehung ihres Umfanges ist, so verschieden wird denn auch die Art der Vorstellung sein. Und nun wollen wir sehen, wie der vorhabende Charakter von dem Euripides wirklich behandelt worden.

„In der schönen Szene, welche zwischen der Elektra und dem Orestes vorfällt, von dem sie aber noch nicht weiß, daß er ihr Bruder ist, kömmt die Unterredung ganz natürlich auf die Unglücksfälle der Elektra und auf den Urheber derselben, die Klytämnestra, sowie auch auf die Hoffnung, welche Elektra hat, von ihren Drangsalen durch den Orestes befreit zu werden. Das Gespräch, wie es hierauf weitergeht, ist dieses:

„Orestes. Und Orestes? Gesetzt, er käme nach Argos zurück —

„Elektra. Wozu diese Frage, da er allem Ansehen nach niemals zurückkommen wird?

„Orestes. Aber gesetzt, er käme! Wie müßte er es anfangen, um den Tod seines Vaters zu rächen?

„Elektra. Sich eben des erkühnen, wessen die Feinde sich gegen seinen Vater erkühnten.

„Orestes. Wolltest du es wohl mit ihm wagen, deine Mutter umzubringen?

„Elektra. Sie mit dem nämlichen Eisen umbringen, mit welchem sie meinen Vater mordete!

„Orestes. Und darf ich das als deinen festen Entschluß deinem Bruder vermelden?

„Elektra. Ich will meine Mutter umbringen, oder nicht leben!

„Das Griechische ist noch stärker:

„Θανοιμι, μητρος αἱμ' ἐπισφαξασ' ἐμης.

„Ich will gern des Todes sein, sobald ich meine Mutter umgebracht habe!

Möchten wenigstens nur diejenigen Stücke des Menanders auf uns gekommen sein, welche Terenz genutzt hat! Ich kann mir nichts Unterrichtenders denken, als eine Vergleichung dieser griechischen Originale mit den lateinischen Kopien sein würde.

Denn gewiß ist es, daß Terenz kein bloßer sklavischer Uebersetzer gewesen. Auch da, wo er den Faden des Menandrischen Stückes völlig beibehalten, hat er sich noch manchen kleinen Zusatz, manche Verstärkung oder Schwächung eines und des andern Zuges erlaubt; wie uns deren verschiedne Donatus in seinen Scholien angezeigt. Nur schade, daß sich Donatus immer so kurz und öfters so dunkel darüber ausdrückt (weil zu seiner Zeit die Stücke des Menanders noch selbst in jedermanns Händen waren), daß es schwer wird, über den Wert oder Unwert solcher Terenzischen Künsteleien etwas Zuverlässiges zu sagen. In den Brüdern findet sich hiervon ein sehr merkwürdiges Exempel.

Hundertstes Stück.

Den 15. April 1768.

Demea, wie schon angemerkt, will im fünften Akte dem Micio eine Lektion nach seiner Art geben. Er stellt sich lustig, um die andern wahre Ausschweifungen und Tollheiten begehen zu lassen; er spielt den Freigebigen, aber nicht aus seinem, sondern aus des Bruders Beutel; er möchte diesen lieber auf einmal ruinieren, um nur das boshafte Vergnügen zu haben, ihm am Ende sagen zu können: „Nun sieh, was du von deiner Gutherzigkeit hast!“ So lange der ehrliche Micio nur von seinem Vermögen dabei zusetzt, lassen wir uns den hämischen Spaß ziemlich gefallen. Aber nun kömmt es dem Verräter gar ein, den guten Hagestolz mit einem alten verlebten Mütterchen zu verkuppeln. Der bloße Einfall macht uns anfangs zu lachen; wenn wir aber endlich sehen, daß es Ernst damit wird, daß sich Micio wirklich die Schlinge über den Kopf werfen läßt, der er mit einer einzigen ernsthaften Wendung hätte ausweichen können: wahrlich, so wissen wir kaum mehr, auf wen wir ungehaltner sein sollen, ob auf den Demea oder auf den Micio.*)

---

*) Act. V. Sc. VIII.

De. Ego vero jubeo, et in hac re, et in aliis omnibus,
Quam maxime unam facere nos hanc familiam;
Colere, adjuvare, adjungere. *Aes.* Ita quaeso pater.
Mi. Haud aliter censeo. *De.* Imo hercle ita nobis decet.
Primum hujus uxoris est mater. *Mi.* Quid postea?
De. Proba, et modesta. *Mi.* Ita ajunt. *De.* Natu grandior.

Demea. Ja wohl ist das mein Wille! Wir müssen von nun an mit diesen guten Leuten nur eine Familie machen; wir müssen ihnen auf alle Weise aufhelfen, uns auf alle Art mit ihnen verbinden. —

Aeschinus. Das bitte ich, mein Vater.

Micio. Ich bin gar nicht dagegen.

Demea. Es schickt sich auch nicht anders für uns. — Denn erst ist sie seiner Frauen Mutter —

Micio. Nun dann?

Demea. Auf die nichts zu sagen; brav, ehrbar —

Micio. So höre ich.

Demea. Bei Jahren ist sie auch.

Micio. Ja wohl.

Demea. Kinder kann sie schon lange nicht mehr haben. Dazu ist niemand, der sich um sie bekümmerte; sie ist ganz verlassen.

Micio. Was will der damit?

Demea. Die mußt du billig heiraten, Bruder. Und du (zum Aeschinus) mußt ja machen, daß er es thut.

Micio. Ich? sie heiraten?

Demea. Du!

Micio. Ich?

Mi. Scio. *De.* Parere jam diu haec per annos non potest:
Nec qui eam respiciat, quisquam est; sola est. *Mi.* Quam hic rem agit?
De. Hanc te aequum est ducere; et te operam, ut fiat, dare.
Mi. Me ducere autem? *De.* Te. *Mi.* Me? *De.* Te inquam. *Mi.* Ineptis. *De.* Si tu sis homo,
Hic faciat. *Aes.* Mi pater. *Mi.* Quid? Tu autem huic, asine, auscultas. *De.* Nihil agis.
Fieri aliter non potest. *Mi.* Deliras. *Aes.* Sine te exorem, mi pater.
Mi. Insanis, aufer. *De.* Age, da veniam filio. *Mi.* Satin' sanus es?
Ego novus maritus anno demum quinto et sexagesimo
Fiam; atque anum decrepitam ducam? Idne estis auctores mihi?
Aes. Fac; promisi ego illis. *Mi.* Promisti autem? de te largitor puer.
De. Age, quid, si quid te majus oret? *Mi.* Quasi non hoc sit maximum.
De. Da veniam. *Aes.* Ne gravere. *De.* Fac, promitte. *Mi.* Non omittis?
Aes. Non; nisi te exorem. *Mi.* Vis est haec quidem. *De.* Age prolixe Micio.
Mi. Etsi hoc mihi pravum, ineptum, absurdum, atque alienum a vita mea
Videtur: si vos tantopere istuc vultis, fiat. — — —

Demea. Du! wie gesagt, du!

Micio. Du bist nicht klug.

Demea (zum Aeschinus). Nun zeige, was du kannst! Er muß!

Aeschinus. Mein Vater —

Micio. Wie? — Und du, Geck, kannst ihm noch folgen?

Demea. Du sträubest dich umsonst; es kann nun einmal nicht anders sein.

Micio. Du schwärmst.

Aeschinus. Laß dich erbitten, mein Vater!

Micio. Rasest du? Geh!

Demea. O, so mach' dem Sohne doch die Freude!

Micio. Bist du wohl bei Verstande? Ich, in meinem fünfundsechzigsten Jahre noch heiraten? Und ein altes verlebtes Weib heiraten? Das könnet ihr mir zumuten?

Aeschinus. Thu es immer! Ich habe es ihnen versprochen.

Micio. Versprochen gar? — Bürschchen, versprich für dich, was du versprechen willst!

Demea. Frisch! Wenn es nun etwas Wichtigeres wäre, warum er dich bäte?

Micio. Als ob etwas Wichtigers sein könnte wie das?

Demea. So willfahre ihm doch nur!

Aeschinus. Sei uns nicht zuwider!

Demea. Fort, versprich!

Micio. Wie lange soll das währen?

Aeschinus. Bis du dich erbitten lassen.

Micio. Aber das heißt Gewalt brauchen.

Demea. Thu ein Uebriges, guter Micio!

Micio. Nun dann; — ob ich es zwar sehr unrecht, sehr abgeschmackt finde; ob es sich schon weder mit der Vernunft, noch mit meiner Lebensart reimet: — weil ihr doch so sehr darauf besteht; es sei!

„Nein," sagt die Kritik; „das ist zu viel! Der Dichter ist hier mit Recht zu tadeln. Das einzige, was man noch zu seiner Rechtfertigung sagen könnte, wäre dieses, daß er die nachteiligen Folgen einer übermäßigen Gutherzigkeit habe zeigen wollen. Doch Micio hat sich bis dahin so liebenswürdig bewiesen, er hat so viel Verstand, so viele Kenntnis der Welt gezeigt, daß diese seine letzte Ausschweifung wider alle Wahrscheinlichkeit ist und den feinern Zuschauer notwendig beleidigen muß. Wie gesagt also: der Dichter ist hier zu tadeln, auf alle Weise zu tadeln!"

Aber welcher Dichter? Terenz? oder Menander? oder beide? — Der neue englische Uebersetzer des Terenz, Colmann, will den größern Teil des Tadels auf den Menander zurückschieben und glaubt aus einer Anmerkung des Donatus beweisen zu können, daß Terenz die Ungereimtheit seines Originals in dieser Stelle wenigstens sehr gemildert habe. Donatus sagt nämlich: Apud Menandrum senex de nuptiis non gravatur. Ergo Terentius εὑρητικως.

„Es ist sehr sonderbar," erklärt sich Colmann, „daß diese Anmerkung des Donatus so gänzlich von allen Kunstrichtern übersehen worden, da sie bei unserm Verluste des Menanders doch um so viel mehr Aufmerksamkeit verdienet. Unstreitig ist es, daß Terenz in dem letzten Akte dem Plane des Menanders gefolgt ist; ob er nun aber schon die Ungereimtheit, den Micio mit der alten Mutter zu verheiraten, angenommen, so lernen wir doch vom Donatus, daß dieser Umstand ihm selber anstößig gewesen und er sein Original dahin verbessert, daß er den Micio alle den Widerwillen gegen eine solche Verbindung äußern lassen, den er in dem Stücke des Menanders, wie es scheinet, nicht geäußert hatte."

Es ist nicht unmöglich, daß ein römischer Dichter nicht einmal etwas besser könne gemacht haben als ein griechischer. Aber der bloßen Möglichkeit wegen möchte ich es gern in keinem Falle glauben.

Colmann meinet also, die Worte des Donatus: Apud Menandrum senex de nuptiis non gravatur, hießen so viel als: beim Menander sträubet sich der Alte gegen die Heirat nicht. Aber wie, wenn sie das nicht hießen? Wenn sie vielmehr zu übersetzen wären: beim Menander fällt man dem Alten mit der Heirat nicht beschwerlich? Nuptias gravari würde zwar allerdings jenes heißen: aber auch de nuptiis gravari? In jener Redensart wird gravari gleichsam als ein Deponens gebraucht, in dieser aber ist es ja wohl das eigentliche Passivum und kann also meine Auslegung nicht allein leiden, sondern vielleicht wohl gar keine andere leiden als sie.

Wäre aber dieses: wie stünde es dann um den Terenz? Er hätte sein Original so wenig verbessert, daß er es vielmehr verschlimmert hätte; er hätte die Ungereimtheit mit der Verheiratung des Micio durch die Weigerung desselben nicht gemildert, sondern sie selber erfunden. Terentius εὑρητικως! Aber nur, daß es mit den Erfindungen der Nachahmer nicht weit her ist!

Hundertunderstes, zweites, drittes und viertes Stück.

Den 19. April 1768.

Hundertunderstes bis viertes? — Ich hatte mir vorgenommen, den Jahrgang dieser Blätter nur aus hundert Stücken bestehen zu lassen. Zweiundfunfzig Wochen, und die Woche zwei

Stück, geben zwar allerdings hundertundvier. Aber warum sollte unter allen Tagewerkern dem einzigen wöchentlichen Schriftsteller kein Feiertag zu statten kommen? Und in dem ganzen Jahre nur viere, ist ja so wenig!

Doch Dodsley und Compagnie haben dem Publiko in meinem Namen ausdrücklich hundertundvier Stück versprochen. Ich werde die guten Leute schon nicht zu Lügnern machen müssen.

Die Frage ist nur: wie fange ich es am besten an? — Der Zeug ist schon verschnitten; ich werde einflicken oder recken müssen. — Aber das klingt so stümpermäßig. Mir fällt ein — was mir gleich hätte einfallen sollen: die Gewohnheit der Schauspieler, auf ihre Hauptvorstellung ein kleines Nachspiel folgen zu lassen. Das Nachspiel kann handeln, wovon es will, und braucht mit dem Vorhergehenden nicht in der geringsten Verbindung zu stehen. — So ein Nachspiel dann mag die Blätter nun füllen, die ich mir ganz ersparen wollte.

Erst ein Wort von mir selbst! Denn warum sollte nicht auch ein Nachspiel einen Prolog haben dürfen, der sich mit einem Poeta, cum primum animum ad scribendum appulit, anfinge?

Als vor Jahr und Tag einige gute Leute hier den Einfall bekamen, einen Versuch zu machen, ob nicht für das deutsche Theater sich etwas mehr thun lasse, als unter der Verwaltung eines sogenannten Prinzipals geschehen könne: so weiß ich nicht, wie man auf mich dabei fiel und sich träumen ließ, daß ich bei diesem Unternehmen wohl nützlich sein könnte? — Ich stand eben am Markte und war müßig; niemand wollte mich dingen, ohne Zweifel, weil mich niemand zu brauchen wußte; bis gerade auf diese Freunde! — Noch sind mir in meinem Leben alle Beschäftigungen sehr gleichgültig gewesen: ich habe mich nie zu einer gedrungen oder nur erboten; aber auch die geringfügigste nicht von der Hand gewiesen, zu der ich mich aus einer Art von Prädilektion erlesen zu sein glauben konnte.

Ob ich zur Aufnahme des hiesigen Theaters konkurrieren wolle? darauf war also leicht geantwortet. Alle Bedenklichkeiten waren nur die: ob ich es könne? und wie ich es am besten könne?

Ich bin weder Schauspieler, noch Dichter.

Man erweiset mir zwar manchmal die Ehre, mich für den letztern zu erkennen. Aber nur, weil man mich verkennt. Aus einigen dramatischen Versuchen, die ich gewagt habe, sollte man nicht so freigebig folgern. Nicht jeder, der den Pinsel in die Hand nimmt und Farben verquistet, ist ein Maler. Die ältesten von jenen Versuchen sind in den Jahren hingeschrieben, in welchen man Lust und Leichtigkeit so gern für Genie hält. Was in den neueren Erträgliches ist, davon bin ich mir selbst bewußt, daß ich es einzig und allein der Kritik zu verdanken habe. Ich fühle die lebendige Quelle nicht in mir, die durch eigene Kraft sich emporarbeitet, durch eigene Kraft in so reichen, so frischen, so reinen Strahlen aufschießt; ich muß alles durch Druckwerk und Röhren aus mir herauspressen. Ich würde so arm, so kalt, so kurzsichtig sein, wenn ich nicht einigermaßen gelernt hätte, fremde Schätze bescheiden zu borgen, an fremdem Feuer mich zu wärmen und durch die Gläser der Kunst mein Auge zu stärken. Ich bin daher immer beschämt oder verdrüßlich geworden, wenn ich zum Nachteil der Kritik etwas las oder hörte. Sie soll das Genie ersticken; und ich schmeichelte mir, etwas von ihr zu erhalten, was dem Genie sehr nahe kömmt. Ich bin ein Lahmer, den eine Schmähschrift auf die Krücke unmöglich erbauen kann.

Doch freilich; wie die Krücke dem Lahmen wohl hilft, sich von einem Orte zum andern zu bewegen, aber ihn nicht zum Läufer machen kann: so auch die Kritik. Wenn ich mit ihrer Hilfe etwas zu stande bringe, welches besser ist, als es einer von meinen Talenten ohne Kritik machen würde: so kostet es mich so viel Zeit, ich muß von andern Geschäften so frei, von unwillkürlichen Zerstreuungen so ununterbrochen sein, ich muß meine ganze Belesenheit so gegenwärtig haben, ich muß bei jedem Schritte alle Bemerkungen, die ich jemals über Sitten und Leidenschaften gemacht, so ruhig durchlaufen können, daß zu einem Arbeiter, der ein Theater mit Neuigkeiten unterhalten soll, niemand in der Welt ungeschickter sein kann als ich.

Was Goldoni für das italienische Theater that, der es in einem Jahre mit dreizehn neuen Stücken bereicherte, das muß ich für das deutsche zu thun folglich bleiben lassen. Ja, das würde ich bleiben lassen, wenn ich es auch könnte. Ich bin mißtrauischer gegen alle ersten Gedanken, als De la Casa und der alte Shandy nur immer gewesen sind. Denn wenn ich sie auch schon nicht für Eingebungen des bösen Feindes, weder des eigentlichen noch des allegorischen, halte,*) so denke ich doch immer,

---

*) An opinion *John de la Casa*, archbishop of Benevento, was afflicted with — which opinion was, — that whenever a Christian was writing a book (not for his private amusement, but) where his intent and purpose was bona fide, to print and publish it to the world, his first throughts were always the temptations of the evil one. — My father was hugely pleased with this theory of John de la Casa; and (had it not cramped him a little in his creed) I believe would have given ten of the best acres in the Shandy estate, to have been the broacher of it; — but as he could not have the honour of it in the litteral sense of the doctrine, he took up with the allegory of it. Prejudice of education, he would say, is the devil etc. (Life and Op. of Tristram Shandy Vol. V. p. 74.)

daß die ersten Gedanken die besten sind und daß das Beste auch nicht einmal in allen Suppen obenauf zu schwimmen pflegt. Meine erste Gedanken sind gewiß kein Haar besser als jedermanns erste Gedanken, und mit jedermanns Gedanken bleibt man am klügsten zu Hause.

— Endlich fiel man darauf, selbst das, was mich zu einem so langsamen oder, wie es meinen rüstigern Freunden scheinet, so faulen Arbeiter macht, selbst das an mir nutzen zu wollen: die Kritik. Und so entsprang die Idee zu diesem Blatte. —

Sie gefiel mir, diese Idee. Sie erinnerte mich an die Didaskalien der Griechen, d. i. an die kurzen Nachrichten, dergleichen selbst Aristoteles von den Stücken der griechischen Bühne zu schreiben der Mühe wert gehalten. Sie erinnerte mich, vor langer Zeit einmal über den grundgelehrten Casaubonus bei mir gelacht zu haben, der sich aus wahrer Hochachtung für das Solide in den Wissenschaften einbildete, daß es dem Aristoteles vornehmlich um die Berichtigung der Chronologie bei seinen Didaskalien zu thun gewesen.*) — Wahrhaftig, es wäre auch eine ewige Schande für den Aristoteles, wenn er sich mehr um den poetischen Wert der Stücke, mehr um ihren Einfluß auf die Sitten, mehr um die Bildung des Geschmacks darin bekümmert hätte als um die Olympiade, als um das Jahr der Olympiade, als um die Namen der Archonten, unter welchen sie zuerst aufgeführet worden!

Ich war schon willens, das Blatt selbst Hamburgische Didaskalien zu nennen. Aber der Titel klang mir allzu fremd, und nun ist es mir sehr lieb, daß ich ihm diesen vorgezogen habe. Was ich in eine Dramaturgie bringen oder nicht bringen wollte, das stand bei mir; wenigstens hatte mir Lione Allacci deßfalls nichts vorzuschreiben. Aber wie eine Didaskalie aussehen müsse, glauben die Gelehrten zu wissen, wenn es auch nur aus den noch vorhandenen Didaskalien des Terenz wäre, die eben dieser Casaubonus breviter et eleganter scriptas nennt. Ich hatte weder Lust, meine Didaskalien so kurz, noch so elegant zu schreiben; und unsere itztlebende Casauboni würden die Köpfe trefflich geschüttelt haben, wenn sie gefunden hätten, wie selten ich irgend eines chronologischen Umstandes gedenke, der künftig einmal, wenn Millionen anderer Bücher verloren gegangen wären, auf

*) (Animadv. in Athenaeum Libr. VI. cap. 7.) *Διδασκαλια* accipitur pro eo scripto, quo explicatur ubi, quando, quomodo et quo eventu fabula aliqua fuerit acta. — Quantum critici hac diligentia veteres chronologos adjuverint, soli aestimabunt illi, qui norunt quam infirma et tenuia praesidia habuerint, qui ad ineundam fugacis temporis rationem primi animum appulerunt. Ego non dubito, eo potissimum spectasse Aristotelem, cum *Διδασκαλιας* suas componeret. —

irgend ein historisches Faktum einiges Licht werfen könnte. In welchem Jahre Ludewigs des Vierzehnten oder Ludewigs des Funfzehnten, ob zu Paris oder zu Versailles, ob in Gegenwart der Prinzen vom Geblüte, oder nicht der Prinzen vom Geblüte, dieses oder jenes französische Meisterstück zuerst aufgeführt worden: das würden sie bei mir gesucht und zu ihrem großen Erstaunen nicht gefunden haben.

Was sonst diese Blätter werden sollten, darüber habe ich mich in der Ankündigung erkläret; was sie wirklich geworden, das werden meine Leser wissen. Nicht völlig das, wozu ich sie zu machen versprach: etwas anderes; aber doch, denk' ich, nichts Schlechteres.

„Sie sollten jeden Schritt begleiten, den die Kunst, sowohl des Dichters als des Schauspielers, hier thun würde."

Die letztere Hälfte bin ich sehr bald überdrüssig geworden. Wir haben Schauspieler, aber keine Schauspielkunst. Wenn es vor alters eine solche Kunst gegeben hat: so haben wir sie nicht mehr; sie ist verloren; sie muß ganz von neuem wieder erfunden werden. Allgemeines Geschwätze darüber hat man in verschiedenen Sprachen genug; aber spezielle, von jedermann erkannte, mit Deutlichkeit und Präzision abgefaßte Regeln, nach welchen der Tadel oder das Lob des Acteurs in einem besondern Falle zu bestimmen sei, deren wüßte ich kaum zwei oder drei. Daher kömmt es, daß alles Raisonnement über diese Materie immer so schwankend und vieldeutig scheinet, daß es eben kein Wunder ist, wenn der Schauspieler, der nichts als eine glückliche Routine hat, sich auf alle Weise dadurch beleidiget findet. Gelobt wird er sich nie genug, getadelt aber allezeit viel zu viel glauben; ja, öfters wird er gar nicht einmal wissen, ob man ihn tadeln oder loben wollen. Ueberhaupt hat man die Anmerkung schon längst gemacht, daß die Empfindlichkeit der Künstler in Ansehung der Kritik in eben dem Verhältnisse steigt, in welchem die Gewißheit und Deutlichkeit und Menge der Grundsätze ihrer Künste abnimmt. — So viel zu meiner und selbst zu deren Entschuldigung, ohne die ich mich nicht zu entschuldigen hätte.

Aber die erstere Hälfte meines Versprechens? Bei dieser ist freilich das Hier zur Zeit noch nicht sehr in Betrachtung gekommen, — und wie hätte es auch können? Die Schranken sind noch kaum geöffnet, und man wollte die Wettläufer lieber schon bei dem Ziele sehen, bei einem Ziele, das ihnen alle Augenblicke immer weiter und weiter hinausgesteckt wird? Wenn das Publikum fragt: „Was ist denn nun geschehen?" und mit einem höhnischen „Nichts" sich selbst antwortet, so frage ich wiederum: „Und was hat denn das Publikum gethan, damit etwas geschehen könnte?" Auch nichts; ja, noch etwas Schlimmers als nichts.

Nicht genug, daß es das Werk nicht allein nicht befördert: es hat ihm nicht einmal seinen natürlichen Lauf gelassen. — Ueber den gutherzigen Einfall, den Deutschen ein Nationaltheater zu verschaffen, da wir Deutsche noch keine Nation sind! Ich rede nicht von der politischen Verfassung, sondern bloß von dem sittlichen Charakter. Fast sollte man sagen, dieser sei: keinen eigenen haben zu wollen. Wir sind noch immer die geschwornen Nachahmer alles Ausländischen, besonders noch immer die unterthänigen Bewunderer der nie genug bewunderten Franzosen; alles, was uns von jenseit dem Rheine kömmt, ist schön, reizend, allerliebst, göttlich; lieber verleugnen wir Gesicht und Gehör, als daß wir es anders finden sollten; lieber wollen wir Plumpheit für Ungezwungenheit, Frechheit für Grazie, Grimasse für Ausdruck, ein Geklingle von Reimen für Poesie, Geheule für Musik uns einreden lassen, als im geringsten an der Superiorität zweifeln, welche dieses liebenswürdige Volk, dieses erste Volk in der Welt, wie es sich selbst sehr bescheiden zu nennen pflegt, in allem, was gut und schön und erhaben und anständig ist, von dem gerechten Schicksale zu seinem Anteile erhalten hat. —

Doch dieser Locus communis ist so abgedroschen, und die nähere Anwendung desselben könnte leicht so bitter werden, daß ich lieber davon abbreche.

Ich war also genötiget, anstatt der Schritte, welche die Kunst des dramatischen Dichters hier wirklich könnte gethan haben, mich bei denen zu verweilen, die sie vorläufig thun müßte, um sodann mit eins ihre Bahn mit desto schnellern und größern zu durchlaufen. Es waren die Schritte, welche ein Irrender zurückgehen muß, um wieder auf den rechten Weg zu gelangen und sein Ziel gerade in das Auge zu bekommen.

Seines Fleißes darf sich jedermann rühmen: ich glaube, die dramatische Dichtkunst studiert zu haben; sie mehr studiert zu haben als zwanzig, die sie ausüben. Auch habe ich sie so weit ausgeübet, als es nötig ist, um mitsprechen zu dürfen; denn ich weiß wohl, so wie der Maler sich von niemanden gern tadeln läßt, der den Pinsel ganz und gar nicht zu führen weiß, so auch der Dichter. Ich habe es wenigstens versucht, was er bewerkstelligen muß, und kann von dem, was ich selbst nicht zu machen vermag, doch urteilen, ob es sich machen läßt. Ich verlange auch nur eine Stimme unter uns, wo so mancher sich eine anmaßt, der, wenn er nicht dem oder jenem Ausländer nachplaudern gelernt hätte, stummer sein würde als ein Fisch.

Aber man kann studieren, und sich tief in den Irrtum hineinstudieren. Was mich also versichert, daß mir dergleichen nicht begegnet sei, daß ich das Wesen der dramatischen Dichtkunst nicht verkenne, ist dieses, daß ich es vollkommen so erkenne, wie es

Aristoteles aus den unzähligen Meisterstücken der griechischen Bühne abstrahieret hat. Ich habe von dem Entstehen, von der Grundlage der Dichtkunst dieses Philosophen meine eigene Gedanken, die ich hier ohne Weitläuftigkeit nicht äußern könnte. Indes steh' ich nicht an, zu bekennen (und sollte ich in diesen erleuchteten Zeiten auch darüber ausgelacht werden!), daß ich sie für ein eben so unfehlbares Werk halte, als die Elemente des Euklides nur immer sind. Ihre Grundsätze sind eben so wahr und gewiß, nur freilich nicht so faßlich, und daher mehr der Schikane ausgesetzt als alles, was diese enthalten. Besonders getraue ich mir von der Tragödie, als über die uns die Zeit so ziemlich alles daraus gönnen wollen, unwidersprechlich zu beweisen, daß sie sich von der Richtschnur des Aristoteles keinen Schritt entfernen kann, ohne sich eben so weit von ihrer Vollkommenheit zu entfernen.

Nach dieser Ueberzeugung nahm ich mir vor, einige der berühmtesten Muster der französischen Bühne ausführlich zu beurteilen. Denn diese Bühne soll ganz nach den Regeln des Aristoteles gebildet sein; und besonders hat man uns Deutsche bereden wollen, daß sie nur durch diese Regeln die Stufe der Vollkommenheit erreicht habe, auf welcher sie die Bühnen aller neuern Völker so weit unter sich erblicke. Wir haben das auch lange so fest geglaubt, daß bei unsern Dichtern, den Franzosen nachahmen, eben so viel gewesen ist, als nach den Regeln der Alten arbeiten.

Indes konnte das Vorurteil nicht ewig gegen unser Gefühl bestehen. Dieses ward glücklicherweise durch einige Englische Stücke aus seinem Schlummer erwecket, und wir machten endlich die Erfahrung, daß die Tragödie noch einer ganz andern Wirkung fähig sei, als ihr Corneille und Racine zu erteilen vermocht. Aber geblendet von diesem plötzlichen Strahle der Wahrheit, prallten wir gegen den Rand eines andern Abgrundes zurück. Den englischen Stücken fehlten zu augenscheinlich gewisse Regeln, mit welchen uns die französischen so bekannt gemacht hatten. Was schloß man daraus? Dieses: daß sich auch ohne diese Regeln der Zweck der Tragödie erreichen lasse; ja, daß diese Regeln wohl gar schuld sein könnten, wenn man ihn weniger erreiche.

Und das hätte noch hingehen mögen! — Aber mit diesen Regeln fing man an, alle Regeln zu vermengen und es überhaupt für Pedanterei zu erklären, dem Genie vorzuschreiben, was es thun und was es nicht thun müsse. Kurz, wir waren auf dem Punkte, uns alle Erfahrungen der vergangenen Zeit mutwillig zu verscherzen und von den Dichtern lieber zu verlangen, daß jeder die Kunst aufs neue für sich erfinden solle.

Ich wäre eitel genug, mir einiges Verdienst um unser Theater beizumessen, wenn ich glauben dürfte, das einzige Mittel getroffen zu haben, diese Gärung des Geschmacks zu hemmen. Darauf los gearbeitet zu haben, darf ich mir wenigstens schmeicheln, indem ich mir nichts angelegner sein lassen, als den Wahn von der Regelmäßigkeit der französischen Bühne zu bestreiten. Gerade keine Nation hat die Regeln des alten Drama mehr verkannt als die Franzosen. Einige beiläufige Bemerkungen, die sie über die schicklichste äußere Einrichtung des Drama bei dem Aristoteles fanden, haben sie für das Wesentliche angenommen und das Wesentliche, durch allerlei Einschränkungen und Deutungen dafür so entkraftet, daß notwendig nichts anders als Werke daraus entstehen konnten, die weit unter der höchsten Wirkung blieben, auf welche der Philosoph seine Regeln kalkuliert hatte.

Ich wage es, hier eine Aeußerung zu thun, mag man sie doch nehmen, wofür man will! — Man nenne mir das Stück des großen Corneille, welches ich nicht besser machen wollte. Was gilt die Wette? —

Doch nein; ich wollte nicht gern, daß man diese Aeußerung für Prahlerei nehmen könne. Man merke also wohl, was ich hinzusetze: Ich werde es zuverläßig besser machen — und doch lange kein Corneille sein — und doch lange noch kein Meisterstück gemacht haben. Ich werde es zuverläßig besser machen — und mir doch wenig darauf einbilden dürfen. Ich werde nichts gethan haben, als was jeder thun kann, — der so fest an den Aristoteles glaubet wie ich.

Eine Tonne für unsere kritische Walfische! Ich freue mich im voraus, wie trefflich sie damit spielen werden. Sie ist einzig und allein für sie ausgeworfen; besonders für den kleinen Walfisch in dem Salzwasser zu Halle! —

Und mit diesem Uebergange — sinnreicher muß er nicht sein — mag denn der Ton des ernsthaftern Prologs in den Ton des Nachspiels verschmelzen, wozu ich diese letztern Blätter bestimmte. Wer hätte mich auch sonst erinnern können, daß es Zeit sei, dieses Nachspiel anfangen zu lassen, als eben der Hr. Stl., welcher in der deutschen Bibliothek des Herrn Geheimerat Klotz den Inhalt desselben bereits angekündiget hat? — *)

Aber was bekömmt denn der schnakische Mann in dem bunten Jäckchen, daß er so dienstfertig mit seiner Trommel ist? Ich erinnere mich nicht, daß ich ihm etwas dafür versprochen hätte. Er mag wohl bloß zu seinem Vergnügen trommeln; und der Himmel weiß, wo er alles her hat, was die liebe Jugend auf den Gassen, die ihn mit einem bewundernden Ah! nachfolgt, aus der ersten Hand von ihm zu erfahren bekömmt. Er muß einen Wahrsager-

*) Neuntes Stück, S. 60.

geist haben, trotz der Magd in der Apostelgeschichte. Denn wer hätte es ihm sonst sagen können, daß der Verfasser der Dramaturgie auch mit der Verleger derselben ist? Wer hätte ihm sonst die geheimen Ursachen entdecken können, warum ich der einen Schauspielerin eine sonore Stimme beigelegt und das Probestück einer andern so erhoben habe? Ich war freilich damals in beide verliebt; aber ich hätte doch nimmermehr geglaubt, daß es eine lebendige Seele erraten sollte. Die Damen können es ihm auch unmöglich selbst gesagt haben: folglich hat es mit dem Wahrsagergeiste seine Richtigkeit. Ja, weh uns armen Schriftstellern, wenn unsere hochgebietende Herren, die Journalisten und Zeitungsschreiber, mit solchen Kälbern pflügen wollen! Wenn sie zu ihren Beurteilungen außer ihrer gewöhnlichen Gelehrsamkeit und Scharfsinnigkeit sich auch noch solcher Stückchen aus der geheimsten Magie bedienen wollen: — wer kann wider sie bestehen?

„Ich würde," schreibt dieser Herr Stl. aus Eingebung seines Kobolds, „auch den zweiten Band der Dramaturgie anzeigen können, wenn nicht die Abhandlung wider die Buchhändler dem Verfasser zu viel Arbeit machte, als daß er das Werk bald beschließen könnte."

Man muß auch einen Kobold nicht zum Lügner machen wollen, wenn er es gerade einmal nicht ist. Es ist nicht ganz ohne, was das böse Ding dem guten Stl. hier eingeblasen. Ich hatte allerdings so etwas vor. Ich wollte meinen Lesern erzählen, warum dieses Werk so oft unterbrochen worden; warum in zwei Jahren erst, und noch mit Mühe, so viel davon fertig geworden, als auf ein Jahr versprochen war. Ich wollte mich über den Nachdruck beschweren, durch den man den geradesten Weg eingeschlagen, es in seiner Geburt zu ersticken. Ich wollte über die nachteiligen Folgen des Nachdrucks überhaupt einige Betrachtungen anstellen. Ich wollte das einzige Mittel vorschlagen, ihm zu steuern. — Aber das wäre ja sonach keine Abhandlung wider die Buchhändler geworden? Sondern vielmehr für sie, wenigstens der rechtschaffenen Männer unter ihnen; und es gibt deren. Trauen Sie, mein Herr Stl., Ihrem Kobolde also nicht immer so ganz! Sie sehen es: was solch Geschmeiß des bösen Feindes von der Zukunft noch etwa weiß, das weiß es nur halb. —

Doch nun genug dem Narren nach seiner Narrheit geantwortet, damit er sich nicht weise dünke! Denn eben dieser Mund sagt: „Antworte dem Narren nicht nach seiner Narrheit, damit du ihm nicht gleich werdest!" Das ist: Antworte ihm nicht so nach seiner Narrheit, daß die Sache selbst darüber vergessen wird; als wodurch du ihm gleich werden würdest! Und so wende ich mich wieder an meinen ernsthaften Leser, den ich dieser Possen wegen ernstlich um Vergebung bitte.

Es ist die lautere Wahrheit, daß der Nachdruck, durch den man diese Blätter gemeinnütziger machen wollen, die einzige Ursache ist, warum sich ihre Ausgabe bisher so verzögert hat, und warum sie nun gänzlich liegen bleiben. Ehe ich ein Wort mehr hierüber sage, erlaube man mir, den Verdacht des Eigennutzes von mir abzulehnen. Das Theater selbst hat die Unkosten dazu hergegeben, in Hoffnung, aus dem Verkaufe wenigstens einen ansehnlichen Teil derselben wiederzuerhalten. Ich verliere nichts dabei, daß diese Hoffnung fehlschlägt. Auch bin ich gar nicht ungehalten darüber, daß ich den zur Fortsetzung gesammelten Stoff nicht weiter an den Mann bringen kann. Ich ziehe meine Hand von diesem Pfluge eben so gern wieder ab, als ich sie anlegte. Klotz und Konsorten wünschen ohnedem, daß ich sie nie angelegt hätte; und es wird sich leicht einer unter ihnen finden, der das Tagesregister einer mißlungenen Unternehmung bis zu Ende führet und mir zeiget, was für einen periodischen Nutzen ich einem solchen periodischen Blatte hätte erteilen können und sollen.

Denn ich will und kann es nicht bergen, daß diese letzten Bogen fast ein Jahr später niedergeschrieben worden, als ihr Datum besagt. Der süße Traum, ein Nationaltheater hier in Hamburg zu gründen, ist schon wieder verschwunden; und so viel ich diesen Ort nun habe kennen lernen, dürfte er auch wohl gerade der sein, wo ein solcher Traum am spätesten in Erfüllung gehen wird.

Aber auch das kann mir sehr gleichgültig sein! — Ich möchte überhaupt nicht gern das Ansehen haben, als ob ich es für ein großes Unglück hielte, daß Bemühungen vereitelt worden, an welchen ich Anteil genommen. Sie können von keiner besondern Wichtigkeit sein, eben weil ich Anteil daran genommen. Doch wie, wenn Bemühungen von weiterm Belange durch die nämlichen Undienste scheitern könnten, durch welche meine gescheitert sind? Die Welt verliert nichts, daß ich anstatt fünf und sechs Bände Dramaturgie nur zwei an das Licht bringen kann. Aber sie könnte verlieren, wenn einmal ein nützlicheres Werk eines bessern Schriftstellers eben so ins Stecken geriete und es wohl gar Leute gäbe, die einen ausdrücklichen Plan darnach machten, daß auch das nützlichste, unter ähnlichen Umständen unternommene Werk verunglücken sollte und müßte.

In diesem Betracht stehe ich nicht an und halte es für meine Schuldigkeit, dem Publiko ein sonderbares Komplott zu denunzieren. Eben diese Dodsley und Compagnie, welche sich die Dramaturgie nachzudrucken erlaubet, lassen seit einiger Zeit einen Aufsatz, gedruckt und geschrieben, bei den Buchhändlern umlaufen, welcher von Wort zu Wort so lautet:

Nachricht an die Herren Buchhändler.

Wir haben uns mit Beihilfe verschiedener Herren Buchhändler entschlossen, künftig denenjenigen, welche sich ohne die erforderlichen Eigenschaften in die Buchhandlung mischen werden (wie es zum Exempel die neuaufgerichtete in Hamburg und anderer Orten vorgebliche Handlungen mehrere), das Selbstverlegen zu verwehren und ihnen ohne Ansehen nachzudrucken; auch ihre gesetzten Preise allezeit um die Hälfte zu verringern. Die diesen Vorhaben bereits beigetretene Herren Buchhändler, welche wohl eingesehen, daß eine solche unbefugte Störung für alle Buchhändler zum größten Nachteil gereichen müsse, haben sich entschlossen, zu Unterstützung dieses Vorhabens eine Kasse aufzurichten, und eine ansehnliche Summe Geld bereits eingelegt, mit Bitte, ihre Namen vorerst noch nicht zu nennen, dabei aber versprochen, selbige ferner zu unterstützen. Von den übrigen gutgesinnten Herren Buchhändlern erwarten wir demnach zur Vermehrung der Kasse desgleichen, und ersuchen, auch unsern Verlag bestens zu rekommandieren. Was den Druck und die Schönheit des Papiers betrifft, so werden wir der ersten nichts nachgeben; übrigens aber uns bemühen, auf die unzählige Menge der Schleichhändler genau acht zu geben, damit nicht jeder in der Buchhandlung zu höken und zu stören anfange. So viel versichern wir, sowohl als die noch zutretende Herren Mitkollegen, daß wir keinem rechtmäßigen Buchhändler ein Blatt nachdrucken werden; aber dagegen werden wir sehr aufmerksam sein, sobald jemanden von unserer Gesellschaft ein Buch nachgedruckt wird, nicht allein dem Nachdrucker hinwieder allen Schaden zuzufügen, sondern auch nicht weniger denenjenigen Buchhändlern, welche ihren Nachdruck zu verkaufen sich unterfangen. Wir ersuchen demnach alle und jede Herren Buchhändler dienstfreundlichst, von alle Arten des Nachdrucks in einer Zeit von einem Jahre, nachdem wir die Namen der ganzen Buchhändler-Gesellschaft gedruckt angezeigt haben werden, sich loszumachen, oder zu erwarten, ihren besten Verlag für die Hälfte des Preises oder noch weit geringer verkaufen zu sehen. Denenjenigen Herren Buchhändlern von unsre Gesellschaft aber, welchen etwas nachgedruckt werden sollte, werden wir nach Proportion und Ertrag der Kasse eine ansehnliche Vergütung widerfahren zu lassen nicht ermangeln. Und so hoffen wir, daß sich auch die übrigen Unordnungen bei der Buchhandlung mit Beihilfe gutgesinnter Herren Buchhändler in kurzer Zeit legen werden.

Wenn die Umstände erlauben, so kommen wir alle Ostermessen selbst nach Leipzig, wo nicht, so werden wir doch desfalls Kommission geben. Wir empfehlen uns deren guten Gesinnungen und verbleiben deren getreuen Mitkollegen,

J. Dodsley und Compagnie.

Wenn dieser Aufsatz nichts enthielte als die Einladung zu einer genauern Verbindung der Buchhändler, um dem eingerissenen Nachdrucke unter sich zu steuern, so würde schwerlich ein Gelehrter ihm seinen Beifall versagen. Aber wie hat es vernünftigen und rechtschaffenen Leuten einkommen können, diesem Plane eine so strafbare Ausdehnung zu geben? Um ein paar armen Hausdieben das Handwerk zu legen, wollen sie selbst Straßenräuber werden? „Sie wollen dem nachdrucken, der ihnen nachdruckt." Das möchte sein; wenn es ihnen die Obrigkeit anders erlauben will, sich auf diese Art selbst zu rächen. Aber sie wollen zugleich das Selbstverlegen verwehren. Wer sind die, die das verwehren wollen? Haben sie wohl das Herz, sich unter ihren wahren Namen zu diesem Frevel zu bekennen? Ist irgendwo das Selbstverlegen jemals verboten gewesen? Und wie kann es verboten sein? Welch Gesetz kann dem Gelehrten das Recht schmälern, aus seinem eigentümlichen Werke alle den Nutzen zu ziehen, den er möglicherweise daraus ziehen kann? „Aber sie mischen sich ohne die erforderlichen Eigenschaften in die Buchhandlung." Was sind das für erforderliche Eigenschaften? Daß man fünf Jahre bei einem Manne Pakete zubinden gelernt, der auch weiter nichts kann, als Pakete zubinden? Und wer darf sich in die Buchhandlung nicht mischen? Seit wenn ist der Buchhandel eine Innung? Welches sind seine ausschließenden Privilegien? Wer hat sie ihm erteilt?

Wenn Dodsley und Compagnie ihren Nachdruck der Dramaturgie vollenden, so bitte ich sie, mein Werk wenigstens nicht zu verstümmeln, sondern auch getreulich nachdrucken zu lassen, was sie hier gegen sich finden. Daß sie ihre Verteidigung beifügen, — wenn anders eine Verteidigung für sie möglich ist, — werde ich ihnen nicht verdenken. Sie mögen sie auch in einem Tone abfassen oder von einem Gelehrten, der klein genug sein kann, ihnen seine Feder dazu zu leihen, abfassen lassen, in welchem sie wollen: selbst in dem so interessanten der Klotzischen Schule, reich an allerlei Histörchen und Anekdötchen und Pasquillchen, ohne ein Wort von der Sache. Nur erkläre ich im voraus die geringste Insinuation, daß es gekränkter Eigennutz sei, der mich so warm gegen sie sprechen lassen, für eine Lüge. Ich habe nie etwas auf meine Kosten drucken lassen und werde es schwerlich in meinem Leben thun. Ich kenne, wie schon gesagt, mehr als einen rechtschaffenen Mann unter den Buchhändlern, dessen Vermittelung ich ein solches Geschäft gern überlasse. Aber keiner von ihnen muß mir es auch verübeln, daß ich meine Verachtung und meinen Haß gegen Leute bezeige, in deren Vergleich alle Buschklepper und Weglaurer wahrlich nicht die schlimmern Menschen sind. Denn jeder von diesen macht seinen coup de main für sich: Dodsley und Compagnie aber wollen bandenweise rauben.

Das Beste ist, daß ihre Einladung wohl von den wenigsten dürfte angenommen werden. Sonst wäre es Zeit, daß die Gelehrten mit Ernst darauf dächten, das bekannte Leibnizische Projekt auszuführen.

www.ingramcontent.com/pod-product-compliance
Lightning Source LLC
Chambersburg PA
CBHW020539270326
41927CB00006B/653
* 9 7 8 3 7 4 4 6 7 4 9 0 4 *